日本預金保険制度の経済学

大塚茂晃 著

蒼天社出版

日本預金保険制度の経済学

はじめに

　わが国で預金保険制度が注目されたのは、1990年代に金融システムが不安定化してからである。バブルが崩壊するまでは、銀行を監督する大蔵省が「護送船団方式」に代表されるように、銀行破綻が起こらないよう金融行政を行ってきた。しかし、バブル崩壊によって銀行が抱える不良債権が増加し、1997年に大手銀行の一つであった北海道拓殖銀行が破綻した時に、その破綻処理を預金保険機構が担うことになった。これを契機に、金融システム安定化のための様々な施策を預金保険機構が担っていくこととなった。例えば、不良債権処理に苦しむ銀行の自己資本不足が問題になり、公的資金による資本注入は主として大手銀行に対して行うことになった。しかし、政府はこれには直接関与はせずに、預金保険機構を通じて行われた。

　預金保険制度は、銀行破綻に備えたセーフティネットである。もし、銀行が破綻すれば預金は減額される可能性があり、預金保険制度はそのことから預金者を守る保険制度である。よって、預金保険機構は預金者保護を主要な目的としているはずである。しかし、上記のように、預金保険制度の運営主体である預金保険機構が金融システム安定化のために様々な施策を用いたことは果たして適切であったといえるのであろうか。

　本書の目的は、この預金保険制度に着目し、経済学的な観点から学術的な分析を試みることにある。わが国の預金保険制度を主要なテーマとする書籍は、実務的なものがいくつかあるが、学術的なものは少ない。この点において本書がいくらかでも貢献できれば幸いである。

　本書は三つのパートで構成されている。これらをまとめたのが次の図であ

iii

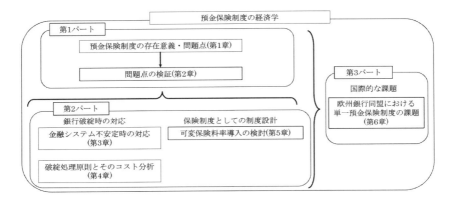

る。まず、第一のパート（第 1 章〜第 2 章）では預金保険制度の存在意義とその問題点について考察する。第 1 章では、銀行業は短期の借り入れ（預金）を用いて長期の運用（貸し付け）を行っており、何らかの要因で銀行業への信認が失われると銀行取り付けが起こる可能性がある。預金保険制度はそれを抑制するために有効であることを明らかにする。また、銀行業は決済システムを担っており、その安定的な運用のために預金保険制度が機能することを述べる。しかし、預金保険制度は保険制度ゆえに、モラルハザードが生じる懸念がある。第 2 章では、このモラルハザードが起こっているのかどうか、現実のデータを用いて分析する。この第 2 章が本書の主要な分析である。

　第二のパート（第 3 章〜第 5 章）では、第一のパートを受けて、預金保険制度の制度設計や検討課題について以下の三点を議論する。まず、第 3 章では、金融システム不安定時にはそれを安定化させるための費用がかかるが、その事例研究を行う。具体的には、わが国の 1990 年代後半から 2005 年までの金融システム安定化のために預金保険機構が行ってきた様々な施策とその費用をみる。次の第 4 章では、預金保険機構が担う銀行破綻処理に関する制度的な議論と経済分析を行う。そして第 5 章における保険制度としての預金保険料の制度設計が大きなテーマの一つである。わが国の預金保険制度の預金保険料率は、銀行の破綻リスクに関係なくすべての銀行で同一である。この点について、先進各国の預金保険制度の事例を取り上げて分析する。

はじめに

　第三のパート（第6章）は、預金保険制度における国際的な問題について検討を行う。具体的には、通貨が統一されている欧州を取り上げ、欧州銀行同盟の柱の一つである欧州の単一預金保険制度について考察を行い、グローバル化が進む銀行業における預金保険制度の課題を明らかにする。

　若輩の私が本書を出すことができたのは、ひとえに多くの先生方にご支援をいただいたおかげである。特に大学の学部から大学院まで、この時期に公私にわたってご指導いただいた恩師である関西学院大学の春井久志先生にまず感謝申し上げたい。春井先生には、私自身の問題で様々な困難にあった時にいつも言い尽くせないほど温かいお言葉を頂戴した。この学恩は一生忘れることができない。また、同大学の根岸紳先生には博士論文の作成からその後の研究活動においも、ここでは書ききれないほどの激励をいただいた。おそらく根岸先生がいらっしゃらなかったら、本書を世に送り出すことはできなかったであろう。根岸先生には改めてここで感謝申し上げたい。加えて、博士論文を審査いただいた関西学院大学の田中敦先生、神戸大学の羽森茂之先生にも深く感謝申し上げたい。

　また、千葉商科大学の齊藤壽彦先生には学術的なご指摘だけでなく、本書の出版に際しても大変なご尽力を賜った。先生にも深く感謝申し上げたい。

　また、本研究にあたっては、日本金融学会、生活経済学会、神戸大学COEの夏のセッションMMEで報告の場を与えていただき、討論の先生方から有意義なコメントを頂戴したことが大きな助けとなった。この場を借りて討論を引き受けていただいた家森信善先生（神戸大学）、小西大先生（一橋大学）、栗林裕先生（愛知大学）、平山健二郎先生（関西学院大学）、晝間文彦先生（早稲田大学）、藤野次雄先生（横浜市立大学）、藤原賢哉先生（神戸大学）に深く御礼申し上げたい。

　また、厳しい出版事情の中、本書の出版をご快諾いただき、さらに出版に関する多くのご助言をいただいた蒼天出版社の上野教信社長にも感謝を記したい。原稿の提出が当初の見込みから大幅に遅れたにも関わらず、温かく見守ってい

ただき、本書を上梓することができた。

　なお、本書の出版にあたっては、千葉商科大学の学術出版助成金による出版助成をいただいた。御礼を申し上げたい。また、本書に含まれる誤謬については、すべて筆者に責任があることはいうまでもない。

　末尾ながら、本書の出版にあたって妻の真希の支えが大きかったこと、彼女が献身的に私を支えてくれたことに感謝を伝えたい。

2018 年 2 月

大塚　茂晃

目　次

はしがき

第 1 章　銀行業と預金保険制度

　はじめに　　　　　　　　　　　　　　　　　　　　　　　　　　　1

　　第 1 節　銀行業における預金保険制度の必要性　　　　　　　　　2

　　第 2 節　預金保険制度の目的と機能とその問題点　　　　　　　　9

　むすび　　　　　　　　　　　　　　　　　　　　　　　　　　　26

第 2 章　銀行と市場規律

　はじめに　　　　　　　　　　　　　　　　　　　　　　　　　　29

　　第 1 節　先行研究　　　　　　　　　　　　　　　　　　　　　32

　　第 2 節　分析手法　　　　　　　　　　　　　　　　　　　　　34

　　第 3 節　預金者による規律付け　　　　　　　　　　　　　　　38

　　第 4 節　譲渡性預金保有者による規律付け　　　　　　　　　　48

　　第 5 節　株主による規律付け　　　　　　　　　　　　　　　　51

　　第 6 節　銀行経営者による規律付け　　　　　　　　　　　　　58

　　第 7 節　ペイオフ解禁後の規律付け　　　　　　　　　　　　　61

　むすび　　　　　　　　　　　　　　　　　　　　　　　　　　　72

第 3 章　わが国の金融システム安定化措置とその費用

　はじめに　　　　　　　　　　　　　　　　　　　　　　　　　　73

　　第 1 節　わが国の預金保険機構の活用と銀行破綻　　　　　　　75

第2節　わが国の金融システム不安定時の預金保険機構の活用　　77

第3節　金融システム安定化のための費用　　86

むすび　　101

第4章　銀行破綻処理とプルーデンス政策

はじめに　　103

第1節　破綻処理方法　　105

第2節　破綻処理原則と破綻処理費用の比較　　109

第3節　わが国の銀行破綻分析　　114

第4節　プルーデンス政策と預金保険制度　　124

むすび　　137

第5章　預金保険料

はじめに　　141

第1節　オプション価格理論を用いた可変保険料の検討　　144

第2節　各国における可変保険料率制度　　146

第3節　わが国における可変保険料率制度導入の検討　　149

第4節　可変保険料率制度導入による銀行への影響　　165

第5節　2ヶ年での比較　　168

むすび　　172

第6章　欧州銀行同盟と預金保険制度

はじめに　　175

第1節　欧州銀行同盟　　179

第2節　欧州銀行同盟の背景　　180

第3節　欧州銀行同盟のSSMとSRMの構造　　183

第4節　ベイルイン制度の導入　　188

第5節　欧州銀行同盟における預金保険制度　　189

第 6 節　単一預金保険制度の実現可能性とその課題　　　　199
　むすび　　　　201

注　　　　203
参考文献　　　　219
あとがき　　　　233
索　引　　　　237

第 1 章　銀行業と預金保険制度

　はじめに

　この第 1 章の位置付けは、これから考察していく預金保険制度の根幹をなす議論であり、預金保険制度の存在意義と問題点を先行研究のサーベイ等によって確認することにある。具体的な目的は以下の四点である。第一の目的は、銀行業の存在意義を確認し、その特徴を明らかにすることである。第二の目的は、預金保険制度の存在意義を銀行業の特徴から見出すことである。具体的には、銀行業は公共性の高い決済システムを担っていることと、サンスポット的な銀行取り付けが起こる可能性があり、それらを防止するために預金保険制度が有効であることを確認する。第三の目的は、第 2 章以降で考察する預金保険制度の目的と機能を概観することである。そして、第四の目的は、保険制度が内包する問題、すなわちモラルハザードについて、簡単なゲームを用いて分析することである。

　本章の内容は、以下の四点にまとめることができる。第一点目は、銀行業の存在意義として、銀行業がもつ資金余剰主体から資金不足主体への金融仲介機能としての役割と、銀行預金による決済サービスの提供についてみる。第二点目として、預金保険機構の存在が、システミック・リスクが顕在化しないようにするために必要であることと、銀行取り付けを防止するのに有効であることを述べる。第三点目は、預金保険制度をナロー型とブロード型に分類し、それぞれの機能を述べる。第四点目は、預金保険制度におけるモラルハザードにつ

いて、ブロード型の預金保険制度にその危険性が特にあることについて明らかにする。

　本章の特徴は、以下の二点である。一つ目は、預金保険制度をその目的に応じて、大きく二つにわけたことである。具体的には、狭義のナロー型と、広義のブロード型である。二つ目は、預金保険機構の費用関数から、預金保険制度におけるモラルハザードへの誘因を明らかにすることである。

第1節　銀行業における預金保険制度の必要性

1.　銀行の存在意義とその問題点

　本節では銀行業の存在意義について三つの側面からみる。第一に銀行業が預金という金融商品を提供していることにより、金融仲介機関としての役割とともに決済システムを担っていること、第二に短期の資金調達と長期の資金運用を行っており、流動性不足の懸念が常にあること、第三に信用創造機能を有していることである。

　資金余剰主体から資金不足主体へ資金が流れるよう仲介するのが金融仲介機関と呼ばれ、銀行や証券会社があげられる。資金を融通することは異時点間での資金のやりとりになるため、不確実性が存在する。その多くは、資金の貸し手と借り手の間で保有している情報が異なること[1]、将来起こることをすべて予想して契約を結ぶことができないことによっている。これを解消することが、金融仲介機関の存在意義である。

　直接金融は、資金不足主体によって発行された本源的商品がそのまま資金余剰主体によって保有され、その借り手の破綻によって資金が返済されなくなるリスクを資金余剰主体が背負うことになる。一方、銀行を中心とした間接金融はそのリスクを銀行が負うことにより、直接金融では提供できないものを提供している[2]。具体的には、①決済機能、②資産変換機能、③信用創造機能である。そのため、銀行が提供する預金契約は、市場によって実現される均衡（市場均衡）よりも効率的である[3]。ただ、預金契約は金融システムの不安定性の原因

第 1 章　銀行業と預金保険制度

ともなる[4]。

　①の決済機能は、銀行預金の振り替えによって、経済取り引きの決済を行うことである。ここでは現金の授受は行われない。経済取り引きを行った経済主体同士が同じ銀行に預金が無くても、それぞれの預金銀行からの銀行間決済を利用することによって決済することができる。これは、すべての銀行が一つの決済システムの中にあることを利用しているために行えることである。

　このような決済システムには、一つの銀行破綻が次々とそれを引き起こす伝染効果（contagion effect）と呼ばれる問題がある[5]。これは以下のように説明できる。例えば A 銀行からの入金後、その資金を用いて C 銀行に支払いを行おうとしている B 銀行があったとしよう。もし、A 銀行の破綻によって A 銀行からの資金が得られなくなると、B 銀行は C 銀行への支払いができない。C 銀行も B 銀行から受け取った資金を用いて D 銀行への支払いにあてようとしていると、A 銀行の破綻から B 銀行と C 銀行の破綻へと銀行破綻の連鎖が起こる。これが伝染効果による銀行破綻であり、そのリスクをシステミック・リスクと呼ぶ[6]。銀行が決済システムを担っている以上、このシステミック・リスクは常に存在する。この決済システムは経済活動の根幹を担うものであり、決済が順調に行われないと、経済取り引きが停滞してしまう可能性が高いため、このシステミック・リスクは顕在化しないことが望ましいであろう。

　次に、②の資産変換機能は、銀行では小口、短期の資金調達を行い、一方で大口、長期の資金運用を行っていることを指す。すなわち、銀行は多数の預金者から小口で短期の資金を集め、それらをまとめて長期の貸し出しで運用を行っている。これが銀行業の特徴の一つである。これは、銀行が預金者よりも運用対象についての情報を多く保有し、その運用ノウハウも持ち合わせているのでできることである。しかし、このことは銀行が預金者に代わってリスクを負担していることにもなる。つまり、銀行は収益を得る一方で、銀行は信用リスク、市場リスク、流動性リスクを背負っていることになる[7]。

　この流動性リスクが顕在化したものが「銀行取り付け」である。これは、特定の銀行や金融制度に対する信用不安などによって、預金者が預金を引き出す

3

ために銀行の前に列をなす現象である。通常、預金のほとんどは引き出されず、銀行内に留まっているため、銀行は預金の引き出しに応じる資金を預金全体の一部しか準備していない。これを一部準備制度という。そして、預金引き出し請求の早い者から預金を引き出すことができるということを預金者が知っているため、銀行の手元資金が底をつく前に銀行に行って自らの預金を引き出そうとする預金者の合理的な行動の帰結が銀行取り付けである。そして、銀行業はすぐに現金化できるとは限らないリスク資産で預金が運用されている以上、銀行取り付けを防ぐことができない[8]。この銀行取り付けはしばしば発生している。例えば、わが国では、1995年に経営不振に陥った木津信用組合で、2003年にチェーンメールによるデマが発端になり、佐賀銀行で銀行取り付けが起こった。また、イギリスでも2007年にノーザンロック銀行で銀行取り付けが起こり、預金者が預金の払い戻しを求めて列をなした。

　そして、銀行機能のもう一つが③の信用創造機能である。銀行が貸し出した資金は銀行に預金という形で留まるため、銀行は貸し出しと同時に預金を創造する。これを信用創造という。そして、この信用創造が経済全体に資金を供給する重要な役割を担っている。

　本書が取り扱うテーマは預金保険制度である。本章では、この預金保険制度の必要性について、以下の方法により明らかにしていく。すなわち、先行研究を用いて、システミック・リスクや銀行取り付けといった問題の防止策として、預金保険制度が有効であることをみることにより、預金保険制度の意義を確認する。

2.　システミック・リスク回避としての預金保険制度

　ここでは、システミック・リスクについてのモデルとして、スジット・チャカラヴォルティ（Sujit Chakravorti 2000）を取り上げる。このモデルは銀行間の決済について、ある銀行が資金不足によって決済不履行に陥ったとき、その金額を残った健全な銀行間で分担するロス・シェアリングのモデルである。具体的には、サフォーク・システムやチップス（CHIPS）が想定されている[9]。

第 1 章　銀行業と預金保険制度

このモデルは、銀行、手形交換所および中央銀行の三者によって構成され、期間は 0 期〜3 期までの 4 期モデルである。第 0 期に銀行が自らのタイプを知る。具体的には、仕向け銀行（送金をする銀行）か被仕向け銀行（送金を受け取る銀行）である。第 1 期にその決済を行い一部の銀行の決済が不履行であることがわかる。第 2 期にロス・シェアリングを行い、分担額が判明し、第 3 期にその分担額によってすべての決済が完了するというものである。ここでは、以下の（1.1）式を考える。

$$(1-\gamma)A + E \geq P + \alpha\,(P-E) \tag{1.1}$$

　左辺が流動性を持っている銀行の資金（流動性の供給）であり、右辺が流動性の需要を指している。ここで P は仕向け銀行から非仕向け銀行へのネットの支払い、E は担保で、A は担保分を除いた総資産であり、これらは外生的に与えられている。また、α は追加的な決済が必要な割合（ロス・シェアリング）、γ は流動性のない利付き資産を保有する割合である。

　この（1.1）式をもとに、インターバンク市場が存在するケースや中央銀行による最後の貸し手が存在するケースについて考察を行っている。具体的には、インターバンクの資金についての需要と供給を導出し、市場ですべてのコールマネーにコールローンが応じることができるかどうかを検討している。

　その結果、明示的なロス・シェアリングの規定があるもとでは、決済不能になる銀行割合が高ければ、システミック・リスクは起りやすくなる。そして、中央銀行が流動性を供給することによってシステミック・リスクを回避できるが、その場合、その費用は高くつくことが論じられている。また、流動性を供給するインターバンク市場の必要性も論じている。

　さらに、このモデルから、一つの銀行破綻が他の銀行に伝染し、金融システム不安が起こる可能性も指摘できる（伝染効果）。決済システムの麻痺は経済活動全般に悪影響をもたらすため、このような伝染効果から銀行と預金者を守る必要がある。そのため、銀行業にはセーフティネットが用意されており、その一つが預金保険制度である。ここに預金保険制度の必要性をみることができる。

5

3. 銀行取り付けモデルによる預金保険制度の必要性

　前述のように、銀行は預けられた預金のうちの一部しか、その払い戻しのために現金を準備していない一部準備制度のため、何らかのショックが生じたときに、あるいは銀行業が預金者からの信認を失ったときに預金者が預金の引き出しを求めて銀行の前に列をなす銀行取り付けが起きる可能性がある。この点をモデルにしたのが、ダグラス・W・ダイアモンドとフィリップ・H・ディビグ（Duglas W. Diamond and Philip H. Dybvig 1983）のモデルである。銀行取り付けを防止するためにも預金保険制度が必要性であることを、このモデルからみていきたい。

　このモデルは、0期〜2期の3期からなる。第0期に消費者は1単位の投資を行う。そして、消費者は第1期あるいは第2期にその投資からの資金を引き上げ、消費し、そこから効用（満足）を得る[10]。消費者には二つのタイプ（タイプ1とタイプ2）があり、タイプ1は第1期のみに消費を行い、第2期に消費しない（消費ができない）タイプである。一方、タイプ2は消費を遅らせる方が効用の高いタイプで、第1期には消費せず、第2期に消費を行う方が効用の高い消費者である。消費者は自らのタイプを消費者が知るのは第1期であり、第0期の時点では知らない。タイプ1になる割合をtとして、タイプ2になる割合を$1-t$とする。また、投資プロジェクトは、第0期に1単位の投資を行うと、$R>1$という生産が第2期に得られるが、この投資を第1期で止めると、投入した金額と同じ1単位にしかならない。したがって、この生産関数は、

$$
\begin{array}{ccc}
T=0 & T=1 & T=2 \\
 & 0 & R \\
-1 & \{ & \\
 & 1 & 0
\end{array}
$$

となる。つまり、投資プロジェクトの結果は第2期まで投資を継続する$(0, R)$か、第1期で投資をやめる$(1, 0)$かのいずれかで、これが第1期に決まることになる。なお、このカッコ内の前の数字が第1期の収益を指し、後ろの数字が第2期の収益を指す。

第 1 章　銀行業と預金保険制度

　消費者の効用関数は、第 0 期において、以下の（1.2）式のように表すことができ、消費者はこの最大化をはかる。

$$tu(c_1^1) + (1-t)\rho u(c_1^2 + c_2^2) \qquad (1.2)$$

　ここで c_i^j は、第 i 期のタイプ j の消費者の消費を表しており、ρ は割引率である。また、この効用関数は

$$1 \geq \rho > R^{-1}$$

で、稲田条件[11]をもつとする。また、リスク回避率は、

$$-cu''(c)/u'(c) > 1$$

とする[12]。

　すべての消費者のタイプが第 1 期の時点でわかるのであれば、消費配分を行う保険契約をすることによって、以下の（1.3）式のような制約条件のもとでこの最適解を以下のようにする。

$$(c_1^{1^*}, c_2^{2^*})$$

$$t(c_1^1 + \frac{c_2^1}{R}) + (1-t)(c_1^2 + \frac{c_2^2}{R}) = 1 \qquad (1.3)$$

　この最適解は、

$$1 < c_1^{1^*} < c_2^{2^*} < R \qquad (1.4)$$

という関係となる。また、消費者は、

$$c_1^1 = 1、\quad c_1^2 = c_2^1 = 0、\quad c_2^2 = R$$

となるのがベストの選択となる。なぜなら、タイプ 1 の消費者は常に第 1 期で生産を中止し、タイプ 2 の消費者はそうしないからである。

　このような契約を、当事者間で行うのではなく、銀行による預金契約によっ

て行うことが可能である。この預金契約を

$$(r_1, r_2)$$

とする。r_1 は第 1 期の銀行から消費者への支払いであり、r_2 は第 2 期の消費者への支払いである。銀行は、

$$r_1 = c_1^{1^*}、\quad r_2 = c_2^{2^*}$$

という預金契約を消費者に提示する。銀行の預金者に対する預金の払い戻しを以下の（1.5）式と考える。

$$V_1(f_j, r_1) = \begin{cases} r_1 & if \quad f_j < r_1^{-1} \\ 0 & if \quad f_j \geq r_1^{-1} \end{cases} \tag{1.5}$$

　ここで V_1 は第 1 期の預金 1 単位あたりの預金の払い戻す割合であり、f_j はタイプ j の預金の引き出しの合計額である。

　これは二つの均衡が存在し、一つは（1.4）式である。もう一つの均衡は、すべての預金が第 1 期時点で引き出されてしまうことである。これは、預金の額面が第 1 期の銀行の清算価格を上回っているためである。タイプ 2 の消費者であっても、預金の引き出しはその請求が早いものから引き出せる契約になっていることを知っているため、債務超過になる前にタイプ 2 の消費者も預金を引き出そうとする。この結果、「銀行取り付け」が起こる。これは、銀行が消費者である預金者のタイプを知ることができない上に、預金の引き出し請求を断れないためである。もし、銀行がそのタイプを見分けられるのであれば、タイプ 2 の消費者による預金の払い戻し請求を満期まで保有した方が得であると説得することが可能であろうが、それができない。

　また、このような銀行取り付けが起こるかは、銀行の基礎的条件（ファンダメンタルズ）に影響されるのではなく、ランダムな影響によって決まる。そのため、誰かが取り付け行動を起こすと、それがまたたく間に広がってしまう可能性がある。このように、銀行取り付けは個々の預金者の合理的な行動であ

第 1 章　銀行業と預金保険制度

るかもしれないが、それが全体としては非効率な均衡となってしまうのである。そして、このような結果は前述の銀行が資産変換機能を有していることによっており、これをぬぐいさることはできない。

　また、彼らはこのモデルに一定額以上の払い戻しには応じられないとする支払い停止条項（suspension of convertibility）を導入することによって、銀行取り付けが排除され、最適な均衡が実現すると述べている。

　このモデルに政府による預金保険制度を導入し、預金が常に保護されているとするケースを考えよう。その場合、タイプ 2 の消費者は早くに預金の請求を行うというインセンティブはなくなり、銀行取り付けを行わない。すなわち、このモデルから預金保険制度を導入すれば、銀行取り付けを防止できることが理論的に裏づけられる。ここに、銀行業における預金保険制度の必要性をみることができる[13]。

第 2 節　預金保険制度の目的と機能とその問題点

　現行の銀行制度は、前述のように二つの問題がある。一つは、銀行のバランスシートの資産側と負債側の流動性が合っていないので、健全な銀行であっても常に銀行取り付けにあう可能性が内在していることである。もう一つは、ネットワークの中で、各銀行間には複雑な債務関係が存在しており、一部（もしくは一つ）の銀行破綻がネットワーク全体に波及していくことによって、ネットワーク全体が機能しなくなるシステミック・リスクが存在することである。したがって、預金保険制度の必要性はこれら二つの側面から述べることができる。一つは、預金保険制度の存在により、預金者が安心して預金を行い、銀行取り付けを阻止するというものである。もう一つは、預金保険制度によりシステミック・リスクが顕在化することを回避し、金融システムの安定を図るというものである。

　ここに預金保険制度に二つの目的があることがわかる。すなわち、銀行綻から預金者を保護する目的と、金融システム安定を目的としたものである。その

ため、預金保険制度をこれら二つに大別した上で、以降の考察を行っていきたい。

　本節の目的は二つある。第一の目的は、預金保険制度をその目的で二つに大別することである。そして、同じ預金保険制度であっても、それぞれの国ごとにその目的が異なることを議論する。第二の目的は、預金保険制度の問題点として、モラルハザードを考察する。具体的には、本書オリジナルのモデルである預金保険機構の費用関数と預金者の効用関数を用いてそれを明らかにする。

　本節の特徴は以下の二点である。第一に、預金保険制度を二つに大別する必要性について述べることである。具体的には、預金者を保護するためのナロー型の制度と、金融システム安定のためのブロード型の制度の二つである。これまでの預金保険制度に関する多くの先行研究ではこれらの違いを考慮せず、一貫して預金保険制度を預金者保護の制度として議論してきた。本節は、この点を踏まえ考察することに大きな特徴がある [14]。本節の第二の特徴は、モラルハザードの問題について、預金保険機構の費用関数を特定化した上で、大口預金者の行動に着目し、それを明らかにしたことである。

　本節の結論は、以下の三点である。第一に、項預金者保護を目指すナロー型の預金保険制度では、その機能が限定的であるため、小口預金者を付保するにとどまり、大口預金者を付保しないであろう。そのため、預金者によるモラルハザードは起こりにくいと考えられる。第二に、金融システム安定を目指すブロード型の預金保険制度では、大口預金者が常に付保されるためにモラルハザードが生じる可能性が高い。そして、わが国の預金保険制度はブロード型であり、モラルハザードを誘発している懸念がある。しかし、第三に銀行のリスクテイクに対して罰則的な保険料を課すなどの対策により、経営者が自らのレピュテーションが損なわれることを防ごうと考えるようであれば、仮に高い預金金利を預金者が求めても、ローリスクな運用を銀行経営者が行う可能性があり、モラルハザードを抑制できる可能性がある。

第1章　銀行業と預金保険制度

1.　預金保険制度の目的と機能

　各国の預金保険制度をつぶさにみていくと、この制度を二つに分類することができる。これは、ギリアン・G・H・ガルシア（Gillian G. H. Garcia 2000）でも指摘されているが、このことを明確に取り扱っている文献は少ない。本書でも、ガルシアに従い、この二つをナロー型（Narrow型——狭義型の預金保険制度）とブロード型（Broad型——広義の預金保険制度）と呼ぶことにする。それぞれの目的や機能について、以下でみていく。

（１）ナロー型

　預金保険の預金者保護機能に焦点を当てた制度がナロー型である。すなわち、銀行破綻が起こった際に、保険によって預金を保護することを主な役割とする制度である。別名ペイボックス（Paybox）型ともいわれることがあるが、本書ではナロー型ということにする。

　ナロー型の目的は、情報劣位の預金者を保護することである。つまり、ナロー型の預金保険制度は銀行破綻によって預金が減額されることから預金者を守ることを目的としている。本来、モラルハザード回避のため、預金銀行のリスクをモニターするよう預金者に求めるべきであろう。しかし、銀行の資産運用は複雑で、銀行経営に関する完全な情報を得ることは不可能である。したがって、情報収集の術と情報分析能力を持たない預金者（特に小口の預金者）に銀行をモニタリングさせることはできない。そのため、預金をした銀行の経営状況の悪化を見抜けなかったとして、破綻銀行の預金者に、その責任として預金の減額を求めることはできない[15,16]。また、社会的厚生の観点からも預金を減額することは不適切である。さらに、預金者を保護することにより、前述のダグラス・W・ダイアモンドとフィリップ・H・ディビグモデルが指摘するようなサンスポット的な銀行取り付けを防止することができる。

　このナロー型の預金保険機構の機能は、ペイオフ（保険金による預金の払い戻し）である[17,18]。これは、預金保険制度加盟銀行の預金者に対する保険機能である。銀行監督当局によって破綻が言い渡されると、預金保険機構が預金者

を確定し、保険金を用いて預金を払い戻す。もしくは、継続型の破綻処理とし
て、当該銀行を閉鎖するのではなく、他の銀行（受け入れ行）に資産および負
債を譲渡し、営業を継続させる方法をとり、小口預金者の保護を行う。この際、
付保預金に見合う資産を受け入れ行に譲渡するが、それでは不足する分を預金
保険機構が資金援助を行う。したがって、銀行破綻が起った際には、預金保険
機構は当該銀行を清算し、預金者に対してペイオフを行う。もしくは、継続型
破綻処理として、その付保預金とその資産を受け入れ行に資金援助とともに譲
渡することが可能である。

　また、ナロー型の預金保険制度を導入している国における銀行監督責任は、
預金保険機構にはない。加えてこのナロー型の預金保険制度は、預金者へのセー
フティネットであり、後述するブロード型のような積極的な銀行への支援を
行う機能もない。このナロー型の預金保険制度の代表例はイギリスである。

（２）ブロード型
　ブロード型の預金保険制度は、金融システムの安定化を目的とする預金保険
制度である。すなわち、銀行システムへの預金者の信認を構築し、またはそれ
を確固たるものとすることにより、システミック・リスクが顕在化しないよう
金融システムの安定を図ることを目的としている。ブロード型の預金保険制度
は、仮にその銀行が債務超過で支払い能力に問題があったとしても、金融シス
テム安定のためには、預金保険機構がその債務を肩代わりすることにより、伝
染効果を抑制するような支援を行うこともある。さらに、早期是正措置として、
資本注入を含む銀行救済を行うこともあるかもしれない。

　その機能はペイオフに加え、オープン・バンク・アシスタンスや事業継承に
よる破綻処理や資本注入、資産（不良債権）の買い取りといった幅広い措置が
ある [19]。また、このような措置は金融システム安定のために適宜行われる。例
えば、わが国では 1999 年に、大手銀行に対して公的資金を注入した。これは
オープン・バンク・アシスタンスの一例である。したがって、ブロード型の預
金保険機構は銀行破綻処理に際し、付保預金者のみを保護するように破綻処理

12

第 1 章　銀行業と預金保険制度

表 1–1　各国の預金保険制度の分類

ブロード型の預金保険制度の国々		ナロー型の預金保険制度の国々	
（アフリカ）	（アジア）	（アフリカ）	（ヨーロッパ）
ケニア	インドネシア	ウガンダ	アイスランド
タンザニア	韓国	ジンバブエ	アルバニア
ナイジェリア	タイ		イギリス
	台湾		オランダ
（アメリカ大陸）	日本	（アメリカ大陸）	キプロス
アメリカ	フィリピン	グアテマラ	ギリシャ
アルジェリア	ベトナム	ナイジェリア	ジブラルタル
エクアドル	ミクロネシア	パラグアイ	スウェーデン
エルサルバドル		ブラジル	スロバキア
カナダ	（ヨーロッパ）		チェコ
コロンビア	アイルランド	（アジア）	デンマーク
ジャマイカ	イタリア	インド	ドイツ
ドミニカ	ウクライナ	カザフスタン	トルコ
トリニダード・トバゴ	エストニア	スリランカ	フィンランド
バハマ	オーストリア	バングラデシュ	フランス
ベネズエラ	クロアチア	香港	ブルガリア
ペルー	スペイン		ポルトガル
ホンジュラス	スロベニア	（中東）	マセドニア
メキシコ	セルビア	アルジェリア	マルタ
	ノルウェー	バーレン	ルーマニア
（中東）	ハンガリー	レバノン	ルクセンブルク
オマーン	ベラルーシ		
モロッコ	ベルギー		
ヨルダン	ポーランド		
	ラトビア		
	リトアニア		
	ロシア		

出所：David S. Hoelscher, et al（2006）pp.34-35 に基づいて筆者作成。

を行うこともできるし、金融システムが不安定化しているとして、幅広い保護を打ち出すこともできる [20]。また、銀行監督権を有している預金保険機構もある。このブロード型の預金保険制度の代表例はアメリカである [21]。

　各国の預金保険制度の状況をまとめたものが、上の表 1–1 であり、ナロー型が 35 ヶ国（43％）、ブロード型が 47 ヶ国（57％）である。

13

2. 預金保険制度におけるモラルハザードの考察

　ここでは、預金保険制度においてモラルハザードが生じるメカニズムについて、簡単なゲームを利用し、明らかにしておこう。結論を先取りすると、ブロード型の預金保険制度は広範な保護を行うため、ナロー型に比べてモラルハザードが生じる可能性が高い。

　具体的には、以下のゲームを想定する。ここでのプレイヤーは、預金者（大口預金者と小口預金者）と銀行経営者と預金保険機構である。このゲームは以下の流れにそって行われる。

①預金保険機構が預金保険料率（可変保険料率か固定保険料率）を定め、すべての預金保険加盟の銀行から保険料を徴収する[22]。

②上記①と同時に銀行破綻時の保護について、預金保険機構は事前に大口預金者を付保するか否かを決め、周知する。預金保険機構は小口預金者を常に付保するものとする。

③大口預金者は②の預金保険機構の選択を知ったうえで、預金銀行にハイリスク・ハイリターンな資産運用を行うことにより高い預金金利を付すよう求めるか、ローリスク・ローリターンな資産運用を行うことにより低い預金金利を付すよう求めるか、いずれかの選択を行う。大口預金者は、自らの預金が預金保険機構によって保護されているようであれば、銀行に高い預金金利を求める。なぜなら、仮にそのような運用に失敗し、銀行が破綻しても、預金保険機構によってその預金は付保されるからである。逆に付保されていなければ大口預金者は低い預金金利を求める。なぜなら、金融商品としての預金はリスク回避的な運用方法であるため、銀行破綻時に元本ができるだけ多く戻ってくることを預金者は第一に望んでいると考えられるからである。

④そして、銀行経営者は大口預金者の求めに応じた運用と預金金利を付すと仮定する。

　大口預金者が預金保険機構によって付保されるために、預金者が高い預金金利を銀行に求め、ハイリスク・ハイリターンの資産運用を銀行が行うことがモ

第 1 章　銀行業と預金保険制度

ラルハザードである。

　なお、ここで想定されている銀行の貸借対照表（バランスシート）は、総資産＝総負債（総預金）という単純な貸借対照表である。議論を簡素化するために預金のみが銀行の資金調達手段と考えており、その他のコマーシャルペーパーを含む社債発行や借り入れは想定されていない。さらに、自己資本もゼロと仮定している[23]。また、預金で調達したすべての資金を一括してハイリスク・ハイリターンのポートフォリオかローリスク・ローリターンのポートフォリオで運用すると仮定する。そのため、小口預金者および大口預金者から預かった資金を区別して運用するわけではない。加えて、現金準備や準備預金も想定しない。

　銀行による資産運用の失敗は資産の劣化を意味する。ここでは、上述のようなバランスシートを仮定しているため、資産劣化はそのまま債務超過となり、銀行破綻となる。

　銀行破綻の問題は、その損失（資産劣化分）を誰が負担するかである。通常は、その債権者（ここでは預金者）が負担することになる。しかし、預金保険機構によって一部もしくはすべての預金が保護されているので、付保預金者（預金保険機構によって付保されている預金者）はその損失を蒙ることはなく、その負担を預金保険機構が保険金で行うことになる。当然ながら、非付保預金者（預金保険対象外の預金者）は預金が減額され、資産劣化の一部を負担させられることになる。

　したがって、このモデルでの非付保預金者の負担は、（1.6）式のように書ける。すなわち、銀行破綻時の損失額（もしくは負担額）は、その負債の保有割合によって決まるであろう。

　非付保預金者の負担＝預金額×資産劣化の割合
$$＝預金額×（1 －残余資産比率）\tag{1.6}$$

　なお、資産劣化の割合は、（1 －残余資産率）である。資産運用に失敗したといっても、その資産がゼロになるわけではなく、いくらかの資産価値が残る

が、この残余資産率はその割合をさす。そして、預金保険機構の負担について
も（1.7）式のように書ける。

　　預金保険機構の負担＝付保預金額×資産劣化割合
　　　　　　　　　　　＝付保預金額×（1 －残余資産比率）　　　　　　　（1.7）

　さらに、すべての預金を付保すると、（1.7）式は、付保預金額＝総負債（総
預金）と読みかえることができる。

（1）モデル

　以上の議論をモデル化しよう。預金保険機構が課す保険料を（S_1）とし、付
保預金の範囲（大口預金者を付保するのかどうか）を（S_2）とする。そして、
銀行による資産運用を（S_3）としよう。預金者を二つに大別する。すなわち、
大口預金者（A）と、小口預金者（B）である。また、小口預金者の預金合計
金額と大口預金者の預金合計金額が同じであると仮定して議論を行う。すなわ
ち、ΣA＝ΣBである[24]。

　これらから、大口預金者の効用を（1.8）式のように定める。

$$\gamma(b_2, i_H) > \gamma(b_2, i_L) > \gamma(b_1, i_L) > \gamma(b_1, i_H) \qquad (1.8)$$

b_1 ＝付保範囲小、b_2 ＝付保範囲大　　i_H ＝高い預金金利、i_L ＝低い預金金利

　次に、預金保険機構の費用関数を（1.9）式のように特定化する。これは、
ペイオフ額から保険料を差し引いたものである。ただし、ペイオフに必要な資
金は、付保預金全額ではなく、（1.7）式から残余資産を除いたものになるため、
（1.9）式の第3項で残余資産分を引いてある。また、預金保険機構も運営費
用がかかるため第2項に運営費用が入っている。なお、破綻銀行の預金に付す
べき利息は破綻時には保護せず、元本のみを預金保険機構が保護するという仮
定である。

第1章 銀行業と預金保険制度

$$\underbrace{\sum^{n}(\sum^{x}A(S_2)+\sum^{y}B))}_{\substack{\text{破綻銀行の}\\\text{ペイオフ額}}}+\underbrace{(C+C(S_1))}_{\substack{\text{預金保険の}\\\text{運営コスト}}}-\underbrace{\sum^{m}(\sum^{x}A(S_2)+\sum^{y}B)\beta(S_3)}_{\substack{\text{破綻銀行の}\\\text{残余資産}}}-\underbrace{\sum^{n}(\sum^{x}A(S_2)+\sum^{y}B)P(S_1,S_3)}_{\substack{\text{全金融機関からの}\\\text{預金保険料の合計額}}}$$

（1.9）

預金保険対象銀行数は n 行、破綻銀行数 m 行で、n>>m [25]

A は大口預金者、B は小口預金者

$S_1 = (a_1、a_2)$; $a_1 =$ 可変保険料率、$a_2 =$ 固定保険料率

$S_2 = (b_1、b_2)$; $b_1 =$ 付保範囲小、$b_2 =$ 付保範囲大

$S_3 = (c_1、c_2)$; $c_1 =$ ハイリスク運用、$c_2 =$ ローリスク運用

$\beta(S_3)$; 破綻銀行の残余資産率（1 －損失率〔運用損失率〕）で、

$\beta(c_1) = \beta_1 < \beta(c_2) = \beta_2$

$C(S_1)$; 保険料の算定費用で、$C(a_1) = C_1 > C(a_2) = C_2$

$P(S_1,S_3)$; 預金保険料率である

（ここで、$P(a_1,c_1) = P_{11}$、$P(a_1,c_2) = P_{12}$、$P(a_2,c_1) = P(a_2,c_2) = P_{2*}$ とする）

　まず、第1項についてみてみる。これは破綻金融機関の付保預金の合計である。すなわち破綻銀行が m 行あり、ペイオフによる預金の払い戻しの対象となっている預金金額の合計である。小口の預金者は常に付保されるため、預金保険機構の大口預金者を付保するかどうかの選択（戦略）にかかわらず B がそのペイオフの対象となっている。一方、大口の預金者は預金保険機構によってその付保が決められるので、大口預金者が付保されない場合は、$A(S_2)$ =0 となり、逆にそれが付保される場合 $A(S_2)$ =A となる。

　第2項は、預金保険機構の運営費用である。C は預金保険機構が保険料率算定以外の業務に必要な費用を示している。$C(S_1)$ とは各行の保険料を算出するための費用であり、保険料率が可変型なのか固定型なのかによると想定している。当然、可変保険料率の方が固定保険料率よりも算定するための預金保険機構の費用は高くつく。なぜなら、可変保険料率制度のもとでは各行の資産

17

状況を精査するための人員などの費用が多く必要であるが、固定保険料率の場合、各行の保険料率は一定のため、各行の付保預金の合計額を調べるだけで済むからである[26]。

第3項は破綻銀行の残余資産の合計である。(1.7)式より、大口預金も含めて、すべての預金を預金保険機構が付保するケースでは、預金保険機構のペイオフ額は付保預金全額から残余資産すべてを引いたものになる。すなわち、破綻銀行の資産すべてに残余資産比率を乗じたものを、付保預金から引いた額が預金保険機構のペイオフ額になる。一方、預金保険機構が小口預金のみを付保し、大口預金をその付保の対象から外すケースでは、預金保険機構のペイオフ額は付保預金額の負債に占める割合に応じた資産劣化分を負担することになる。すなわち、破綻銀行の資産劣化分のすべてを、預金保険機構がペイオフ額として負担する必要はない。

最後の項は、預金保険加盟銀行 n 行から徴収した預金保険料の合計である。預金保険機構は、すべての付保預金に保険料率を乗じて預金保険料を徴収する[27]。この保険料率には、可変保険料率と固定保険料率の二とおりが考えられ、それを預金保険機構が選択する。なお、固定保険料率と可変保険料率との関係について、以下の(1.10)式を仮定する。

$$P_{11} > P_{2*} > P_{12} \qquad\qquad (1.10)$$

すなわち、固定保険料率よりリスクテイクな資産運用に対する可変保険料率の方が高くなるが、ローリスクな運用に対する可変保険料率は固定保険料率よりも低くなることを仮定している。

さて、預金保険機構は、その費用、すなわち(1.9)式を小さくしたい。なぜなら、破綻によるペイオフが、すべての預金保険機構加盟銀行から集めた保険料により支払うことができれば、預金保険機構の資本やその基金に影響が出ないからである。また、国民負担も避けられる。そのため、(1.9)式はマイナスの値であることが望ましいのかもしれない。

このような(1.9)式の値について、以下では次のように想定する。すなわ

18

第 1 章　銀行業と預金保険制度

ち、銀行がローリスクな資産運用を行うケースでは預金保険機構が負担する費用が少なくて済み（1.9）式がマイナスになるが、逆に銀行がハイリスクな資産運用を行うケースでは、その費用が多くなり（1.9）式がプラスになると仮定する。具体的には（1.11）式から（1.18）式を想定する。（1.9）式を X とし、これにそれぞれの選択肢ごとの X について、以下のように定める。

$$X_{S_1 S_2 S_3} 、 X_{a_1 b_1 c_1} = X_{111}$$

・可変保険料率のケース

　　小口預金者のみ付保されるケース

　　　ローリスクな資産運用のケース

$$X_{112} : \sum^{m} \sum B + C + C(a_1) - \sum^{m} \sum B\beta_2 - \sum^{n} \sum B \cdot P_{12} < 0 \tag{1.11}$$

　　　ハイリスクな資産運用のケース

$$X_{111} : \sum^{m} \sum B + C + C(a_1) - \sum^{m} \sum B\beta_1 - \sum^{n} \sum B \cdot P_{11} > 0 \tag{1.12}$$

　　大口預金者も付保されるケース

　　　ローリスクな資産運用のケース

$$X_{122} : 2\sum^{m} \sum B + C + C(a_1) - 2\sum^{m} \sum B\beta_2 - 2\sum^{n} \sum B \cdot P_{12} < 0 \tag{1.13}$$

　　　ハイリスクな資産運用のケース

$$X_{121} : 2\sum^{m} \sum B + C + C(a_1) - 2\sum^{m} \sum B\beta_1 - 2\sum^{n} \sum B \cdot P_{11} > 0 \tag{1.14}$$

・固定保険料率のケース

　　小口預金者のみ付保されるケース

　　　ローリスクな資産運用のケース

$$X_{212} : \sum^{m} \sum B + C + C(a_2) - \sum^{m} \sum B\beta_2 - \sum^{n} \sum B \cdot P_{2*} < 0 \tag{1.15}$$

ハイリスクな資産運用のケース

$$X_{211} : \sum^{m}\sum B + C + C(a_2) - \sum^{m}\sum B\beta_1 - \sum^{n}\sum B \cdot P_{2*} > 0 \tag{1.16}$$

大口預金者も付保されるケース

ローリスクな資産運用のケース

$$X_{222} : 2\sum^{m}\sum B + C + C(a_2) - 2\sum^{m}\sum B\beta_2 - 2\sum^{n}\sum B \cdot P_{2*} > 0 \tag{1.17}$$

ハイリスクな資産運用のケース

$$X_{221} : 2\sum^{m}\sum B + C + C(a_2) - 2\sum^{m}\sum B\beta_1 - 2\sum^{n}\sum B \cdot P_{2*} < 0 \tag{1.18}$$

以上の仮定を用いて以下で分析を行う。

(2) ペイオフなど付保預金のみ保護するケース

銀行破綻処理において、預金保険機構は事前に定めた付保預金にのみ、保険金による預金の払戻しに応じればよいことになる。もしくは、受け入れ行に付保預金を譲渡するにあたって、資金援助を行い、業務を継続させることで、付保預金者を保護することもあろう。

このような破綻処理について、図1–1の展開形（decision tree）にしたがって、情報完備ゲームの純戦略を求めることにする。また、預金保険機構は（1.9）式の最小化戦略を選択する。すなわち、（1.9）式の値はマイナスもしくは小さな値であることが望ましい。

具体的には、逆向き推計法（backwards induction）での純戦略を考える。まず、預金保険機構が可変保険料率を選択するケースを考えよう。大口預金者を付保しないケースでは、大口預金者は低金利の預金金利を受容し、銀行はローリスクな資産運用を行う。そのため、預金保険機構の費用関数は（1.11）式となる。逆に、大口預金者を預金保険機構が付保するのであれば、大口預金者は高い預金金利を求め、銀行はハイリスクな運用を行うであろう。この場合の預金保険機構の費用関数は（1.14）式となる。一方、預金保険機構が固定保険料

第1章　銀行業と預金保険制度

率を採る場合も、可変保険料率の時と同様となる。その結果、預金保険機構の費用関数は前者の場合は（1.15）式であり、後者の場合は（1.18）式であろう。したがって、ここでは（1.11）式と（1.14）式および（1.15）式と（1.18）式の大小関係を考察する必要がある。その結果、預金保険料率の選択如何に関わらず、預金保険機構は小口預金者のみを付保し、大口預金者を付保しないであろう[28]。そのため、大口預金者は銀行に対して低い預金金利を求め、銀行経営者はそれに応じ、銀行経営者はローリスク・ローリターンの資産運用を行う。すなわち、モラルハザードは生じにくいと考えられる（図1-1の太線）。さらに、可変保険料率と固定保険料率どちらを選択すべきなのかは、（1.15）式の方が（1.11）式よりも小さくなるため、固定保険料率が望ましい制度となる[29]。

（3）　金融システム安定化のため預金の全額保護を行うケース

ブロード型の預金保険制度は、前述のように金融システムの安定化を図るために、様々な機能を有している。そのため、付保預金にとどまらず、金融シス

図1-1　ナロー型の破綻処理における展開形

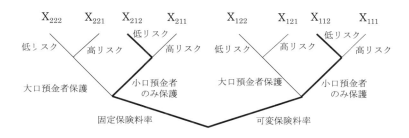

出所：筆者作成。

テムが不安定化しかねないとして、非付保預金者も保護するケースがある。具体的には破綻銀行の資産および負債を救済する銀行（受け入れ行）にすべて譲渡し、総負債額が総資産額を上回るところ（金額）を、預金保険機構が金銭贈与というかたちで補填する破綻処理を行うことである。ここでは、このように預金保険機構が全資産と全負債を事業継承するかたちで破綻処理し、破綻銀行の資産と負債を一括して受け入れ行に譲渡すると仮定して議論をすすめよう[30]。これは、預金の実質全額保護を意味する。つまり、(1.9)式の第1項および第3項が預金全額となり、大口預金が付保されているかどうかに関わらず、すべての預金と資産が事業継承の対象となり、それらが受け入れ銀行に譲渡される。

　以下では、預金保険機構がこのような破綻処理を行うことを事前に決めており、預金者はあらかじめその情報を知っているもしくは、預金者は過去の経験からそのような破綻処理を預金保険機構が行うことをわかっているという仮定のもとで議論を行う[31,32]。

　この場合の預金保険機構の費用関数について考察しよう。預金保険機構が大口預金者を付保するように定めようが、小口預金者のみを付保するように定めようが、銀行破綻が起こった際には結果的に大口預金者はその預金が減額されることがない。そのため、預金保険機構が大口預金者を付保するのかどうかに

図 1-2　ブロード型の広範な保護を行う破綻処理における展開形

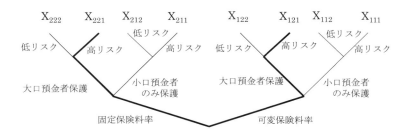

出所：筆者作成。

第 1 章　銀行業と預金保険制度

関わらず、大口預金者は銀行に対してハイリスクな資産運用を銀行に求めるで
あろう（図 1-2）。つまり、(1.12) 式と（1.14）式および（1.16）式と（1.18)
式の大小関係を考察する必要がある。これらの関係は、(1.12) 式の方が（1.14)
式よりも大きく、（1.16）式の方が（1.18）式よりも大きい。したがって、預
金保険機構は大口預金者も小口預金者も付保するように定めるであろう。これ
は付保預金にのみ保険料を求めることができるためである。

　このように、ブロード型で金融システムの安定化を図る目的で広範な保護を
行う場合はハイリスク・ハイリターンの資産運用を銀行が行い、モラルハザー
ドが生じる可能性があることがわかる。したがって、モラルハザードを抑制
するために、銀行の資産運用のリスクテイクに対して何らかの規制を行い、さ
らにそのような誘因が起こらないような制度設計をする必要がある。なぜなら、
銀行による過剰なリスクテイクは金融システムを不安定化させやすく、その安
定を目的として設立された預金保険制度に反するからである [33]。

（4）　自己資本を導入したケース

　これまでの考察では、自己資本をゼロとして考えてきた。そこで、自己資本
を導入するとどうなるかを検討してみたい。ここでは自己資本を加えることに
より増加する資産も、小口預金者、大口預金者と同様にそれらを区別すること
なく一括した資産運用を銀行が行うとして、考察を行う。自己資本をこのモデ
ルに組み入れると（1.9）式は、破綻銀行の自己資本分（ E ）だけ預金保険機
構の費用が減少する。つまり、(1.19) 式となる。

$$\underbrace{\sum^{m}\left(\sum^{x}A(S_2)+\sum^{y}B\right)+C}_{\substack{\text{破綻銀行の}\\\text{ペイオフ額}}}+\underbrace{C(S_1)}_{\substack{\text{預金保険の}\\\text{運営コスト}}}-\underbrace{\sum^{m}\left(\sum^{x}A(S_2)+\sum^{y}B\right)\beta(S_3)}_{\substack{\text{破綻銀行の}\\\text{残余資産}}}-\underbrace{\sum^{m}E(S_2)\beta(S_3)}_{\substack{\text{破綻銀行の}\\\text{自己資本}}}-\underbrace{\sum^{n}\left(\sum^{x}A(S_2)+\sum^{y}B\right)P(S_1,S_3)}_{\substack{\text{全金融機関からの}\\\text{預金保険料の合計額}}}$$

$$(1.19)$$

　これは、銀行が破綻した際の残余資産の分配順位が負債（預金）の方が資本
よりも高いためである。言い換えるなら、資本の出し手である株主よりも負債
の保有者である預金者に残余資産が先に分配されるためである。したがって、

23

これまでの議論は変わらない。そして、自己資本を銀行が厚くことは、銀行破綻時に預金者が損失を被る可能性が低くなり、大口預金者によるモラルハザードを誘発することになるのかもしれない[34]。

（5）　経営者の行動と保険料率

これまでの議論は、大口預金者の求めに応じて銀行経営者が資産運用を行うという仮定で議論を行ってきた。しかし、現実には、銀行の経営者はそのような大口預金者の求めに応じるような行動をしているのではなく、経営者自らの効用を最大化するように銀行経営を行っていると考えられる。そこで、これまでの議論を踏まえたうえで、ここでは銀行経営者の効用とその行動について考察を行う。

まず、銀行経営者の目的関数を特定化したうえで、それを最大化するように資産運用を行うものと仮定して考察しよう。経営者は二つの目的を持っていると考えられる。すなわち、①銀行の利潤を最大化すること、②自らのレピュテーションを引き上げることである。なぜなら、経営者は株主から銀行の利潤を最大化するように求められており、それが報酬に結びつくからである[35,36]。ただし、経営者は銀行破綻が起こることを最も嫌うと考えられる。なぜなら、銀行破綻を起こした経営者のレピュテーションは低くなり、二度と経営に携われなくなる可能性があるからである。したがって、銀行破綻だけは避けようとすると考えられる。

さて、銀行経営者は、預金保険機構の選択（大口預金者を付保するか否か）および大口預金者の要求（高利か低利か）を観察した後、その資産運用についてハイリスク・ハイリターンの運用を行うか、ローリスク・ローリターンの運用を行うかを決めるものとする。運用が成功した際の投資 1 単位あたりの収益は、前者が高く、後者が低いと仮定する。さらに、資産運用による収益は預金保険が課す保険料よりも常に高いことも仮定する。

$$R_H > R_L > 1$$

第 1 章　銀行業と預金保険制度

　また、それぞれの成功確率は p とする。加えて、運用の失敗による銀行破綻には資産 1 単位あたり α という損失（これは経営者としてのリピュテーションの低下を表すもの）を銀行経営者は求められるとする。ここでは以下の（1.20）式を仮定しよう。つまり、ハイリスク・ハイリターンの運用もローリスク・ローリターンの運用も銀行の期待収益が同じであると仮定する。これらから銀行経営者の目的関数を（1.21）式のように特定化する。

$$p_H R_H = p_L R_L \tag{1.20}$$

$$\pi = p(R - i - P) - (1 - p)\alpha \tag{1.21}$$

　すなわち、p の確率で投資に成功し、そこから預金金利（i）および預金保険料（P）を引いた利益を得る。ただし、運用に失敗する確率が（$1 - p$）あり、その際には α という経営者のレピュテーションの低下を経営者は享受しなければならないモデルを考える。そして、この（1.21）式の値の最大化を銀行経営者は考えるであろう。

　ここでは預金金利および預金保険料については、これまでの分析に従い、経営者の行動を考察しよう。可変保険料率が導入されているケースでは、ローリスク・ローリターン運用が行われ、（1.21）式は

$$p_L(R_L - i - P_{12}) - (1 - p_L)\alpha$$

となり、ハイリスク・ハイリターン運用が行われるケースでは、

$$p_H(R_H - i - P_{11}) - (1 - p_H)\alpha$$

となる。これら二つを比較してみよう。前者から後者を引くと、（1.22）式が得られる。

$$(P_{12} - i + \alpha)(p_L - p_H) + (P_{11} - P_{12})p_H \tag{1.22}$$

　（1.22）式がマイナスであれば、ハイリスク・ハイリターンの方が期待収

益が大きいと考えられ、銀行経営者はそのような運用を行うであろう。逆に、（1.22）式がプラスであれば、ローリスク・ローリターンの運用を銀行経営者は行うであろう。ただし、これらの仮定だけでは、それが明らかにはならない。

では、それぞれの値が変化した場合どうなるのかを、（1.22）式を微分することによって求めたい。この（1.22）式を Z とすると、

$$\partial Z/\partial i < 0 \text{、} \partial Z/\partial \alpha > 0 \text{、} \partial Z/\partial P_{11} > 0 \text{、} (\because \ (p_L - p_H) > 0 \cdot (P_{11} - P_{12}) > 0)$$

となる。つまり、預金金利の上昇はハイリスク・ハイリターンの運用を促すことになり、逆に経営者の評価および預金保険料率の上昇はローリスク・ローリターンの運用を促す効果があることを示している。

また、当然の帰結ではあるが、（1.20）式を仮定しなくとも、リスクテイクに対して、罰則的な預金保険料を課すと、ローリスク・ローリターンの資産運用を銀行は行うことになる。具体的には、以下の（1.23）式を想定する。

$$p_L(R_L - i_L) - P_{12} > p_H(R_H - i_H) - P_{11} \tag{1.23}$$

この（1.23）式のもとでは、銀行はハイリスク・ハイリターンの運用を行うメリットがなくなり、ローリスク・ローリターンの運用でも、（仮に大口預金者が高い預金金利を求めたとしても）預金金利を支払うことが可能なため、このような資産運用を行うと考えられる。すなわち、リスクをとる資産運用に対して罰則的な保険料率を課すことは、モラルハザードを抑制する効果がある。

むすび

本章では、預金保険制度の必要性を銀行業の特徴からみてきた。銀行業は決済システムを担っており、公共性がある。仮に、決済システムが麻痺すると経済活動の停滞をもたらすため、それを防止する必要がある。そのために預金保険制度を導入することは誘因整合的である。また、銀行は預金という短期の資金調達を行なっているが、その引き出しに応じる資金は一部しか準備していな

第 1 章　銀行業と預金保険制度

い。そのため、一度に多くの預金の引き出し請求があると、これに応じること
ができない。しかも、このような多くの引き出し請求は、偶発的な何らかの要
因によって生じる。その一つが、一つの銀行破綻が決済システムの中で債務不
履行の連鎖を引き起こす可能性であり、もう一つが、一つの銀行取り付けから
他の銀行取り付けへと取り付けの連鎖が起こる可能性である。このように銀行
業にはこれら伝染効果のリスクが常に存在する。そして、これらを防止するた
めの金融セーフティネットとして預金保険制度が機能するのである。

　預金保険制度は銀行破綻の際に預金者を保護する制度であるが、これを二つ
に大別することができよう。一つは、ナロー型である。これは情報劣位の預金
者を保護する預金保険機構である。このナロー型の預金保険機構が大口預金者
を付保すると預金保険機構の収支が悪化する恐れがあるため、小口預金者のみ
を付保し、大口預金者は付保しないであろう。そのため、大口預金者は銀行破
綻時に預金が減額されることを恐れ、低い預金金利を受容し、銀行にローリス
ク・ローリターンの運用を求めると考えられる。もう一つはブロード型である。
この預金保険機構は、金融システムの安定化を目的とし、そのために様々な機
能を有している。そのため、銀行破綻が起こったときには、非付保預金者も含
めてすべての預金者が保護されることを大口預金者は経験的に知っているため、
たとえ預金保険機構の付保の対象でなくても、銀行破綻が起こったときに事業
継承等によって預金が全額保護されることを期待して、銀行に対して常に高い
預金金利を求め、銀行はハイリスク・ハイリターンの運用を行う可能性がある。
つまり、モラルハザードが起こる可能性がある。

　しかし、これらの防止のためにいくつかの手法が考えられる。例えば、可変
保険料率を導入し、リスクの高い資産運用に対して罰則的な保険料を求める
ことである。また、銀行経営者は自らのレピュテーションを気にしているため、
銀行経営者に銀行経営悪化によるリピュテーションの低下を意識させるような
規制や監督はモラルハザード抑制には有効かもしれない。

　本章には、課題がいくつか残されている。一つに第 2 節のモデルは、いくつ
かの制約を加えたうえでの議論であり、それらの制約の経済的根拠を十分に示

27

さなかった。この点は、改善する余地がある。さらに、保険制度のもう一つの課題である逆選択については、本章のモデルの中では十分に扱うことができなかった。これらの点は今後の研究課題である。

付録 1-1

可変保険料率のケース
$$X_{112} - X_{121} < 0$$
$(\because X_{112} < 0, \ X_{121} > 0 \ (仮定))$

固定保険料利率のケース
$$X_{212} - X_{221} < 0$$
$(\because X_{212} < 0, \ X_{221} > 0 \ (仮定))$

付録 1-2

$$X_{112} - X_{212}$$
$$= \sum^{n} \sum B \cdot P_{2*} - \sum^{n} \sum B \cdot P_{12} > 0 \qquad (\because 仮定)$$

第2章　銀行と市場規律

はじめに

本章の目的は、銀行に対する規律付けの実証分析である。第1章で述べたように、預金保険制度にはモラルハザードの問題が内包されており、ブロード型のわが国の預金保険制度の場合、特にその懸念がある。しかし、そのようなモラルハザードは、制度設計等の工夫によって懸念するほど生じていないのかもしれない。それらを本章で実証分析する。

また、現在のバーゼルⅢによって銀行監督規制が強化されつつあるが、バーゼルの枠組みでも銀行のリスク評価として市場規律を重視している。よって、銀行に対する規律付けが行われているのかを、現実のデータを用いて確認する必要性があろう。そこで本章では、わが国の預金取扱銀行（信用金庫を含む）の実証分析を行い、それを明らかにする[1]。

この銀行に対する規律付けは二つある。第一に、銀行の破綻リスクが高まると、預金者や株主がその銀行から預金を引き上げたり、株式を売却したりする規律付け行動（市場による規律付け）である。第二に、そのような規律付け行動を受けて、銀行経営者が経営の健全化へ取り組むこと（銀行経営者による規律付け）である[2]。仮にこの二つの事象が観測されるのであれば、銀行監督規制が十分に機能しており、それらを強化する必要性はないといえるかもしれない。逆にそれが観測されなければ、銀行監督規制を強め、決済システムを担う銀行業の経営の健全化を担保する必要性をみることができよう。本章では、規

29

律付けを行う主体として、①預金者、②譲渡性預金保有者、③株主の三者を取り上げて分析を行う[3]。

　本章の大きな特徴は以下の五点である。第一点目は、1990年3月期から2016年3月期までの幅広いアンバランスト・パネルデータを用いてパネル分析を行うことである。これは、先行研究よりも分析期間を拡大している[4]。第二点目に、市場による規律付け行動を受けて、銀行経営者が経営健全化に向けた行動をとったかどうかを分析することである。預金者、譲渡性預金保有者、株主が銀行の経営状況を織り込んで行動しているからといって、銀行に対する規律付けが機能しているとは必ずしもいえない。それらの行動によって銀行が経営を健全化させるような状況をもってはじめて銀行に対する規律付けが機能しているといえよう。このことを示したのが図2–1である。図2–1の預金者、譲渡性預金保有者、株主から銀行に対する実線矢印および、銀行からそれらに対する破線矢印（「健全な銀行経営」）の両輪をもって、銀行の規律付けが機能しているといえる。このように規律付けには二つの意味がある。すなわち、図2–1で示された銀行への矢印（従来の規律付け）と銀行からの矢印（銀行の規律付け行動）がそのことを表している。本章では、前半部分で（第5節まで）、この前者の意味での規律付けについての検証を行い、第6節では後者の規律付け行動についての検証を行う。わが国の銀行を対象とした先行研究では後者の点まで実証分析を行っているものは極めて少なく、この点について実証分析を行うことが本章の大きな特徴でもある。第三点目は、キャメルという複数の尺度で銀行のリスクを測り、実証研究を試みたことである。これまでのわが国の銀行を対象とした研究では銀行のリスクを一つもしくは二つの指標で分析しているものが多い。そこで本章ではキャメルという指標を用い、銀行のリスクをより反映した分析を行った。第四点目は、信用金庫における譲渡性預金保有者の規律付けについての実証分析を行ったことである。この譲渡性預金保有者についての実証分析は、都市銀行（都銀）、地方銀行（地銀）レベルではいくつか存在するが、信用金庫について分析を行ったものは少ない。第五点目は、株主の行動を中期的な株価によって捉えたことである。銀行に対する規律付けに

第2章 銀行と市場規律

図2-1 銀行への市場規律付け

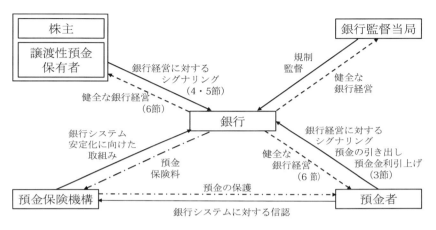

出所：筆者作成。

関する先行研究では、株主の行動を表す指標として期末の時価総額を用いている。しかし、株価（時価総額）は日々変化しており、期末の株価が株主の行動を十分に反映している指標とはいえない。そこで、本章では株価（時価総額）の日次データの平均値の変化率をとることで、株式市場における株価の形成を捉えて分析を行った。

　本章の構成は以下のとおりである。第1節では規律付けに関する先行研究を述べ、第2節では本章が分析するモデルとその分析手法について述べる。第3節では預金者について、第4節では譲渡性預金保有者について、第5節では株主について、それぞれ銀行のリスクに対してどのように反応をしているのかを分析する。そして、第6節において、それらの行動に対して銀行経営者が経営健全化に向けた改善を行っているのかを分析する。第7節でペイオフ解禁後の規律付けについて分析する。最後にこれらをまとめる。

第 1 節　先行研究

　預金者ら経済主体が銀行のリスクを織り込むよう行動をとってきたかについて、これまでに理論的な研究も実証分析も多くなされてきている。本節では本章で取り扱う実証分析を行った先行研究についてまとめる。

　預金者による銀行のリスクを織り込んだ行動がみられ、市場規律が働いているとする論文がある。ヨーロッパの銀行を分析したのがレイン・グロッポら（Reint Gropp et al. 2001）である。また、アルストン・リー・Jら（Alston Lee J. et al. 1994）は、アメリカの銀行破綻と預金保険制度との間に明確な関係がみられないことから、モラルハザードの発生を疑問視している。また、ゴードン・V・カレルズら（Gordon V. Karels et al. 1999）は信用組合（credit union）について、ジーン・ピエール・グエイエら（Jean Pierre Gueyie et al. 2003）はカナダの銀行業について分析を行い、その結果から預金者による規律付け行動を確認している。さらに、アメリカの銀行と預金者の関係を対象とした分析では、ダグラス・O・クックら（Douglas O. Cook et al. 1994）とマリア・ソルダード・マルティネス・ペリアら（Maria Soledad Martinez Peria et al. 2001）やアスリー・デミルグッククヌートら（Asli Demirgüç-Kunt et al. 2002）が、実証分析の結果から預金者による規律付け行動が得られている。

　わが国の銀行を対象とした先行研究もいくつかある。これらの先行研究では、銀行のリスクが高まれば、預金者は預金を引き出したり高い預金金利を求めたりする行動に出ることが実証分析の結果から示されており、預金者による規律付け行動が確認されている。具体的には、細野薫（2002）や堀雅博ら（Masahiro Hori et al. 2005）、鶴光太郎（Kotaro Tsuru 2003）といった研究である。

　また、譲渡性預金に関する実証研究でも、譲渡性預金保有者が銀行のリスクを織り込んで行動しているとの結果が報告されている。アメリカの銀行が発行する譲渡性預金に関する研究では、ジョン・R・ホールら（John R. Hall et al. 2002）やオルトン・R・ギルバートら（Alton R. Gilbert et al. 2006）、サンキュ

32

第 2 章　銀行と市場規律

ン・パーク（Sangkyun Park 1995）、ジョン・S・ジョーダン（John S. Jordan 2000）が、銀行のリスクが高まるとその銀行の譲渡性預金が減少したり、譲渡性預金金利が引き上がることを示している。

　株主の規律付け行動を対象とした研究では、株価と銀行のリスクとの間に関係があり、株主は銀行のリスクを認識して行動していたことを示している。わが国の株主による規律付けを分析したのは、マーク・ブレマーら（Marc Bremer et al. 2002）とイリジャー・ブリューワー・3 世ら（Elijah Brewer III et al. 2003）や家森信善（Nobuyoshi Yamori 1999）である。さらに、本章で議論するような銀行のリスク指標であるキャメルと株価についての分析を行ったのがマイケル・スマーロックら（Michael Smirlock et al. 1987）であり、キャメルと株価の間に有意な関係があることを実証している。

　一方、預金保険制度の存在により、預金者の規律付けが効いておらず、銀行が過剰なリスクをとっているとする研究もある。具体的には、デイビッド・C・ウィーロック（David C. Wheelock 1992）とクリフォード・F・ティースら（Clifford F. Thies et al. 1989）やアスリー・デミルグッククヌートら（Asli Demirgüç-Kunt et al. 2000）である。彼らの研究では、預金保険制度の存在するところは、預金保険制度が存在しないところよりも、銀行が過剰なリスクをとっており、銀行の健全性が損なわれる可能性を示している。

　このように、これまでの実証分析では、銀行システムにおいて市場規律が機能しているのかどうかについては意見が分かれている。これは、複数の国で推計を行う場合、各国の銀行の特徴がパネルデータで十分に反映されないことによるものと考えられる。したがって、実証分析にあたってはその分析対象を一ヶ国とするか、もしくは限定的なものとする方が、パネルデータ分析をするにあたっては望ましいのかもしれない。そのため、本章ではわが国の銀行に限定し、実証分析を試みることにする。

　これまでの研究における銀行に対する規律付けの分析は、預金者や株主が銀行のリスクを織り込むよう行動することと定義され、これらのシグナルだけ（図2-1 の実線だけ）をもって規律付けが働いたとしてきた。しかし、前述のよう

33

にそのシグナルだけでは規律付けが機能しているとはいえないであろう。これらのシグナルが銀行経営者に経営を健全化させるよう機能すること（図2-1の銀行からの破線）をもって、市場規律が働いているといえよう。しかし、実証分析を行っている先行研究のほとんどは、一方からのシグナルの検証にとどまっている。つまり、真の意味での市場規律付けはまだ十分に検証されていない。そこで、本章ではそのシグナル（従来の規律付け）の確認と、そのシグナルが銀行経営に何らかの影響を及ぼしたのかについての実証分析を試みる。

第2節　分析手法

　預金者の行動をみるには、預金量と預金金利の変化について、銀行と預金者の双方から観測する必要がある。この預金の需給について（2.1）式および（2.2）式を想定する。（2.1）式は銀行による預金需要（Deposit Demand）を表したものである。すなわち、預金の需要量は銀行のリスク（Bank Risk）と預金金利（Interest）によって決まる。また、預金者による預金の供給（Deposit Supply）についても同様のことがいえると考えられ、（2.2）式を想定する。この構造モデルを回帰する。

$$Deposit\ Demand_{i,t} = a_1 + b_1\ BankRisk_{i,t-1} + c_1\ Interest_t + \varepsilon_{1i,t} \tag{2.1}$$

$$Deposit\ Supply_{i,t} = a_2 + b_2\ BankRisk_{i,t-1} + c_2\ Interest_t + \varepsilon_{2i,t} \tag{2.2}$$

　なお、ε は誤差であり、期待値ゼロ、分散が一定、共分散ゼロの正規分布に従うホワイトノイズである。また、今期の預金者からの預金供給は前期の銀行の財務諸表をみて行動すると考え、銀行のリスクは1期前を想定した。さらに、各銀行の預金需要も1期前の財務を反映するかたちで決められると考え、銀行のリスクを1期前と想定した。

　ただし、この預金量と預金利子率について同時性バイアスを避けるために、

第 2 章　銀行と市場規律

先行研究にならい以下の誘導型の式を分析する [5]。

$$Deposit_{i,t} = \alpha_{1i,t} + u_i + d_t + \beta_1 BankRisk_{i,t-1} + \gamma_1 \lambda_t + \upsilon_{1i,t} \tag{2.3}$$

$$Interest_{i,t} = \alpha_{2i,t} + u_i + d_t + \beta_2 BankRisk_{i,t-1} + \gamma_2 \lambda_t + \upsilon_{2i,t} \tag{2.4}$$

なお、　$\beta_1 = \dfrac{b_1 c_2 - b_2 c_1}{c_1 - c_2}$、　$\beta_2 = \dfrac{b_2 - b_1}{c_1 - c_2}$

である。ここで、u_i は各銀行の固定効果を表しており、d_t は各年度の個別効果を示している。また、現実には銀行のリスク以外の要因も預金量と預金金利に影響を与えていると考えられるので、先行研究にならってこれらの要因をベクトル λ として推定式に入れることにする。

　本章の分析では、銀行のリスクとして、キャメル（CAMEL）という複数のリスク指標を用いて分析する。このキャメルは次の五つの指標の頭文字をとったものである。すなわち、資本（Capital）、資産の質（Asset Quality）、経営（Management）に関する指標、収益（Earning）に関する指標、流動性（Liquidity）に関する指標である。このキャメルを用いるため、（2.3）式と（2.4）式での銀行リスクは、これらの指標のベクトルである。以下の実証分析では、各指標の係数の符号と有意性を個々に検討するとともに、キャメル全体として預金量と預金金利に影響を及ぼしているかどうかも検討する。

　本章での実証分析に用いる具体的な指標は、以下のとおりである。まず、資本として BIS 自己資本比率を、資産の質には不良債権比率もしくは総資産利益率（Return on Asset: ROA）を、経営指標には人件費および物件費を総資産で除したものを、収益指標については自己資本利益率（Return on Equity: ROE）を、流動性指標は現預金およびコールローンの合計額を総資産で除したものを用いた。そして、被説明変数とするのは、①各行の預金量の増加率および預金利子率、②各行の譲渡性預金増加率および譲渡性預金利子率、そして③時価総額（株価×発行株式数）の対数値である。これらをまとめたものが、表2-1 である。

　このうち、預金利子率と譲渡性預金の利子率に関するデータがない。そのた

表 2-1　利用するデータ

指標	内容
預金増加率	預金増加率（対前年度比）
定期性預金増加率	定期性預金増加率（対前年度比）
預金金利	支払預金利息／今期末・前期末の付保預金の平均[*1]
譲渡性預金増加率	譲渡性預金増加率（対前年度比）
譲渡性預金金利	支払譲渡性預金利息／今期末・前期末の譲渡性預金の平均
時価総額（株価）	ln 時価総額平均（日時、終値）の変化率
BIS 自己資本比率	BIS 自己資本比率
不良債権比率	不良債権額／総資産[*2]
総資産利益率	税引前当期純利益／総資産
経営指標	（人件費＋物件費）／総資産
収益力 1	業務純利益／資本（簿価）
収益力 2	経常利益利益／資本（簿価）
流動性	（現金・預け金＋コールマネー）／総資産
総資産（対数値）	総資産（対数値）

注：*1 各年度の郵便貯金の定期預金と普通預金の金利差（定期貯金金利／普通貯金金利）によって定期
　　　預金を加重する。
　　*2 不良債権額は、以下の四つの合計金額である。すなわち、破綻先債権＋延滞債権（6 ヶ月以上）
　　　＋3 ヶ月以上（6 ヶ月未満）延滞債権＋貸出条件緩和債権である。
出所：筆者作成。

め、支払利息などから推定する必要がある。先行研究で求めている方法を参考
に、独自で推計したものを用いた[6]。具体的には、預金総額が一定ではないので、
今期末と前期末の付利預金額（預金総額－当座預金）の平均で、今期の支払利
息を除すことで預金金利を求めた。ただし、定期性預金の利子率の方が普通預
金の利子率よりも高いと考えられるため、各年度の郵便貯金を参照し、郵貯の
定期貯金の利子率（1 年もの）と普通貯金の利子率との倍率を加重したうえで
算出した。これは、銀行預金と郵便貯金が競合状態にあり、銀行が提示する普
通預金と定期性預金の金利差は、郵貯が示す金利差に近いものと考えられるた
めである。また、譲渡性預金の利子率について、実地調査から得られた銀行が
提示している利子率と、このような推計によって得られた値との間で大きな差

第 2 章　銀行と市場規律

表 2-2　記述統計量

	最大値	最小値	平均	中央値	分散	尖度	歪度
預金増加率	9.210	-0.897	0.031	0.018	0.330	636.757	24.495
定期性預金増加率	11.214	-0.895	0.020	0.006	0.347	518.257	20.916
預金金利	0.047	0.000	0.004	0.002	0.007	8.121	2.924
譲渡性預金増加率	26.933	-0.986	0.620	-0.036	2.631	32.976	5.138
譲渡性預金金利	5.524	0.000	0.092	0.020	0.414	83.181	8.635
時価総額（株価）	18.510	9.462	11.896	11.732	1.154	2.311	1.065
BIS 自己資本比率	79.730	0.120	9.487	8.955	3.931	47.225	3.866
不良債権比率	0.213	0.000	0.049	0.045	0.030	0.729	0.842
総資産利益率	0.021	-0.059	0.002	0.003	0.005	17.203	-3.136
経営指標	0.095	0.001	0.015	0.015	0.003	102.365	3.676
収益力 1	2.430	-1.926	0.130	0.121	0.101	122.096	1.372
収益力 2	5.717	-26.784	0.023	0.056	0.497	2093.715	-40.215
流動性	0.478	0.013	0.153	0.148	0.073	0.376	0.600
総資産（対数値）	18.441	9.580	12.851	12.550	1.539	-0.037	0.603

出所：筆者作成。

　がないとの結論を得られている[7]。したがって、このような推計方法による利子率の算出は妥当であろう[8]。

　また、その他の外的な要因（λ）については、二つのものを分析に加えた。一つは、預金保険制度が預金を全額保護したことを表すダミーを入れる。また、先行研究同様、「大きすぎて潰せない（too big to fail）」の影響を総資産の対数値（ln Asset）を用いて考察する[9]。

　分析対象は、預金保険制度加盟銀行である都市銀行（都銀）、地方銀行（地銀）、第二地方銀行（第二地銀）と、信用金庫（信金）である。都銀、地銀、第二地銀については野村総合研究所 IDS のデータを、また信金については『全国信用金庫財務諸表』を用いた[10]。サンプル期間は 1990 年 3 月期決算（1989 年度）から 2005 年 3 月期末決算（2004 年度）までの全 16 期間である。この期間は、預金のすべてもしくは一部が全額保護されており、モラルハザードが生じやす

いと考えられるためである。また、この期間は都銀、地銀、信金とも合併、破綻があったため、得られたデータはアンバランスト・パネルデータである。また、一つでも欠損データがある場合は、当該銀行のその年度をサンプルから除外した。さらに、分析にあたっては、都銀、地銀、信金で、それぞれの目的や特徴が異なるため、すべてをプールして分析するのを避け、それぞれの業態ごとにわけて分析を行った[11]。これらの記述統計量は表2–2のとおりである。以下では、これらのデータを用いて（2.3）式および（2.4）式をパネル分析で推計する。

第3節 預金者による規律付け

1. 預金者による規律付け

まず預金者の規律付けについて考察を行う。もし、預金者が銀行のリスクを織り込むような行動をしているのであれば、銀行の破綻リスクの高まりにより、預金者は預金を引き出したり預金金利の引き上げを求めたりするであろう。（2.3）式と（2.4）式のβに関する帰無仮説（$\beta = 0$）が棄却されれば、預金者は、銀行のリスクを織り込んだかたちで行動していると考えられる。

次に符号条件を考察を行う。BIS自己資本比率や総資産利益率や収益指標としての総資本利益率および流動性指標は高い方が望ましいと考えられる。一方、不良債権比率の増加は銀行の破綻リスクの高まりであり、預金が逃げていくと考えられる。また、経営指標である人件費や物件費は費用であり、これが大きいところでも預金が減少すると考えられる。そして、健全な経営を行っている銀行は預金量の増加や預金金利の低下が見込めると考えられる。これらをまとめたのが表2–3である。

これらのパネル分析の推計結果を示したものが、表2–4〜表2–9である。統計分析の検定として三つの検定を行った。一つ目が、固定効果モデルにおいて、切片が同一かどうかのF検定で、これが否定されれば固定効果があるということになる（各表F1）。二つ目に切片も傾きも同一かどうかのF検定で、こ

第 2 章　銀行と市場規律

表 2-3　預金者による規律付けについて期待される符号条件

	預金増加率	預金金利
BIS 自己資本比率	+	−
不良債権比率	−	+
総資産利益率	+	−
経営指標	−	+
収益力 1	+	−
収益力 2	+	−
流動性	+	−

出所：筆者作成。

れが否定されればプーリング回帰が妥当しないことになる（各表 F2）。三つ目にそれぞれの推計におけるキャメルの係数が同時にゼロとなることを帰無仮説とする F 検定（各表 F3）である。また、固定効果モデルと変動効果モデルのどちらの誤差が小さいかを示すハウスマン検定も同時に示してある。

これらの推計結果から考察しよう。都銀をみると、預金増加率で BIS 自己資本比率、経営指標と流動性が有意であり、預金金利では総資産利益率、経営指標と収益力、流動性指標が有意であった。地銀では、預金増加率についてはキャメルの中で有意なものはほとんど見当たらず、預金金利では BIS 自己資本比率、不良債権比率、総資産利益率、経営指標、収益力で有意となった。また、信金では、預金増加率で、BIS 自己資本比率と流動性指標が、預金金利では一部を除くほとんどの指標で有意となっている。

これらの一部については符号条件が異なる。流動性指標をみると、流動性の高まりを預金者が嫌った結果となっているものがある。その理由は、預金が引き出されるおそれがあり、その準備として銀行が流動性を確保していると預金者が捉えたと考えることができよう。もしくは、流動性の増加は、収益を生むような資産運用を銀行が十分に行えていないと預金者が感じた結果なのかもしれない。また、不良債権比率も符号条件とは逆に有意に効いているのがみられ

39

表 2-4　推計結果（預金増加率とキャメル〔都銀〕）

		都銀 A 固定効果	都銀 B 変動効果	都銀 C 固定効果	都銀 D 変動効果	都銀 E 固定効果	都銀 F 変動効果
C	BIS 自己資本比率	-0.055 **	-0.007	-0.050 **	0.006	0.021	0.012
		(0.025)	(0.020)	(0.024)	(0.012)	(0.068)	(0.043)
A	不良債権比率					-13.391	-13.874
						(8.034)	(54.927)
A	総資産利益率（ROA）	-2.338	-6.782	-7.134	-6.000		
		(4.712)	(4.553)	(10.673)	(10.171)		
M	経営指標	-146.152 ***	-12.000	-142.800 ***	-10.715	-385.640	-3.299
		(41.037)	(18.973)	(41.042)	(18.845)	(162.763)	(7.227)
E	収益力1（ROE1）	-0.395	0.252			-1.564	-1.598
		(0.437)	(0.424)			(1.745)	(1.376)
E	収益力2（ROE2）			0.138	-0.026		
				(0.314)	(0.300)		
L	流動性指標	-2.715 ***	-0.372	-2.509 ***	-0.364	6.285	11.783
		(0.859)	(0.652)	(0.832)	(0.644)	(6.077)	(5.147)
	総資産対数値	-0.782 ***	-0.170	-0.786 ***	-0.161	-1.608	-0.276
		(0.178)	(0.065)	(0.187)	(0.100)	(0.569)	(0.280)
	ペイオフダミーA 1997年3月期～2002年3月期	-0.069	-0.061	-0.081	-0.060	-0.923	4.835
		(0.066)	(0.065)	(0.064)	(0.064)	(0.350)	(5.417)
	ペイオフダミーB 2003年3月期～2005年3月期	0.301 **	0.174	0.289 **	0.172	1.000	5.474
		(0.138)	(0.134)	(0.139)	(0.136)	(1.413)	(5.613)
	自由度調整済決定係数	0.249	0.863	0.089	0.009	0.202	0.696
	サンプル数	80	80	80	80	22	22
	サンプル期間（年）	1990-2003	1990-2003	1990-2003	1990-2003	1998-2003	1998-2003
	F検定1（F1）	4.059	[0.002]	3.914	[0.002]	1.798	[0.206]
	F検定2（F2）	1.442	[0.189]	1.936	[0.056]	1.012	[0.161]
	F検定3（F3）	3.307 **	1.827 *	2.968 **	1.939 *	0.685	12.027 ***
	ハウスマン検定	19.251	[0.004]	18.621	[0.005]	9.608	[0.142]

注：有意水準 *** は1％以内、** は5％以内、* は10％以内である。
　　（　）内は、不均一分散を考慮した標準偏差の一致推定量である。
出所：筆者作成。

第 2 章　銀行と市場規律

表 2-5　推計結果（預金増加率とキャメル〔地銀〕）

		地銀 A 固定効果	地銀 B 変動効果	地銀 C 固定効果	地銀 D 変動効果	地銀 E 固定効果	地銀 F 変動効果
C	BIS 自己資本比率	0.002	0.005 **	0.001	0.003	-0.005	-0.001
		(0.003)	(0.002)	(0.003)	(0.002)	(0.007)	(0.006)
A	不良債権比率					0.687	-6.948
						(0.533)	(7.959)
A	総資産利益率（ROA）	-0.260	0.270	-0.518	-0.563		
		(0.602)	(0.567)	(0.635)	(0.603)		
M	経営指標	-6.692	2.930	-6.970 *	-3.306	-14.248	0.639
		(3.773)	(2.767)	(3.773)	(2.793)	(10.104)	(0.429)
E	収益力 1（ROE1）	0.027	0.071			-0.023	0.041
		(0.035)	(0.032)			(0.054)	(0.051)
E	収益力 2（ROE2）			0.005	0.004		
				(0.004)	(0.004)		
L	流動性指標	-0.200 *	-0.275 **	-0.189 *	0.256 **	-0.292	-0.679
		(0.116)	(0.088)	(0.115)	(0.089)	(0.352)	(0.298)
	総資産対数値	-0.204 ***	-0.030 ***	-0.207 ***	-0.030 **	-0.863 ***	-0.057
		(0.031)	(0.009)	(0.031)	(0.009)	(0.077)	(0.026)
	ペイオフダミー A 1997 年 3 月期～ 2002 年 3 月期	-0.002	-0.020 ***	0.001	-0.016 **	0.049	0.013
		(0.008)	(0.007)	(0.008)	(0.007)	(0.098)	(0.094)
	ペイオフダミー B 2003 年 3 月期～ 2005 年 3 月期	-0.011	-0.156	-0.012	-0.018	-0.009	-0.023
		(0.013)	(0.012)	(0.013)	(0.012)	(0.019)	(0.018)
	自由度調整済決定係数	0.061	0.033	0.062	0.029	0.349	0.019
	サンプル数	1041	1041	1041	1041	365	365
	サンプル期間（年）	1990-2005	1990-2005	1990-2005	1990-2005	1996-2005	1996-2005
	F 検定 1（F1）	84.948	[0.006]	1.531	[0.000]	3.428	[0.000]
	F 検定 2（F2）	3.310	[0.000]	2.132	[0.000]	4.822	[0.000]
	F 検定 3（F3）	17.262 ***	4.694 ***	17.520 ***	5.718 ***	48.896 ***	20.552 ***
	ハウスマン検定	45.927	[0.000]	48.662	[0.000]	133.790	[0.000]

注：有意水準 *** は 1％以内、** は 5％以内、* は 10％以内である。
　　（　）内は、不均一分散を考慮した標準偏差の一致推定量である。
出所：筆者作成。

表 2-6　推計結果（預金増加率とキャメル〔信金〕）

	信金 A 固定効果	信金 B 変動効果	信金 C 固定効果	信金 D 変動効果	信金 E 固定効果	信金 F 変動効果
C　BIS 自己資本比率	0.011 ***	0.000	0.010 ***	-0.001	0.001	0.001
	(0.003)	(0.002)	(0.003)	(0.001)	(0.003)	(0.002)
A　不良債権比率					0.260	-0.520
					(0.436)	(3.204)
A　総資産利益率（ROA）	1.989	2.966 *	3.329 *	2.276		
	(1.807)	(1.589)	(1.817)	(1.625)		
M　経営指標	-5.765	4.531	-5.785	4.483	-0.948	-0.010
	(4.088)	(3.027)	(4.087)	(3.028)	(4.431)	(0.079)
E　収益力 1（ROE1）	0.005	-0.108			0.026	0.003
	(0.028)	(0.080)			(0.101)	(0.143)
E　収益力 2（ROE2）			-0.146	-0.003		
			(0.094)	(0.025)		
L　流動性指標	0.630 ***	0.175	0.624 ***	0.184	0.238	-0.004
	(0.189)	(0.129)	(0.189)	(0.129)	(0.232)	(0.011)
総資産対数値	-1.497 ***	-0.008	-1.501 ***	-0.010	-0.257 *	
	(0.087)	(0.010)	(0.087)	(0.010)	(0.132)	
ペイオフダミー A	-0.055 **	-0.028	-0.059 **	-0.025	-0.038	-0.029
1997年3月期～2002年3月期	(0.027)	(0.026)	(0.027)	(0.026)	(0.028)	(0.025)
ペイオフダミー B	0.050 **	-0.006	0.046 *	-0.003	-0.008	-0.012
2003年3月期～2005年3月期	(0.025)	(0.024)	(0.025)	(0.024)	(0.027)	(0.023)
自由度調整済決定係数	0.076	0.003	0.077	0.003	(0.039)	0.001
サンプル数	3082	3082	3082	3082	2465	2465
サンプル期間（年）	1990-2005	1990-2005	1990-2005	1990-2005	1998-2005	1998-2005
F 検定 1（F1）	1.555	[0.000]	1.554	[0.000]	0.080	[0.998]
F 検定 2（F2）	41.149	[0.000]	48.690	[0.000]	16.021	[0.000]
F 検定 3（F3）	56.371 ***	2.160 *	57.206 ***	1.619	23.106 ***	0.185
ハウスマン検定	311.310	[0.000]	308.470	[0.000]	7.254	[0.509]

注：有意水準 *** は 1%以内、** は 5%以内、* は 10%以内である。
　　（　）内は、不均一分散を考慮した標準偏差の一致推定量である。
出所：筆者作成。

第 2 章 銀行と市場規律

表 2-7 推計結果（預金金利とキャメル〔都銀〕）

		都銀 A 固定効果		都銀 B 変動効果		都銀 C 固定効果		都銀 D 変動効果		都銀 E 固定効果		都銀 F 変動効果	
C	BIS 自己資本比率	-0.001	*	-0.001	*	-0.001		-0.001		-0.001		0.000	
		(0.001)		(0.001)		(0.001)		(0.001)		(0.000)		(0.000)	
A	不良債権比率									-0.041		-0.049	
										(0.053)		(0.489)	
A	総資産利益率（ROA）	0.050		-0.048		-0.810	***	-0.933	***				
		(0.150)		(0.144)		(0.337)		(0.317)					
M	経営指標	-5.173	***	-2.227	***	-4.889	***	-2.577	***	0.160		-1.396	**
		(1.303)		(0.486)		(1.295)		(0.455)		(1.083)		(0.567)	
E	収益力 1（ROE1）	-0.036	**	-0.034	**					-0.001		-0.004	
		(0.014)		(0.013)						(0.012)		(0.010)	
E	収益力 2（ROE2）					0.026	***	0.028	***				
						(0.010)		(0.001)					
L	流動性指標	0.050	*	0.084	***	0.068	**	0.0951	***	-0.025		-0.041	
		(0.027)		(0.020)		(0.026)		(0.019)		(0.040)		(0.036)	
	総資産対数値	-0.009		-0.003		-0.012	**	-0.006	***	-0.004		-0.004	*
		(0.006)		(0.003)		(0.006)		(0.002)		(0.004)		(0.003)	
	ペイオフダミー A	-0.009	***	-0.009	***	-0.009	***	-0.009	***	0.003		0.101	**
	1997 年 3 月期〜2002 年 3 月期	(0.002)		(0.002)		(0.002)		(0.002)		(0.002)		(0.048)	
	ペイオフダミー B	-0.013	***	-0.016	***	-0.013	***	-0.015	***	0.005		0.099	**
	2003 年 3 月期〜2005 年 3 月期	(0.004)		(0.004)		(0.004)		(0.004)		(0.005)		(0.049)	
	自由度調整済決定係数	0.800		0.799		0.800		0.805		0.833		0.200	
	サンプル数	80		80		80		80		22		22	
	サンプル期間（年）	1990-2003		1990-2003		1990-2003		1990-2003		1998-2003		1998-2003	
	F 検定 1（F1）	2.315		[0.044]		1.976		[0.082]		6.974		[0.005]	
	F 検定 2（F2）	1.611		[0.124]		1.639		[0.116]		3.612		[0.000]	
	F 検定 3（F3）	56.688	***	52.381	***	54.147	***	53.840	***	22.587	***	5.689	***
	ハウスマン検定	9.599		[0.143]		8.093		[0.232]		12.811		[0.046]	

注：有意水準 *** は 1%以内、** は 5%以内、* は 10%以内である。
　　（　）内は、不均一分散を考慮した標準偏差の一致推定量である。
出所：筆者作成。

表 2-8　推計結果（預金金利とキャメル〔地銀〕）

		地銀		地銀		地銀		地銀		地銀		地銀	
		A		B		C		D		E		F	
		固定効果		変動効果		固定効果		変動効果		固定効果		変動効果	
C	BIS自己資本比率	-0.001	***	0.001	***	-0.001	***	-0.001	***	0.000	***	0.000	***
		(0.000)		(0.000)		(0.000)		(0.0001)		(0.000)		(0.000)	
A	不良債権比率									-0.028	***	-0.021	***
										(0.002)		(0.002)	
A	総資産利益率（ROA）	0.179	***	0.143	***	0.163	***	0.136	***				
		(0.030)		(0.029)		(0.032)		(0.030)					
M	経営指標	-2.690	***	-1.785	***	-2.680	***	-1.750	***	0.036		0.033	
		(0.186)		(0.151)		(0.187)		(0.151)		(0.045)		(0.038)	
E	収益力1（ROE1）	-0.008	***	0.005	***								
		(0.002)		(0.002)									
E	収益力2（ROE2）					0.000	*	0.000		0.000	*	0.000	
						(0.000)		(0.000)		(0.000)		(0.000)	
L	流動性指標	-0.007		0.007		-0.010	*	-0.009	*	0.000		0.001	
		(0.006)		(0.005)		(0.006)		(0.005)		(0.002)		(0.001)	
	総資産対数値	-0.015	**	0.003	***	-0.014	**	-0.003	***	-0.001	***	0.000	
		(0.002)		(0.001)		(0.002)		(0.001)		(0.000)		(0.000)	
	ペイオフダミーA 1997年3月期〜2002年3月期	-0.014	***	-0.016	***	-0.015	***	-0.016	***	0.001	**	0.003	**
		(0.000)		(0.004)		(0.000)		(0.004)		(0.000)		(0.002)	
	ペイオフダミーB 2003年3月期〜2005年3月期	-0.004	***	0.004	***	-0.004	***	-0.004	***	-0.001	***	0.001	
		(0.001)		(0.001)		(0.001)		(0.001)		(0.000)		(0.002)	
	自由度調整済決定係数	0.818		0.792		0.814		0.791		0.745		0.046	
	サンプル数	1041		1041		1041		1041		365		365	
	サンプル期間（年）	1990-2005		1990-2005		1990-2005		1990-2005		1996-2005		1996-2005	
	F検定1（F1）	2.521		[0.000]		2.399		[0.000]		5.434		[0.000]	
	F検定2（F2）	1.580		[0.000]		1.389		[0.000]		3.212		[0.000]	
	F検定3（F3）	345.889	***	122.612	***	291.271	***	104.866	***	120.068	***	24.664	***
	ハウスマン検定	142.400		[0.000]		134.970		[0.000]		67.535		[0.000]	

注：有意水準 *** は1%以内、** は5%以内、* は10%以内である。
　　（　）内は、不均一分散を考慮した標準偏差の一致推定量である。
出所：筆者作成。

第 2 章　銀行と市場規律

表 2-9　推計結果（預金金利とキャメル〔信金〕）

		信金 A 固定効果	信金 B 変動効果	信金 C 固定効果	信金 D 変動効果	信金 E 固定効果	信金 F 変動効果
C	BIS 自己資本比率	0.000 ***	0.000 ***	0.000 ***	0.000 ***	0.000	0.000 ***
		(0.000)	(0.000)	(0.000)	(0.000)	(0.000)	(0.000)
A	不良債権比率					-0.005 ***	-0.004 ***
						(0.001)	(0.001)
A	総資産利益率（ROA）	0.020 ***	0.024 ***	0.022 ***	0.022 ***		
		(0.004)	(0.003)	(0.004)	(0.003)		
M	経営指標	-0.007	-0.006	-0.007	-0.006	0.009	0.011 ***
		(0.009)	(0.006)	(0.009)	(0.006)	(0.009)	(0.006)
E	収益力 1（ROE1）	0.000	-0.001 ***			0.000	0.000
		(0.000)	(0.000)			(0.000)	(0.000)
E	収益力 2（ROE2）			0.000 **	-0.214 ***		
				(0.000)	(0.000)		
L	流動性指標	-0.003 ***	-0.002 ***	-0.003 ***	0.000	-0.003 ***	-0.002 ***
		(0.000)	(0.000)	(0.000)	(0.000)	(0.000)	(0.000)
	総資産対数値	-0.001 ***	0.000	-0.001 ***		0.000	0.000
		(0.000)	(0.000)	(0.000)		(0.000)	(0.000)
	ペイオフダミー A 1997 年 3 月期〜2002 年 3 月期	0.000 ***	0.000 ***	0.000 ***	0.000 ***	0.000 **	0.000 ***
		(0.000)	(0.000)	(0.000)	(0.000)	(0.000)	(0.000)
	ペイオフダミー B 2003 年 3 月期〜2005 年 3 月期	-0.001 ***	-0.001 ***	-0.001 ***	-0.001 ***	-0.001 ***	-0.001 ***
		(0.000)	(0.000)	(0.000)	(0.000)	(0.000)	(0.000)
	自由度調整済決定係数	0.522	0.497	0.523	0.496	0.518	0.050
	サンプル数	3081	3081	3082	3082	2465	2465
	サンプル期間（年）	1990-2005	1990-2005	1990-2005	1990-2005	1998-2005	1998-2005
	F 検定 1（F1）	1.319	[0.000]	1.378	[0.000]	1.260	[0.000]
	F 検定 2（F2）	1.250	[0.475]	4.547	[0.073]	0.059	[0.999]
	F 検定 3（F3）	359.335 ***	208.625 ***	359.358 ***	208.693 ***	230.074 ***	138.307 ***
	ハウスマン検定	85.936	[0.000]	87.476	[0.000]	26.734	[0.000]

注：有意水準 *** は 1％以内、** は 5％以内、* は 10％以内である。
　　（　）内は、不均一分散を考慮した標準偏差の一致推定量である。
出所：筆者作成。

る。これは以下のようなことが考えられる。都銀では 1998 年 9 月以降、本章が分析対象としている四分類について開示する義務が課されている。しかし、2002 年 10 月に「金融再生プログラム（竹中プラン）」が作成され、不良債権の洗い出しと不良債権処理が進められるまでは、不良債権の開示が十分ではなかった可能性がある。預金者は銀行が多額の不良債権を保有しているという認識はあったであろうが、それがどの程度なのかは分からない。そのため、不良債権を多く開示しているところは、積極的な情報開示を行っており銀行経営が誠実に行われている、もしくは不良債権を公表する経営的余裕のある結果だと預金者が判断し、不良債権の公表額が多いことを評価したと解釈できなくもない。また、BIS 自己資本比率と資産の質の指標である総資産利益率が一部で符号条件と異なるケースがあり、これは経済的な説明がつきにくい。しかし、F検定の結果から、キャメルのすべての係数が同時にゼロとする帰無仮説は棄却でき、これらの結果から、預金者が銀行、地銀、信金のリスクを織り込むような行動をとっていると考察できよう。

2. 預金保険機構による預金全額保護の影響

　本節のサンプル期間の中で、預金の全額保護等が行われた。その影響についてダミー変数を用いて考察を行う。なぜなら、預金保険制度によって全額保護が打ち出されたことによって、預金者が何らかの影響を受けた可能性があるからである。

　1996 年に政府が預金の全額保護を表明し、2002 年 3 月末まではすべての預金が全額保護された。そして、2002 年 4 月からは定期性預金を除くすべての預金の全額保護に移行し、定期性預金が全額保護の対象から外れた。その後、2005 年 4 月より、決済用預金（無利息、要求払い、決済サービスを提供できること、という三要件を満たす預金）を除くすべての預金がペイオフ解禁となった[12]。これらの期間について、1996 年度（1997 年 3 月期）から 2002 年 3 月期までのペイオフダミー A と、2003 年 3 月期から 2005 年 3 月期までのペイオフダミー B を入れて、全額保護の影響について実証分析を行った（表

第 2 章　銀行と市場規律

2-4 〜表 2-9 参照）。

　推計結果から考察しよう。有意水準を 1％とすると、都銀は預金金利の分
析において、ペイオフダミー A もペイオフダミー B も負で有意になっている。
地銀は預金増加率の一部でペイオフダミー A が負で有意に、預金金利でも双
方のダミーが負に有意になっている。また、信金では預金金利において、ペイ
オフダミー A が正に有意だが、その係数は小さい。また、信金の預金金利の
ペイオフダミー B では負に有意となっている。これらの結果から、以下の三
点の可能性をみることができよう。第一に、預金の全額保護を行った 1996 年
から 2003 年の間の金融システム不安時、地銀では預金が引き出された可能性
がある。第二に、預金保険機構による預金の全額保護が行われた時期に、日本
銀行による低金利政策を含む金融緩和政策の影響もあり、預金金利が全体的に
低く抑えられていた可能性を示している。ただ、第三に、すべての預金の全額
保護を行っていた際、信金では預金の減少を抑えるために、預金金利を引き上
げた可能性があるが、その上昇は非常に限定的であったと考えられる。

　これらの考察から、預金の全額保護を行ったことにより、銀行の健全性とは
関係なく預金量が増えたり、破綻しても預金が保護されることから高い預金金
利を銀行が付して預金を集めたりするようなモラルハザードといわれる現象は、
確認することはできなかったといえよう。

3.　定期性預金のペイオフ解禁の影響

　次に、わが国の銀行を対象としたいくつかの研究において、2003 年 4 月の
定期性預金のペイオフ解禁によって、預金者による規律付けが強まったとする
指摘があるが、本章で用いているキャメルの指標でも、同様の結果が出ること
を確認しておきたい[13]。

　2003 年 4 月から 2005 年 3 月までの定期性預金の増加率と各銀行のリスク
との関係についてこれまでと同様にパネル分析を試みた。残念ながら、預金利
息の支払い総額は公表されているが、定期性預金に対する支払い利息を特定化
することができないため、定期性預金について（2.4）式を検証することがで

47

きなかった。そのため、（2.3）式についてのみ推計を行った。なお、符号条件は表2–3の預金増加率と同じである。また、サンプル数の関係で都銀、地銀、信金を個別に行えず、これらすべてのデータをプールして分析を行った。

　その結果は、表2–10である。総資産利益率と収益力が有意であり、符号条件と一致する。一方で、経営指標が有意にマイナスとなっているのは、本節の1.で検討したとおりであった。また、F検定の結果から、キャメルを同時にゼロとする帰無仮説は棄却でき、定期性預金においても預金者が銀行、地銀、信金のリスクを織り込むような行動が確認できた。つまり、定期性預金のペイオフ解禁後をみるかぎり、定期性預金をもつ預金者は銀行のリスクを織り込むような行動を行っていたことを本章で用いているキャメルでも確認することができた。このことは先行研究と同様の結果を得られたともいえよう。

第4節　譲渡性預金保有者による規律付け

　本節では、譲渡性預金保有者による規律付けについて、第3節で議論した預金と同様の分析を行う。符号条件は第3節と同様で、表2–11のとおりである。すなわち、銀行の破綻リスクが高まるようなケースでは譲渡性預金の発行量が減少したり、高い金利を求めたりするであろう。なお、譲渡性預金は預金保険制度による保護の対象外であるため、第3節で用いた預金全額保護にともなうダミーは用いずに分析を行った。

　まず、譲渡性預金の増加率とキャメルとの関係をみてみよう（表2–12～表2–14参照）。有意水準を1％とすると、有意なものがほとんどない。唯一有意となっているのは、地銀EでBIS自己資本比率がプラスに有意となっており、BIS自己資本比率の上昇が譲渡性預金の増加につながっていることを示した。しかし、都銀や信金では帰無仮説は棄却できない。これは、譲渡性預金増加率と銀行のリスクが明示的であるとするアメリカの先行研究とは異なった結果を示した[14]。

　次に譲渡性預金金利について（2.4）式で分析を行った。表2–15～表2–17

48

第2章　銀行と市場規律

表2-10　推計結果（ペイオフ解禁後の定期性預金増加率とキャメル）

		A 固定効果	B 変動効果	C 固定効果	D 変動効果	E 固定効果	F 変動効果
C	BIS自己資本比率	-0.054	-0.003	-0.055	-0.013 **	-0.052	0.001
		(0.033)	(0.007)	(0.034)	(0.006)	(0.034)	(0.006)
A	不良債権比率					8.516 **	1.126
						(3.972)	(0.917)
A	総資産利益率（ROA）	2.336 ***	2.400	2.306 ***	7.462		
		(0.631)	(4.098)	(0.646)	(4.778)		
M	経営指標	-63.366 **	-22.523 *	-62.847 **	-26.175 **	-86.086 **	-19.972 *
		(33.949)	(11.752)	(34.027)	(11.847)	(34.689)	(11.560)
E	収益力1（ROE1）	0.077	1.381 ***			0.497 **	0.918 ***
		(0.297)	(0.321)			(0.289)	(0.313)
E	収益力2（ROE2）			2.599	0.162		
				(7.669)	(0.121)		
L	流動性指標	1.986	0.150	1.984	-0.036	1.603	-0.155
		(1.320)	(0.374)	(1.320)	(0.375)	(1.354)	(0.334)
	総資産対数値	-0.580	-0.072 **	-0.570	-0.054 *	-0.138	-0.059 **
		(0.597)	(0.032)	(0.598)	(0.321)	(0.634)	(0.028)
	自由度調整済決定係数	0.010	0.026	0.010	0.009	-0.023	0.029
	サンプル数	582	582	582	582	582	582
	サンプル期間（年）	2003-2005	2003-2005	2003-2005	2003-2005	2003-2005	2003-2005
	F検定1（F1）	0.988	[0.541]	0.935	[0.716]	1.010	[0.468]
	F検定2（F2）	1.182	[0.321]	1.214	[0.224]	1.362	[0.131]
	F検定3（F3）	1.456	3.820 ***	1.482	1.266	-3.216 ***	4.293 ***
	ハウスマン検定	8.852	[0.182]	6.139	[0.409]	17.806	[0.007]

注：有意水準 *** は1%以内、** は5%以内、* は10%以内である。
　　（　）内は、不均一分散を考慮した標準偏差の一致推定量である。
出所：筆者作成。

にその結果を示した。まず、都銀、地銀については、BIS自己資本比率、不良債権比率、総資産利益率、経営指標、収益力、流動性で有意となっており、信金では総資産利益率が有意になっている。これらのうち、いくつかの指標の符号条件が一致しない。具体的には、不良債権比率、総資産利益率、経営指標、流動性である。このうち経営指標と流動性の指標が符号条件と異なる結果を示しているのは、預金のところでも述べたようにサービスの向上を譲渡性預金保有者が評価したことや、流動性を多く確保していることへの譲渡性預金保有者の不安を示したものである。しかし、不良債権比率の増加が譲渡性預金金利を押し下げていることは説明がつきにくい。そして、F検定の結果から、キャメルのすべての係数が同時にゼロとする帰無仮説は棄却できる。これらの結果から、譲渡性預金の保有者が銀行、地銀、信金のリスクを織り込むような行動をしていると考察できよう。

　本章が用いる分析手法では、譲渡性預金増加率と銀行のリスクとの間には統計的な関係がない結果となった。この原因の一つは、譲渡性預金の増減が非常に大きい。記述統計量をみると、譲渡性預金の増加率は、預金の増加率や定期性預金の増加率と比べると、平均で60％も増減があることに加え、分散がかなり大きい（表2-2参照）。譲渡性預金は償還日まで現金化されることがないので、銀行は中期的な資金調達を譲渡性預金発行によって行っていると考えられるが、現実には譲渡性預金を短期的な資金調達の手段としている可能性がある。言い換えるなら、譲渡性預金を銀行自身が買い取ることによって期日前までに償還するか、短期の譲渡性預金を発行しているかもしれない。そのため、譲渡性預金の増減は銀行の資金調達の状況が影響しており、銀行のリスクを十分に反映せずに決定されている可能性がある。また、サンプルをとった際に、突発的な譲渡性預金発行は銀行のリスクに対応したものとはならないかと考え、前期末と今期末いずれかで譲渡性預金残高がゼロとなっている銀行をサンプルから除外したことが影響した可能性もある。

　一方、譲渡性預金金利がリスクを反映したかたちで変動すると考えられ、分析の結果、譲渡性預金金利が銀行のリスクを織り込んでいることを示した。つ

第 2 章　銀行と市場規律

表 2-11　譲渡性預金保有者による規律付けについて期待される符号条件

	譲渡性預金増加率	譲渡性預金金利
BIS 自己資本比率	＋	－
不良債権比率	－	＋
総資産利益率	＋	－
経営指標	－	＋
収益力 1	＋	－
収益力 2	＋	－
流動性	＋	－

出所：筆者作成。

まり、譲渡性預金保有者は銀行のリスクを織り込むよう行動していると結論づけられよう。

第 5 節　株主による規律付け

本節では、株主が銀行のリスクを織り込んで行動しているのかを検証する。すなわち、銀行のリスクが高まれば、株価（時価総額）は下落するであろうし、銀行の収益力が高まるケースでは株価（時価総額）が上昇するであろう。これらについてデータを用いて分析をする。

各銀行の時価総額（対数値）を被説明変数として、これまでと同様の分析を試みる。時価総額を用いた先行研究では年度末の株価によって時価総額を算出しているが、本章では年度ごとに、日次（終値）の時価総額を平均した数値を用いた。これにより、株式市場における株価の形成を先行研究以上によって正確にとらえることができよう。また、株価は銀行のリスクのみならず、その他の外生的な要因（X）の影響も受けるであろう。

これについて（2.5）式のように定式化し、これまでと同様、アンバランスト・パネルデータを用いて、パネル分析を行う。なお、サンプル数の関係で、都銀、地銀のデータをプールし、これらを合わせて推計を行った。なお、信金は上場

51

表 2-12 推計結果（譲渡性預金増加率とキャメル〔都銀〕）

		都銀 A 固定効果	都銀 B 変動効果	都銀 C 固定効果	都銀 D 変動効果	都銀 E 固定効果	都銀 F 変動効果
C	BIS 自己資本比率	-0.090 *	-0.089 **	-0.091 *	-0.090 **	-0.091 *	-0.021
		(0.049)	(0.411)	(0.049)	(0.041)	(0.049)	(0.041)
A	不良債権比率					0.000	-1.656
						(0.000)	(3.847)
A	総資産利益率（ROA）	0.000	0.000	0.000	0.000		
		(0.000)	(0.000)	(0.000)	(0.000)		
M	経営指標	0.000	0.000	0.000	0.000	0.000	-9.999
		(0.001)	(0.001)	(0.001)	(0.001)	(0.001)	(12.635)
E	収益力 1（ROE1）	0.000	0.000			0.000	-0.184
		(0.001)	(0.000)			(0.000)	(0.252)
E	収益力 2（ROE2）			0.000	0.000		
				(0.000)	(0.000)		
L	流動性指標	0.000	0.000	0.000	0.000	0.000	1.410
		(0.000)	(0.000)	(0.000)	(0.000)	(0.000)	(2.408)
	総資産対数	0.167	0.028	0.162	0.027	0.162	-0.148
		(0.149)	(0.024)	(0.150)	(0.023)	(0.150)	(2.408)
	自由度調整済決定係数	0.048	0.065	0.013	0.067	0.013	0.361
	サンプル数	112	112	112	112	35	35
	サンプル期間（年）	1990-2003	1990-2003	1990-2003	1990-2003	1998-2003	1998-2003
	F 検定 1（F1）	0.501	[0.901]	0.496	[0.912]	0.548	[0.784]
	F 検定 2（F2）	0.963	[0.562]	3.339	[0.000]	3.153	[0.000]
	F 検定 3（F3）	1.360	1.850 *	0.364	1.912 *	0.102	4.243 ***
	ハウスマン検定	1.813	[0.936]	1.739	[0.942]	0.700	[0.995]

注：有意水準 *** は 1％以内、** は 5％以内、* は 10％以内である。
　　（　）内は、不均一分散を考慮した標準偏差の一致推定量である。
出所：筆者作成。

第 2 章　銀行と市場規律

表 2-13　推計結果（譲渡性預金増加率とキャメル〔地銀〕）

	地銀 A 固定効果	地銀 B 変動効果		地銀 C 固定効果	地銀 D 変動効果	地銀 E 固定効果		地銀 F 変動効果
C　BIS 自己資本比率	0.169	0.198	**	0.141	0.144	0.851	***	0.205
	(0.137)	(0.074)		(0.136)	(0.137)	(0.283)		(0.168)
A　不良債権比率						11.097		8.973
						(19.534)		(12.492)
A　総資産利益率（ROA）	-1.724	-1.236		-6.498	-6.408			
	(23.358)	(21.471)		(24.487)	(24.501)			
M　経営指標	162.638	45.512		165.735	182.502	252.308		79.945
	(150.165)	(104.41)		(149.792)	(149.361)	(348.302)		(224.279)
E　収益力 1（ROE1）	0.442	1.867				-3.028	*	0.278
	(1.266)	(1.149)				(1.694)		(1.141)
E　収益力 2（ROE2）				0.063	0.062			
				(0.136)	(0.136)			
L　流動性指標	-1.387	-0.601		-1.380	-1.252	1.694		-1.400
	(4.207)	(3.041)		(4.206)	(4.208)	(11.267)		(8.314)
総資産対数値	0.175	-0.087		0.193	0.285	-1.807		-0.133
	(1.138)	(0.349)		(1.139)	(1.137)	(2.570)		(0.735)
自由度調整済決定係数	0.008	0.131		0.008	0.010	0.058		0.006
サンプル数	757	757		757	757	228		228
サンプル期間（年）	1990-2003	1990-2003		1990-2003	1990-2003	1998-2003		1998-2003
F 検定 1（F1）	1.000	[0.476]		1.029	[0.413]	1.296		[0.099]
F 検定 2（F2）	1.166	[0.086]		1.096	[0.207]	1.562		[0.521]
F 検定 3（F3）	1.422	28.415	***	1.448	1.976 *	3.405	***	0.308
ハウスマン検定	11.189	[0.083]		16.045	[0.013]	29.605		[0.000]

注：有意水準 *** は 1%以内、** は 5%以内、* は 10%以内である。
　　（　）内は、不均一分散を考慮した標準偏差の一致推定量である。
出所：筆者作成。

53

表 2-14　推計結果（譲渡性預金増加率とキャメル〔信金〕）

		信金 A 固定効果	信金 B 変動効果	信金 C 固定効果	信金 D 変動効果	信金 E 固定効果	信金 F 変動効果
C	BIS 自己資本比率	-0.158	-0.133	-0.138	-0.163	-0.448	-0.123
		(0.267)	(0.173)	(0.272)	(0.1685)	(0.340)	(0.1937)
A	不良債権比率					86.448 *	4.669
						(43.867)	(20.5170)
A	総資産利益率（ROA）	32.313	34.929	8.793	45.916		
		(277.786)	(194.598)	(264.424)	(194.319)		
M	経営指標	-94.044	-238.658	-93.631	-229.843	508.173	-82.886
		(493.230)	(291.583)	(493.522)	(292.725)	(475.592)	(306.134)
E	収益力 1（ROE1）	-3.904	6.413			18.121	18.913
		(12.576)	(8.149)			(13.572)	(10.3337)
E	収益力 2（ROE2）			0.367	0.499		
				(1.270)	(1.2174)		
L	流動性指標	6.584	3.165	4.319	2.493	0.033	8.296
		(16.166)	(8.581)	(16.198)	(8.7208)	(18.690)	(9.8242)
	総資産対数値	-2.329	-0.036	-1.932	-0.014	2.319	0.425
		(8.095)	(0.749)	(7.852)	(0.7512)	(8.044)	(0.8147)
	自由度調整済決定係数	0.351	0.021	0.351	0.637	0.562	0.054
	サンプル数	81	81	81	81	57	57
	サンプル期間（年）	1992-2003	1992-2003	1992-2003	1992-2003	1998-2003	1998-2003
	F 検定 1（F1）	2.463	[0.003]	2.484	[0.003]	3.432	[0.001]
	F 検定 2（F2）	1.593	[0.564]	2.765	[0.449]	2.648	[0.411]
	F 検定 3（F3）	10.278 ***	0.398	10.270 ***	33.356 ***	16.650 ***	0.741
	ハウスマン検定	2.546	[0.863]	2.220	[0.898]	11.241	[0.081]

注：有意水準 *** は 1％以内、** は 5％以内、* は 10％以内である。
　　（　）内は、不均一分散を考慮した標準偏差の一致推定量である。
出所：筆者作成。

第 2 章　銀行と市場規律

表 2-15　推計結果（譲渡性預金金利とキャメル〔都銀〕）

		都銀 A 固定効果		都銀 B 変動効果		都銀 C 固定効果		都銀 D 変動効果		都銀 E 固定効果		都銀 F 変動効果	
C	BIS自己資本比率	-0.100	***	-0.100	***	-0.097	**	-0.099	***	0.008		-0.001	***
		(0.038)		(0.037)		(0.040)		(0.038)		(0.011)		(0.000)	
A	不良債権比率									0.000	**	-0.044	**
										(0.000)		(0.024)	
A	総資産利益率（ROA）	0.000	***	0.000	***	0.000	***	0.000	***				
		(0.000)		(0.000)		(0.000)		(0.000)					
M	経営指標	-0.003	***	-0.003	***	-0.003	***	-0.003	***	0.000		0.514	***
		(0.001)		(0.000)		(0.001)		(0.000)		(0.000)		(0.078)	
E	収益力1（ROE1）	-0.002	***	-0.002	***					0.025	***	0.050	***
		(0.000)		(0.000)						(0.003)		(0.002)	
E	収益力2（ROE2）					-0.002	***	-0.002	***				
						(0.000)		(0.000)					
L	流動性指標	0.000	***	0.000	***	0.000	***	0.000	***	0.000	**	-0.015	
		(0.000)		(0.000)		(0.000)		(0.000)		(0.000)		(0.015)	
	総資産対数値	-0.503	***	-0.244	***	0.485	***	-0.237	***	0.106		-0.005	***
		(0.118)		(0.027)		(0.122)		(0.026)		(0.069)		(0.002)	
	自由度調整済決定係数	0.807		0.751		0.794		0.748		0.949		1.000	
	サンプル数	112		112		112		112		35		35	
	サンプル期間（年）	1990-2003		1990-2003		1990-2003		1990-2003		1998-2003		1998-2003	
	F検定1（F1）	2788.000		[0.000]		1917.500		[0.000]		1862.200		[0.000]	
	F検定2（F2）	3.935		[0.000]		3.408		[0.000]		13.789		[0.032]	
	F検定3（F3）	111.870	***	80.809	***	103.184	***	79.443	***	140.045	***	18742.5	***
	ハウスマン検定	19.258		[0.003]		17.299		[0.008]		7.453		[0.001]	

注：有意水準 *** は 1％以内、** は 5％以内、* は 10％以内である。
　　（　）内は、不均一分散を考慮した標準偏差の一致推定量である。
出所：筆者作成。

表 2-16　推計結果（譲渡性預金金利とキャメル〔地銀〕）

		地銀 A 固定効果		地銀 B 変動効果		地銀 C 固定効果		地銀 D 変動効果		地銀 E 固定効果		地銀 F 変動効果	
C	BIS 自己資本比率	-0.007	***	-0.006	***	-0.005	***	-0.005	***	-0.001	*	-0.008	
		(0.002)		(0.002)		(0.002)		(0.002)		(0.001)		(0.001)	
A	不良債権比率									-0.264	***	-0.121	***
										(0.056)		(0.045)	
A	総資産利益率（ROA）	1.926	***	2.074	***	1.916	***	2.109	***				
		(0.386)		(0.374)		(0.409)		(0.398)					
M	経営指標	-15.552	***	-11.257	***	-16.273	***	-11.476	***	0.660		2.063	***
		(2.461)		(2.143)		(2.480)		(2.150)		(1.011)		(0.801)	
E	収益力 1（ROE1）	-0.085	***	-0.065	***					0.005		0.008	**
		(0.021)		(0.020)						(0.005)		(0.004)	
E	収益力 2（ROE2）					0.004		0.002					
						(0.002)		(0.002)					
L	流動性指標	0.226	***	0.191	**	0.224	***	0.187	***	-0.018		-0.035	
		(0.069)		(0.061)		(0.070)		(0.062)		(0.033)		(0.028)	
	総資産対数値	-0.158	***	-0.038	***	-0.158	***	-0.039	***	-0.002		0.010	***
		(0.019)		(0.009)		(0.019)		(0.009)		(0.007)		(0.003)	
	自由度調整済決定係数	0.271		0.088		0.256		0.082		0.423		0.084	
	サンプル数	763		763		763		763		229		229	
	サンプル期間（年）	1990-2003		1990-2003		1990-2003		1990-2003		1998-2003		1998-2003	
	F 検定 1（F1）	1.222		[0.036]		1.477		[0.000]		1.356		[0.000]	
	F 検定 2（F2）	3.551		[0.000]		3.380		[0.000]		3.321		[0.000]	
	F 検定 3（F3）	70.349	***	18.376	***	65.069	***	16.905	***	41.133	***	5.109	***
	ハウスマン検定	77.446		[0.000]		74.211		[0.000]		21.385		[0.002]	

注：有意水準 *** は 1％以内、** は 5％以内、* は 10％以内である。
　　（　）内は、不均一分散を考慮した標準偏差の一致推定量である。
出所：筆者作成。

第 2 章　銀行と市場規律

表 2-17　推計結果（譲渡性預金金利とキャメル〔信金〕）

		信金 A 固定効果	信金 B 変動効果	信金 C 固定効果	信金 D 変動効果	信金 E 固定効果	信金 F 変動効果
C	BIS 自己資本比率	0.000	0.000	0.000	0.000	0.002	0.000
		(0.001)	(0.000)	(0.001)	(0.000)	(0.002)	(0.001)
A	不良債権比率					-0.276	0.060
						(0.244)	(0.064)
A	総資産利益率（ROA）	-2.994 ***	-2.049 ***	-2.931	-2.069 ***		
		(1.009)	(0.477)	(0.962)	(0.477)		
M	経営指標	-2.325	-0.340	-2.416	-0.382	-2.072	0.233
		(1.741)	(0.707)	(1.743)	(0.709)	(2.667)	(0.976)
E	収益力 1 （ROE1）	0.007	-0.007			-0.089	-0.036
		(0.044)	(0.020)			(0.076)	(0.036)
E	収益力 2 （ROE2）			0.001	0.001		
				(0.004)	(0.000)		
L	流動性指標	-0.084	-0.057 ***	-0.086	-0.057	-0.081	-0.049
		(0.058)	(0.021)	(0.058)	(0.021)	(0.106)	(0.031)
	総資産対数値	-0.026	-0.003	-0.027	-0.003	-0.026	-0.001
		(0.028)	(0.002)	(0.027)	(0.002)	(0.045)	(0.002)
	自由度調整済決定係数	-0.045	0.186	-0.043	0.186	-0.272	0.083
	サンプル数	78	78	78	78	55	55
	サンプル期間（年）	1992-2003	1992-2003	1992-2003	1992-2003	1998-2003	1998-2003
	F 検定 1 （F1）	0.262	[0.991]	0.612	[0.741]	0.321	[0.912]
	F 検定 2 （F2）	0.570	[0.942]	0.574	[0.940]	0.492	[0.949]
	F 検定 3 （F3）	-0.791	4.165 ***	-0.757	4.176 ***	-2.675 **	1.124
	ハウスマン検定	3.303	[0.769]	3.347	[0.764]	3.226	[0.780]

注：有意水準 *** は 1％以内、** は 5％以内、* は 10％以内である。
　　（　）内は、不均一分散を考慮した標準偏差の一致推定量である。
出所：筆者作成。

しているものがないため、この分析対象からは外す。符号条件について考察すると、財務状況が改善するようなものに対しては株価が上昇し、そうではないものは株価が下落するためである（表2-18）。

$$\ln Stock_{i,t} = \alpha_{3i,t} + u_i + d_t + \beta_3 BankRisk_{i,t-1} + \gamma_3 X_{i,t-1} + \upsilon_{3i,t} \qquad (2.5)$$

　推計結果は表2-19のとおりである。これをみると、BIS自己資本比率、不良債権比率、総資産利益率、経営指標、収益力で有意となっており、それぞれ符号条件を満たしている。これらの結果は、株価は短期的な変動はあるものの、ファンダメンタルズ（経済の基礎的状況）を意識して中期的な価格形成がなされていることを示している。すなわち、F検定の結果から、キャメルのすべての係数が同時にゼロとする帰無仮説は棄却でき、株主が銀行のリスクを織り込むように行動しているといえよう。

　また、今回のサンプル期間において金融システム不安の時期があり、この時に株価が低く抑えられていた可能性があるため、ペイオフ解禁のところで分析したように、1997年3月期～2003年3月期についてはダミー変数を入れて分析を行った。その結果、このダミーがマイナスに有意に効いているため、金融システム不安が株価を下落させていた可能性があることを示していることが分かった。

第6節　銀行経営者による規律付け

　ここまでの分析によって預金者、譲渡性預金保有者、株主が銀行のリスクを織り込んだ行動をとっていることを示すことができた。本節では、そのような各経済主体の行動が銀行に対し、経営健全化促進機能となってしているかを分析する。すなわち、銀行の破綻リスクの高まりによって預金者が預金金利の引き上げを求めるといった行動を起こし、銀行経営者に対して破綻リスクが増加しているとするシグナルを送る。そして、このようなシグナルを受け取った銀行経営者が収益を改善させる経営の健全化行動をとっていれば、規律付が機

58

第 2 章　銀行と市場規律

表 2-18　株主による規律付けについて期待される符号条件

	時価総額
BIS 自己資本比率	＋
不良債権比率	－
総資産利益率	＋
経営指標	－
収益力 1	＋
収益力 2	＋
流動性	＋

出所：筆者作成。

能しているといえよう。先行研究では、預金者からのシグナルのみの観測に留まっている。そのため、本節でそのような経営者の行動を含めた規律付けの分析を試みたい。そこで、(2.6) 式の推計モデルを考える。預金者らが銀行の破綻リスクが高まっているとして起こす行動（Action）に対し、銀行が経営健全化に向け銀行のリスクを変化（△ Bank Risk）させているのか、データを用いて検証する。ここでは、1 期前と 2 期前のシグナルに応じて、銀行経営者が今期の経営リスクを変化させると想定する。

$$\Delta BankRisk_{j,t} = \alpha_{1j,t} + u_i + d_t + \beta_4 Action_{j,t-1} + \beta_5 Action_{j,t-2} + \upsilon_{1j,t} \qquad (2.6)$$

$\Delta BankRisk$　　　：銀行のリスク指標の変化、

$Action$　　　　　　：預金者、譲渡性預金保有者、株主の行動（シグナル）

この (2.6) 式についてパネル分析を行う。このパネル分析に用いたサンプルは各銀行のリスクが高まっているとするシグナルが預金者、株主から送られているケースに絞った（表 2-20 参照）。また、それぞれの符号条件も表 2-20 のとおりである。例えば、預金減少のシグナルが銀行経営者に送られた状況では、BIS 自己資本比率が高まることが期待される。そのため、預金増加率が減少するのとは逆に、BIS 自己資本比率規制が高まるため、負の関係となることが予想される。

表 2-19　推計結果（株価とキャメル）

		株価 A 固定効果	株価 A 変動効果	株価 B 固定効果	株価 B 変動効果	株価 C 固定効果	株価 C 変動効果
C	BIS 自己資本比率	0.019 **	-0.026 ***	0.015 *	-0.015 **	-0.007	0.034 ***
		(0.009)	(0.007)	(0.008)	(0.007)	(0.012)	(0.010)
A	不良債権比率					-3.274 ***	-4.117 ***
						(0.865)	(0.703)
A	総資産利益率（ROA）	3.282 **	17.818 ***	4.005 **	16.951 ***		
		(1.656)	(1.519)	(1.760)	(1.627)		
M	経営指標	-60.727 ***	-4.285	-59.917 ***	-6.933	-44.652 ***	18.359
		(9.953)	(8.442)	(9.983)	(8.586)	(15.797)	(12.283)
E	収益力1（ROE1）	0.253 **	-0.522 ***			0.035	0.177 **
		(0.100)	(0.087)			(0.103)	(0.009)
E	収益力2（ROE2）			-0.015	0.017 *		
				(0.012)	(0.010)		
L	流動性指標	0.014	-0.329	-0.167	-0.467 *	-0.306	0.679
		(0.051)	(0.198)	(0.291)	(0.284)	(0.545)	(0.457)
	総資産対数値	-0.394	1.176 ***	0.014	1.164 ***	-0.093	1.110 ***
		(0.021)	(0.030)	(0.051)	(0.031)	(0.063)	(0.043)
	ダミー 1997-2003	-0.394 ***	-0.348 ***	-0.384 ***	-0.368 ***	-0.685 ***	-5.240 ***
		(0.021)	(0.020)	(0.021)	(0.020)	(0.036)	(0.765) ***
	自由度調整済決定係数	0.941	0.921	0.941	0.920	0.948	0.862
	サンプル数	1141	1141	1141	1141	415	415
	サンプル期間（年）	1990-2004	1990-2004	1990-2004	1990-2004	1990-2004	1990-2004
	F検定1（F1）	8.898	[0.000]	8.465	[0.000]	10.023	[0.000]
	F検定2（F2）	2.693	[0.000]	2.898	[0.000]	4.621	[0.000]
	F検定3（F3）	4530.130 ***	3315.493 ***	4507.955 ***	3270.443 ***	1872.756 ***	638.642 ***
	ハウスマン検定	89.082	[0.000]	76.651	[0.000]	71.139	[0.000]

注：有意水準 *** は1%以内、** は5%以内、* は10%以内である。
　　（　）内は、不均一分散を考慮した標準偏差の一致推定量である。
出所：筆者作成。

第 2 章　銀行と市場規律

表 2-20　推計対象と期待される符号条件

	分析対象のケース	符号条件			
		BIS 自己資本比率	総資産利益率	流動性指標	収益指標
預金増加率	預金増加率 < 0	−	−	−	−
預金金利	△預金金利 > 0	＋	＋	＋	＋
譲渡性預金増加率	譲渡性預金増加率 < 0	−	−	−	−
譲渡性預金金利	△譲渡性預金金利 > 0	＋	＋	＋	＋
時価総額（株価）	△株価 < 0	−	−	＋	−

出所：筆者作成。

　実証分析の結果は表 2-21 ～表 2-23 のとおりである。データ数の関係上、一部の指標に絞って行った。これらの分析結果をみると、統計的に有意な結果が得られた指標はほとんどなかった。これは、銀行のリスクを織り込んで預金者や譲渡性預金保有者が行動しているにもかかわらず、銀行のリスクの高まりのシグナルを送られた銀行経営者は経営健全化に向けた取り組みをなんら行っていない可能性を示している。すなわち、経営者に対する規律付けは確認できなかった。

　ただ、株価に対する反応をみると、いくつかの指標が有意になっており、株主の規律付け行動が影響したと考えられる。具体的には、株価が下落する際には、1％の有意水準で BIS 自己資本比率が上昇しており、都銀の経営健全化が確認できる。すなわち、株主による市場規律付けは機能しているといえよう。

第 7 節　ペイオフ解禁後の規律付け

　本章の目的は、金融システム不安定時にペイオフ凍結をしたことによって、預金者の規律付け行動が失われ、モラルハザードが生じていた懸念について、現実のデータを用いて、それをみることであった。しかし、ペイオフ解禁後においても、そのことが確認されるのかをみておく必要があろう。そこで本節では、2006 年 3 月期から 2016 年 3 月期までのクロスセクションデータをプールし、これまで同様の固定効果による個別金融機関の影響も考慮して、パネル

61

表 2–21　推計結果（経営者の行動〔都銀〕）

	BIS 自己資本比率	総資産利益率（ROA）	流動性指標	収益力 2（ROE2）
預金増加率（1 期前）	-17.123 ***	-4.647	-0.383	-19.877
	(7.113)	(17.940)	(0.395)	(18.395)
預金増加率（2 期前）	-6.716	-1.163	-0.231	7.458
	(5.283)	(15.135)	(0.333)	(10.037)
自由度調整済決定係数	0.146	0.076	0.216	0.184
サンプル数	102	73	73	43
サンプル期間（年）	1991-2003	1991-2003	1991-2003	1991-1998
預金金利の変化（1 期前）	0.014	-2.203 **	0.035	10.184
	(0.014)	(0.822)	(0.110)	(9.829)
預金金利の変化（1 期前）	0.023	-1.366	-0.067	13.415
	(0.023)	(0.986)	(0.133)	(7.597)
自由度調整済決定係数	0.242	0.307	0.324	0.755
サンプル数	50	37	37	17
サンプル期間（年）	1992-2003	1992-2003	1992-2003	1994-2000
譲渡性預金増加率（1 期前）	-1.895	-0.365	-0.042	1.340
	(1.354)	(0.485)	(0.079)	(2.048)
譲渡性預金増加率（2 期前）	-1.623	-0.954 *	-0.033	0.363
	(1.370)	(0.502)	(0.063)	(1.285)
自由度調整済決定係数	0.108	0.831	0.162	0.130
サンプル数	111	105	105	64
サンプル期間（年）	1991-2003	1991-2003	1991-2003	1991-2003
譲渡性預金金利の変化（1 期前）	-0.343	-9.979 *	-0.050	5.908
	(2.478	(5.137)	(0.123)	(10.375)
譲渡性預金金利の変化（1 期前）	1.840	5.358	-0.097	11.330
	(2.741)	(5.276)	(0.126)	(8.622)
自由度調整済決定係数	0.096	0.168	0.198	0.164
サンプル数	98	74	74	38
サンプル期間（年）	1992-2003	1992-2003	1992-2003	1992-1998
株価の変化（1 期前）	-3.094 ***	7.316	0.576	-72.643
	(0.192)	(20.158)	(1.114)	(76.466)
株価の変化（2 期前）	-2.731 ***	17.432	1.437	74.366
	(0.382)	(40.061)	(2.213)	(107.961)
自由度調整済決定係数	0.799	0.105	0.119	0.208
サンプル数	89	86	86	44
サンプル期間（年）	1991-2002	1991-2002	1991-2002	1991-2002

注：有意水準 *** は 1%以内、** は 5%以内、* は 10%以内である。
　　（　）内は、不均一分散を考慮した標準偏差の一致推定量である。
出所：筆者作成。

第 2 章　銀行と市場規律

表 2-22　推計結果（経営者の行動〔地銀〕）

	BIS 自己資本比率	総資産利益率（ROA）	流動性指標		収益力 2（ROE2）
預金増加率（1 期前）	-0.040	16.363	0.336		47.262
	(0.898)	(19.459)	(0.353)		(33.259)
預金増加率（2 期前）	-0.910	-10.898	-1.638	**	6.279
	(1.825)	(39.571)	(0.718)		(27.431)
自由度調整済決定係数	0.225	0.269	0.156		0.500
サンプル数	338	342	342		175
サンプル期間（年）	1991-2005	1991-2005	1991-2005		1991-2003
預金金利の変化（1 期前）	0.840　*	-10.129	-0.189		-70.263
	(0.482)	(7.193)	(0.144)		(23.313)
預金金利の変化（1 期前）	0.564	-8.631	-0.234	*	19.749
	(0.420)	(6.270)	(0.125)		(26.541)
自由度調整済決定係数	0.237	0.263	0.253		0.963
サンプル数	273	273	273		85
サンプル期間（年）	1992-2003	1992-2003	1992-2003		1992-2002
譲渡性預金増加率（1 期前）	-0.001	-0.006	0.000		0.002
	(0.002)	(0.020)	(0.001)		(0.028)
譲渡性預金増加率（2 期前）	0.002	-0.006	0.000		-0.011
	(0.002)	(0.017)	(0.001)		(0.046)
自由度調整済決定係数	0.086	0.112	0.139		0.124
サンプル数	629	604	604		355
サンプル期間（年）	1991-2003	1991-2003	1991-2003		1991-2003
譲渡性預金金利の変化（1 期前）	-0.008	0.002	0.000		0.001
	(0.020)	(0.303)	(0.009)		(0.652)
譲渡性預金金利の変化（1 期前）	-0.022	0.240	-0.015		0.513
	(0.036)	(0.539)	(0.015)		(0.774)
自由度調整済決定係数	0.095	0.217	0.070		0.198
サンプル数	549	549	549		320
サンプル期間（年）	1992-2003	1992-2003	1992-2003		1992-2003
株価の変化（1 期前）	7.449　***	-18.616	-0.127		9.248
	(1.960)	(32.913)	(1.017)		(32.266)
株価の変化（2 期前）	-1.230	-70.562　**	-1.841	*	-5.669
	(2.145)	(34.715)	(1.073)		(31.345)
自由度調整済決定係数	0.107	0.133	0.092		0.110
サンプル数	765	742	742		453
サンプル期間（年）	1991-2005	1991-2005	1991-2005		1991-2005

注：有意水準 *** は 1％以内、** は 5％以内、* は 10％以内である。
　　（ ）内は、不均一分散を考慮した標準偏差の一致推定量である。
出所：筆者作成。

表 2-23　推計結果（経営者の行動〔信金〕）

	BIS 自己資本比率		総資産利益率（ROA）	流動性指標		収益力 2（ROE2）	
預金増加率（1 期前）	2.742	***	0.092	0.005		0.081	
	(0.334)		(1.042)	(0.021)		(0.060)	
預金増加率（2 期前）	5.759	***	0.216	-0.102		0.060	
	(0.482)		(1.450)	(0.026)	***	(0.677)	
自由度調整済決定係数	0.408		0.337	0.358		0.284	
サンプル数	801		1030	1053		399	
サンプル期間（年）	1994-2005		1990-2005	1989-2001		1989-2001	
預金金利の変化（1 期前）	0.001		-0.037	0.020	*	-0.003	
	(0.013)		(0.228)	(0.012)		(0.526)	
預金金利の変化（1 期前）	0.015		0.113	-0.018		-0.032	
	(0.012)		(0.221)	(0.011)		(0.504)	
自由度調整済決定係数	0.759		0.625	0.235		0.871	
サンプル数	1069		1501	1520		470	
サンプル期間（年）	1994-2005		1991-2005	1991-2005		1994-2005	
譲渡性預金増加率（1 期前）	0.015		0.854	-0.014		-0.365	
	(0.013)		(1.781)	(0.027)		(0.485)	
譲渡性預金増加率（2 期前）	0.001		-0.808	0.000		-0.954	*
	(0.004)		(0.676)	(0.010)		(0.502)	
自由度調整済決定係数	0.350		0.172	0.362		0.831	
サンプル数	60		125	125		102	
サンプル期間（年）	1995-2005		1991-2005	1991-2005		1991-2005	
譲渡性預金金利の変化（1 期前）	0.000		0.009	0.000		-0.433	
	(0.003)		(0.018)	(0.003)		(0.391)	
譲渡性預金金利の変化（1 期前）	0.000		0.017	0.001		0.156	
	(0.007)		(0.045)	(0.007)		(0.348)	
自由度調整済決定係数	0.202		0.006	0.001		0.731	
サンプル数	43		69	69		38	
サンプル期間（年）	1995-2005		1992-2005	1992-2005		1992-1998	
株価の変化（1 期前）	-3.094	***	7.316	0.576		-72.643	
	(0.192)		(20.158)	(1.114)		(76.466)	
株価の変化（2 期前）	-2.731	***	17.432	1.437		74.366	
	(0.382)		(40.061)	(2.213)		(107.961)	
自由度調整済決定係数	0.799		0.105	0.119		0.208	
サンプル数	89		86	86		44	
サンプル期間（年）	1991-2002		1991-2002	1991-2002		1991-2002	

注：有意水準 *** は 1％以内、** は 5％以内、* は 10％以内である。
　　（　）内は、不均一分散を考慮した標準偏差の一致推定量である。
出所：筆者作成。

第 2 章　銀行と市場規律

推計を行う。また、本節で用いるデータは、日経 NEEDS-Financial QUEST における銀行（都銀と地銀の単体）の期末の財務データを用いた。これまでの分析と同様、この期間は合併、破綻があったため、分析データはアンバランスト・パネルデータである。

1.　市場による規律付け

　ここでは、預金者らの規律付けについての実証分析を行う。すなわち、預金総額、譲渡性預金総額と株価（時価総額）のそれぞれが、銀行の経営指標との間に関係があるのかを検証する。これまで同様、（2.3）式の β に関する帰無仮説（$\beta = 0$）が棄却されれば、預金者らは銀行のリスクを織り込んだかたちで行動していると考えられる。そして、銀行の経営指標との間に統計的な関係がある場合、預金者による規律付けが機能しているといえよう。

　それぞれの経営指標に対する符号条件は、表 2–24 であり、第 3 節以降の議論と同様である。もし、預金者が銀行のリスクを織り込むような行動をしているのであれば、銀行のリスクの高まりにより、預金者は預金を引き出すであろう。また、同様に、銀行のリスクの高まりにより、株主も株価を低下させるような行動をとるであろう。なお、分析に用いたものは、データの制約上、表 2–25 にあげたとおりである。

　パネル分析の推計結果は表 2–26 のとおりである。F 検定は第 3 節の分析と同様である。表 2–26 に示した結果から、すべてにおいて固定効果モデルが支持される。統計的に有意となっている指標のうち、流動性や自己資本利益率の一部で符号条件が異なっている。これは、流動性の増加を、資産運用がうまくいっていないためと株主らが捉えた結果かもしれない。ただ、自己資本利益率の符号条件が異なる点は、説明がつきにくい。しかし、その他の統計的に有意となっている指標は符号条件が一致している。さらに、各推計の F 値からキャメルの係数が同時にゼロとなる帰無仮説は棄却でき、預金者も譲渡性預金保有者も株主も、それぞれその銀行のリスクを織り込んだ行動をとっていると考えられる。これらから、金融システムが安定化し、ペイオフの解禁がなされた

65

後も、それまでと同様、預金者らは銀行のリスクを織り込んで行動しており、モラルハザードは起こしていないといえよう。

2．経営者による規律付け

　前述のように、銀行業における市場規律は、預金者らの規律付けに加え、その行動を受けて、銀行経営者による規律付け行動が必要である。よって、これについても、ペイオフ解禁後のデータから明らかにしておきたい。

　ここでは、ロバート・R・ブリスら（Robert R. Bliss et al. 2002）のモデル

表 2-24　市場による規律付け符号条件

	預金総額	譲渡性預金総額	時価総額	定期性預金総額
BIS 自己資本比率	＋	＋	＋	＋
不良債権比率	－	－	－	－
経営指標（経費率）	－	－	－	－
自己資本利益率	＋	＋	＋	＋
流動性	＋	＋	＋	＋

出所：筆者作成。

表 2-25　記述統計量

	最大値	最小値	平均	中央値	分散	尖度	歪度
預金総額（対数値）	15.940	-0.897	3.437	0.027	5.899	-0.603	1.164
譲渡性預金（対数値）	13.763	-0.895	2.925	0.020	5.035	-0.580	1.169
時価総額（対数値）	27.733	0.000	4.758	0.002	9.801	0.526	1.584
定期性預金総額（対数値）	79.730	2.660	9.494	9.163	3.747	58.321	4.202
BIS 自己資本比率	54.010	0.000	4.168	0.075	5.828	9.533	1.851
不良債権比率	0.156	-0.036	0.011	0.004	0.016	5.758	1.945
経営指標（経費率）	11.544	0.001	2.150	0.016	4.125	0.086	1.431
自己資本利益率	1.859	-0.979	0.124	0.114	0.091	58.927	1.882
流動性比率	16.356	-3.214	3.689	0.084	6.282	-0.643	1.153
総資産（対数値）	2.795	0.013	0.789	0.177	1.094	-0.692	1.135

出所：筆者作成。

第 2 章　銀行と市場規律

に従って、以下のものを想定する[15]。

$$Action_{j,t} = \alpha_{1j} + \beta_1 R^-{}_{j,t-1} + \beta_2 X_{j,t-1} + \varepsilon_t \tag{2.7}$$

　すなわち、銀行経営者の行動（Action）は、預金者や株主の負のリアクション（R^-）と外生変数（X）からなるモデルを想定する。負のリアクションというのは、銀行経営が悪化しているとする預金者や株主の行動であり、預金を引き出したり、株主が株を売却し株価を引き下げたりすることを指す。

　銀行の経営状況が健全な場合、銀行経営者が現状の経営手法（経営戦略）を変更する必要はないであろう。そのため、ここでの分析は、第 6 節と同様に経営状況が悪化しているとする市場からの監視に対し、銀行経営者が経営を健全化させるのかに絞って行う。

　分析対象としたのは、預金総額が減少しているか、株価が減価している二つのケースである。分析に用いられる変数は、ロバート・R・ブリス（Robert R. Bliss et al. 2002）らに従って、各変数の前年度からの変化率を用いる。それぞれの記述統計量は表 2–27 である。また、先行研究同様に預金者らの行動から経営者の規律付け行動が現れるのにはラグがあると考え、市場からの監視については 1 期前の変化率を用いた。すなわち、預金者や株主から銀行経営が悪化しているとするシグナルを送られ、そのシグナルを受けて翌年の銀行経営状況の改善がみられたのかを分析する。

　符号条件は、以下のとおりである。預金者が預金を引き出した後、銀行のリスク指標が改善することが望ましいので、BIS 自己資本比率、ROE と流動性は預金の動きと逆の動きが期待される。よってこれらの符号条件はマイナスとなる。逆に経費率や不良債権の指標は預金が減少した後、これらの数字が減少することが期待される。そのため、これらの符号条件はプラスとなることが予想される。これらをまとめたものが表 2–28 である。

　推計結果は表 2–29 である。株主の負のリアクション（株価を引き下げる行動）に対し、BIS 自己資本比率を改善する方向で反応している。また、預金の減少に対し、経費率を引き下げる方向で経営指標が反応していることが分かる。

67

表 2-26　市場による監視に

被説明変数	預金総額				譲渡性預金額			
	固定効果		変動効果		固定効果		変動効果	
BIS 自己資本比率	0.008	***	0.014	***	0.029	***	0.047	***
	(0.003)		(0.002)		(0.005)		(0.003)	
不良債権比率	-1.502	***	-1.399	***	-3.485	***	-3.485	***
	(0.458)		(0.433)		(0.706)		(0.706)	
経営指標	-0.455	***	-0.208	***	-0.370	***	-0.211	***
	(0.052)		(0.036)		(0.080)		(0.050)	
自己資本利益率	-0.070		-0.077		-0.384	***	-0.384	***
	(0.047)		(0.047)		(0.073)		(0.073)	
流動性	1.497	***	1.347	***	-2.092	**	0.710	
	(0.557)		(0.380)		(0.858)		(0.474)	
総資本	-3.205		-0.712		50.593	***	7.191	
	(8.104)		(5.464)		(12.487)		(6.812)	
自由度調整済決	0.996		0.874		0.989		0.819	
定係数	734		734		734		734	
サンプル期間(年)	2006-2016				2006-2016			
F1 検定	48.152		[0.000]		25.249		[0.000]	
F2 検定	6.217		[0.000]		9.528		[0.000]	
F3 検定	1516.3	***	848.5	***	848.5	***	52.4	***
ハウスマン検定	45.341		[0.000]		91.929		[0.000]	

注：有意水準 *** は 1％以内、** は 5％以内、* は 10％以内である。
　　（　）内は、不均一分散を考慮した標準偏差の一致推定量である。
出所：筆者作成。

これらの結果から、預金者らの規律付け行動に対し、銀行経営者による規律付け行動をとったことが確認されたということができよう。すなわち、銀行業における市場規律は機能している可能性がある。さらに第 6 節までの分析と比較すると、表 2-29 の結果は、預金総額や定期性預金の減少率からの影響も確認され、銀行経営者による規律付けが金融システムの安定と共に強化されている可能性をみることができる。

　しかし、一部の指標では符号条件が一致しない。預金が減少するかたちで、銀行経営指標の悪化のシグナルを送られているのに対し、BIS 自己資本比率は

第 2 章　銀行と市場規律

関する推計結果

	時価総額			定期性預金総額			
固定効果		変動効果		固定効果		変動効果	
0.008	**	0.026	**	0.084	**	0.079	***
(0.013)		(0.011)		(0.030)		(0.021)	
0.449		-2.320		0.495		-0.834	
(2.069)		(1.816)		(5.360)		(4.844)	
-0.518	*	-0.119		-2.935	***	-2.037	***
(0.273)		(0.149)		(0.570)		(0.336)	
-0.906	***	-0.706	***	-0.274		-0.387	
(0.270)		(0.256)		(0.490)		(0.480)	
-6.504	**	2.670	**	2.486		3.518	
(2.851)		(1.188)		(5.887)		(3.474)	
117.654	*	-17.658		1.072		-9.693	
(41.872)		(17.403)		(86.465)		(50.261)	
1.000		0.688		0.866		0.214	
504		504		549		549	
	2006-2016			2006-2016			
11.400		[0.000]		22.504		[0.000]	
8.230		[0.000]		0.295		[0.968]	
150.9	***	185.9	***	54.1	***	25.9	***
45.579		[0.000]		21.652		[0.001]	

さらに減少していたり、不良債権比率が増加したりしている。これは、預金の流出が経営状況をより悪化させた可能性を指摘できよう。

　これらから、経営者による規律付けについては一部で確認することができた。しかし、それが十分に確認されたとはいえない。よって、わが国の銀行業においては預金者らの規律付け行動と経営者による規律付け行動の両輪が十分に揃っており、市場規律が機能しているということを十分に検証できたわけではない。そのため、これらを補うためにも、銀行監督当局による銀行監督により、金融システムの安定及び銀行の健全性を担保する必要があるかもしれない。

表 2-27　記述統計量

	最大値	最小値	平均	中央値	分散	尖度	歪度
預金総額変化率	0.620	-0.136	0.016	0.016	0.039	115.303	7.987
定期性預金変化率	0.763	-0.188	0.016	0.011	0.055	67.679	5.080
譲渡性預金変化率	382.333	-0.970	1.436	0.059	20.344	349.078	18.625
株価変化率	4.918	-0.991	-0.142	-0.147	0.271	256.880	13.864
BIS 自己資本比率変化率	2.161	-0.401	0.017	0.010	0.132	133.234	8.338
不良債権比率の変化率	1.148	-0.776	-0.051	-0.074	0.169	7.554	1.239
経費率の変化率	0.534	-0.218	-0.004	-0.007	0.049	59.913	5.627
自己資本利益率の変化率	15.749	-17.538	-0.148	-0.052	1.851	48.795	-2.138
流動性比率の変化率	4.835	-0.770	0.129	0.007	0.612	18.878	3.431
総資産変化率	0.617	-0.109	0.015	0.014	0.040	101.690	7.138

出所：筆者作成。

表 2-29　経営者の行動に

被説明変数	BIS 自己資本比率変化率		不良債権比率変化率	
	固定効果	変動効果	固定効果	変動効果
預金総額増加率	0.821 **	0.618 *	-1.841 **	-1.282 *
	(0.347)	(0.321)	(0.843)	(0.781)
定期性預金増加率	-0.232 **	-0.116	0.552	0.462
	(0.166)	(0.150)	(0.403)	(0.400)
譲渡性預金額増加率	0.001	0.000	-0.008	-0.001
	(0.003)	(0.000)	(0.008)	(0.000)
株価増加率	-0.029 **	-0.030 **	-0.036099 **	-0.032
	(0.015)	(0.013)	(0.035)	(0.032)
総資産増加率	-0.540 *	-0.440	1.801 ***	1.298 **
	(0.281)	(0.252)	(0.700)	(0.613)
自由度調整済決定係数	-0.052	0.017	-0.019	0.013
観測数	270	270	270	270
サンプル期間	2007-2016		2007-2016	
F1 検定	0.696	[0.947]	0.854	[0.756]
F2 検定	15.615	[0.000]	3.630	[0.005]
F3 検定	0.787	1.954 ***	0.920	1.726
ハウスマン検定	3.931	[0.559]	4.020	[0.547]

注：有意水準 *** は 1％以内、** は 5％以内、* は 10％以内である。（ ）内は、不均一分

第 2 章　銀行と市場規律

表 2-28　経営者による規律付けの符号条件

	預金総額変化率	譲渡性預金変化率	株価変化率	定期性預金変化率
BIS 自己資本比率変化率	−	−	−	−
不良債権比率の変化率	+	+	+	+
経費率の変化率	+	+	+	+
自己資本利益率の変化率	−	−	−	−
流動性比率の変化率	+	+	+	+

出所：筆者作成。

関する推計結果

経費率の変化率		ROE の変化率		流動性比率の変化率	
固定効果	変動効果	固定効果	変動効果	固定効果	変動効果
0.810 ***	0.662 ***	2.451	1.436	-3.437	-3.413
(0.247)	(0.206)	(6.984)	(6.582)	(3.640)	(3.373)
-0.156	-0.050	-9.242 ***	-6.984 **	2.498	1.824
(0.131)	(0.108)	(3.337)	(3.106)	(1.740)	(1.579)
0.004	0.000	-0.002	0.000	0.005	-0.002
(0.005)	(0.003)	(0.063)	(0.004)	(0.033)	(0.002)
-0.010	-0.002	-0.122	-0.046	0.041	0.044
(0.008)	(0.007)	(0.294)	(0.272)	(0.153)	(0.138)
-0.058	0.019	5.699	4.616	4.066	4.359
(0.200)	(0.165)	(5.661)	(5.207)	(2.951)	(2.645)
0.236	0.281	0.098	0.012	-0.073	0.004
270	270	270	270	270	270
2007-2016		2007-2016		2007-2016	
0.814	[0.794]	1.477	[0.026]	0.667	[0.964]
7.461	[0.000]	2.685	[0.008]	2.277	[0.023]
1.726 ***	14.062 ***	1.473 **	1.640	0.704	1.215
12.255	[0.003]	8.427	[0.134]	45.579	[0.000]

散を考慮した標準偏差の一致推定量である。

むすび

　本章では、預金保険制度によって保護されている銀行業において市場規律が機能しているのかどうかについて検証を行った。分析結果からは、銀行のリスクの高まりを織り込むように預金者や譲渡性預金保有者、株主が行動をとっていること、すなわち銀行のリスクが高まると預金金利、譲渡性預金金利が上昇すること、あるいは株価が下落することが確認できた。

　しかし、銀行に対する規律付けでは、預金者や株主が銀行のリスクを織り込むよう行動するだけでなく、そのようなリスクを織り込む行動が銀行経営者に対して経営のさらなる健全化を促すということが重要である。そこで銀行経営者の行動について実証分析を試みた。その結果、都銀においては株価が下落し、経営の悪化のシグナルが送られると、銀行が BIS 自己資本比率を上昇させる取り組みを行っていること、すなわち、株主による都銀への規律付けが働いていることが確認できた。また、ペイオフ解禁後の金融システムが安定しているときは、これらに加え、より多くの指標で銀行経営者が経営健全化を行うことが確認できた。しかし、都銀、地銀、信金とも預金者や譲渡性預金保有者の銀行のリスクを織り込むような行動に対して銀行経営者が経営を健全化させているということを十分に確認できず、銀行経営者に十分な規律付けが働いていない可能性がある。そのため、銀行監督は、それを補うためにも必要であろう。

　ただ、本章の推計にもいくつか課題がある。預金金利や譲渡性預金金利が不良債権の増加とともに減少するという経済的に十分説明ができないケースがみられた。さらに、（2.5）式や（2.7）式については、モデル及び推計方法も含め、十分な検討ができないまま実証分析に主眼をおいて考察を行った。そのため、今後は、理論モデルを構築したうえで再検証が必要である。また、その分析期間の設定も検討の余地がある。これらの点についても今後の検討課題である。さらに、各推計において F 検定やハウスマン検定を行っているもの、系列相関などのことを十分に考慮せずに実証分析を行った。これらを考慮したモデルでの推計も今後の検討課題である。

第 3 章　わが国の金融システム安定化措置とその費用

　　はじめに

　金融システムの安定は国民経済に寄与する。しかし、第 1 章で議論したように、金融システムは脆弱なものである。したがって、金融システムが不安定なときは、いくらかの費用をかけて、金融システムを安定化させることが国民経済にとって、その費用よりも正の効果の影響が大きいのかもしれない。しかし、その費用は決して小さいものではない。例えば、1990 年代後半のアジア通貨危機では、韓国は韓国預金保険公社を中心に 105.2 兆ウォン（対 GDP 比約 14％）もの資金を用いて、金融システムの安定化を図った[1]。わが国でも1990 年代後半から金融システム不安に陥り、それを化させるために様々な施策を行い、多くの資金を用いてきた。例えば、ペイオフ（預金などの払い戻し保証額を元本 1,000 万円とその利息までとする措置）を凍結し、預金の全額保護を行った[2]。さらに、公的資金による民間銀行への資本注入や破綻銀行の国有化といった措置も行った。

　この金融システム安定化に向けた取り組みやその費用に関する先行研究はいくつかある。例えば、アメリカの 1980 年代に破綻した貯蓄貸付組合（Saving and Loan Association:S&L）についての研究があげられる。1989 年に金融機関改革救済執行法（Financial Institutions Reform, Recovery and Enforcement Act）が成立し、アメリカでは S&L 危機を解決するために税金が用いられた。その費用は、1,000 億ドル〜 5,000 億ドルと様々な計算結果がある[3]。いずれ

73

にせよ、この S&L の破綻処理に用いた費用は、戦後のアメリカにおける銀行破綻処理の中で最も高いものとなった。また、1997 年からのアジア通貨危機についての研究もいくつかある。例えば、韓国第一銀行とソウル銀行だけで対GDP 比 5％もの公的資金による資本注入を行い、さらに、不良債権の購入に32.5 兆ウォン（対 GDP 比で 7.2％）もの資金が用いられた[4]。

　わが国での取り組みについての研究もいくつかある。例えば、竹内俊久（2007）や預金保険機構（2007）において、貸借対照表を用いて各施策における損益状況を整理している。ただ、金融システム安定のために用いた費用が総額でいくらなのか、その記述はみられない。

　これらの先行研究を踏まえ、本章での目的は以下の二点である。第 1 章で述べたように、わが国のようなブロード型の預金保険制度は、金融システム安定をその目的としており、金融システムが不安定化した際は、それを安定化させるよう様々な政策を行う。本章の第一の目的は、その具体例として、1990年代後半から 2000 年代初頭に行われたわが国の施策をまとめることである。あとでみるように、わが国では金融システムが不安定化したとして、1996 年より預金保護に上限を定めず、預金を一時的に全額保護することを実施した。この全額保護の措置は、当初 2001 年 3 月までの時限的なものとしていたが、その後それらは延期され、定期性預金については 2003 年 3 月まで、普通預金については 2005 年 3 月まで全額保護の措置がとられた。そのため、この1996 年から 2005 年までの期間に金融システムが不安定化していたということができよう。本章では、この期間を対象に、この間の預金保険機構を中心とした金融システムの運用をみる。

　第二の目的は、それら施策の損益計算書を作成することである。これにより、わが国の金融システム安定化のためにかかった費用を算出することができよう。預金保険機構（2007）ですでに費用分析は行われているが、それらは暦年の損益の結果が貸借対照表にあらわれることを利用したもので、ストックとして金融システム安定のための費用をみている。しかし、現実には、フローで捉える必要があろう。本章では、この損益計算書を作成することにより、先行研究を

第3章　わが国の金融システム安定化措置とその費用

さらに踏み込み、金融システム安定のための総額の費用を計算する[5]。

　本章の特徴は、以下の二点である。第一に、わが国の金融システム不安定時の様々な施策について、預金保険機構を中心にまとめたことである。第二に、それらについての費用分析を、預金保険機構の立場から行ったことである。その結果から、金融システム不安定時の費用の総額について分析したことである。

第1節　わが国の預金保険機構の活用と銀行破綻

　預金保険制度の運営主体である預金保険機構がわが国で設立されたのは1971年である。設立当初の預金保険機構はナロー型であり、アメリカに倣って設立されたものと思われる。1986年の預金保険法の改正以降、預金保険法は幾度も改正され、ナロー型からブロード型としての機能をもつようになる。

　戦後からバブル崩壊までの間、わが国の銀行経営および金融システムの運営は「護送船団方式」に代表されるように、大蔵省主導による金融行政によって行われてきた。その内容は、金利規制や店舗規制があげられる。さらに、日本銀行によるベースマネー・コントロールや信用割り当てなども行われた。つまり、銀行業は競争が制限された状態であり、その利益を享受することができた[6]。さらに，大蔵省は「銀行破綻ゼロ政策」をとってきた。仮に破綻しそうな銀行が現れると、その銀行を他の銀行に吸収合併させ、実質的な救済を行ってきた。これは、当時、吸収合併する銀行に新たな店舗の出店や日本銀行からの借り入れが増額されるなど有利な条件が付されたため、吸収合併する銀行にもメリットがあったことによっている。

　したがって、この間、預金保険機構は破綻処理を行う必要がなく、その機能を発揮することはなかった。しかし、規制緩和とバブル崩壊により、吸収合併する誘因やその余力のある銀行がなくなっていった。その結果、経営状況の悪化した銀行が破綻していった。そして、預金保険機構がそれらの銀行破綻処理の役割を担うこととなっていった。

　わが国の預金保険機構が設立されて以降、はじめてその活用が行われたのは、

1992 年の東邦相互銀行の伊予銀行による救済合併に関わる支援である。また、その後、東洋信用金庫と三和銀行との合併の際は 200 億円の金銭贈与を行った。これは銀行の合併にともなう金銭贈与という資金援助のはじまりでもあった [7]。預金保険機構は 2015 年 3 月 31 日までに、180 件の資金援助や金銭贈与をともなう支援を行ってきた。

　1990 年代後半、大蔵省は預金者の銀行業（金融システム）への信認を確保するため、預金の全額保護へと舵を切ることとなった。三和銀行からの紹介預金で生き延びていた大阪の木津信用組合が 1995 年 8 月に大阪府知事から業務停止命令を受けて破綻し、銀行取り付けを起こした。武村正義大蔵大臣（当時）は、銀行取り付けを抑制するよう当該破綻信組の「預金の全額保護」を打ち出した。破綻処理にあたっては、破綻信組を清算するのではなく、事業を継続して行えるよう他の金融機関に事業譲渡する方針で、その道を探った。しかし、木津信用組合の資産査定の結果、事業譲渡するにあたっても、預金保険機構がその支援のために支払うことができるペイオフ・コストでは預金者負担（破綻費用の一部を預金者が預金の減額というかたちで負担すること）が避けられないことがわかった [8]。つまり、預金を全額保護するためには、ペイオフ・コストを超えても、預金保険機構が資金を援助できるようにする必要が生じた。そのための法整備が必要となり、その関連法が成立したのは 1996 年 6 月であった。ここにペイオフの凍結がスタートした。さらに、同年に住宅金融専門会社（住専）の処理法とその関連法案も成立し、預金保険機構が支援することとなった。こうして、経営危機に陥った金融機関の支援やその破綻処理に、預金保険機構が中心的な役割を担うことになっていった。その後、1997 年には山一證券と北海道拓殖銀行の破綻によって金融システムが不安定化し、金融システム安定化のために預金保険機構が積極的に用いられるようになった。

　1990 年代からの金融システム不安定時に、預金保険機構は以下の七つの施策を担った。すなわち、①住専の破綻処理、②公的資金を銀行へ資本注入すること、③長期信用銀行の破綻とその支援、④ペイオフ凍結と破綻銀行への資金援助、⑤産業再生機構による事業再生、⑥不良債権処理の推進、⑦預金保険法

第3章　わが国の金融システム安定化措置とその費用

図 3-1　わが国の預金保険機構による支援の概要

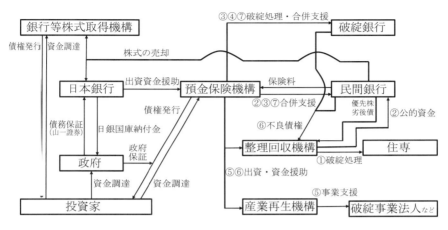

出所：筆者作成。

102 条による銀行支援および破綻銀行の一時国有化である。わが国でのこれらの様々な支援を図にまとめると、図 3-1 のとおりになる。次節では、この①〜⑦の経緯および支援の内容についてみていく。

第2節　わが国の金融システム不安定時の預金保険機構の活用

1. 住宅金融専門会社の破綻処理

　住宅金融専門会社（住専）は個人による住宅取得のためのローンを専門に取り扱う会社として、銀行や信託銀行や保険会社等が出資して設立された。1971 年に最初に設立されたのが日本住宅金融で、その後、住宅ローンサービスや日本ハウジングローンなどが設立された。当時、わが国の銀行は個人の住宅ローンに対して無関心であったため、住専各社も設立当初は個人の住宅ローンを中心に堅実な経営を行っていた。しかし、バブル期に銀行に対して「総量規制」が実施され、銀行による不動産業者に対する融資が規制されていく中、この規制の影響を受けなかった住専各社は不動産業に対する過剰な貸し出しに

77

図 3-2 住宅金融専門会社各社の処理

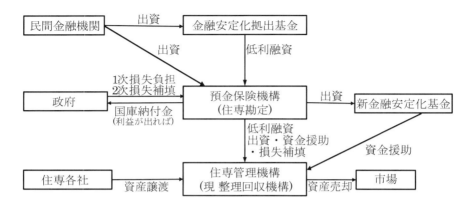

出所：筆者作成。

走った。その結果、住専各社による不動産業者への融資が銀行に代わって急増することになった。そのため、バブル崩壊による不動産価格の下落により、不動産業への融資が焦げつき、住専各社は多額の不良債権を抱えこんで破綻した。

　この住専各社の破綻処理のために、1996年6月「特定住宅金融専門会社の債権債務の処理の促進等に関する特別措置法」等のいわゆる「住専処理法」が成立した。この住専処理を行う母体として、1996年に住宅金融債権管理機構（住専管理機構）が、預金保険機構の出資により設立された。

　住専各社の破綻処理に関する負担は以下のとおり定められた。まず、政府が住専各社の債権を住専管理機構に譲渡する際に生じる1次損失の6,850億円の穴埋めを行った上に、2次損失の半額を政府が預金保険機構を通じて助成する。また、債権回収額が取得金額を上回って利益が発生した場合は、利益を国庫に納付することが定められた。また、民間金融機関が住専処理における資金的な支援を行うことも盛り込まれた。具体的には、民間金融機関が預金保険機構内に設立される「金融安定化拠出基金」に資金を拠出し、その基金を用いて預金保険機構が住専管理機構への低利融資をする。さらに、資金を預金保険機

第 3 章　わが国の金融システム安定化措置とその費用

構が拠出し、「新金融安定化基金」を設立し、住専処理のための資金援助を行うというものである。

　これらをまとめたものが、図 3-2 である。なお、住宅金融債権管理機構は2017 年現在、整理回収機構にその業務が引き継がれ、引き続き整理回収機構がその処理にあたっている。

2.　公的資金による銀行への資本注入

　1997 年に山一證券と北海道拓殖銀行といった大手金融機関の破綻が起こり、加えて、アジア通貨危機や株式市場の停滞を受け、銀行の健全性に疑問がもたれるようになった。さらに、株価および地価の下落とともに銀行の不良債権が増加した。その上、この時に大蔵省から金融監督機能が分離され、金融監督庁が設立されたことも重なり、銀行の不良債権を査定する目が厳しくなっていた。そのため、国際決済銀行（Bank for International Settlements: BIS）の定めるBIS 自己資本比率をわが国の銀行が達成できなくなるかもしれないとの懸念が高まり、自己資本の増強を図る必要性が出てきた。そこで、銀行の申請による公的資金の注入が預金保険機構を通じて行われた。

　この銀行への公的資金注入は大きく分けると二度にわたって行われた。まず、1998 年 2 月に施行された「金融機能の安定化のための緊急措置に関する法律」（金融機能安定化法）に基づいて 21 行に対して、1998 年 3 月に 1 兆 8,156億円の資本増強を行った。この金融機能安定化法は、1998 年 10 月に廃止され、代わって同年 10 月より「金融機能の早期健全化のための緊急措置に関する法律」（早期健全化法）が施行された。これに基づいて、1999 年 3 月に 8 兆 6,053億円が二度目の資本増強として実施された。この資本増強は、すでに 2002 年3 月末をもって終了している。

　預金保険機構は、早期健全化法に基づいて「金融機能早期健全化勘定」を設け、また金融機能安定化法に基づいて「金融危機管理勘定」を設置した。銀行に対する公的資金の注入は、預金保険機構によって設立された整理回収銀行（現整理回収機構）を通じて行われた[9]。そして、それぞれの勘定から整理回収機

構に対して貸し付け等の公的資金注入のための支援を行った。

　三菱 UFJ 銀行とみずほ銀行および三井住友銀行の大手銀行は 2006 年に、これらの公的資金を完済した。

3.　長期信用銀行の破綻とその支援

　1998 年に日本長期信用銀行（長銀）と日本債券信用銀行（日債銀）の二つの長期信用銀行が破綻した。

（１）日本長期信用銀行

　日本長期信用銀行（長銀）は、1952 年の長期信用銀行法の施行とともに設立された。戦後は企業が資金不足の状態にあったため貸し出し先も豊富だったが、高度経済成長期の終わりとともに多くの貸し出し先を都市銀行（都銀）などの銀行に奪われた。そのために長銀は流通業やリース業といった当時の新興産業に貸し出し先を広げた。これらの企業がバブル崩壊後に業績悪化し、それらへの貸し出しが不良債権化した。その結果、長銀は債務超過となって破綻した。

　長銀は、1996 年に入り経営不振がささやかれるようになり、外国銀行（外銀）との提携なども模索したが失敗し、結局 1998 年 10 月に野党案で新たに創設された特別公的管理（一時国有化）の下に置かれることになった。具体的には、長銀の株式はゼロ円となり、すべての株式を政府が保有することとなった。

　国有化された長銀の譲渡が検討された。具体的には、米リップルウッド・ホールディングを核とするニュー LTCB と中央信託銀行及び三井信託銀行の連合が、その譲渡案をめぐり争った。それぞれの長銀支援案は、表 3-1 である。

　ニュー LTCB 案では、政府保有株すべてを 10 億円で買い取り、公的資金による追加資本投入を 2,000 億円から 3,000 億円の間で行うが、譲渡後に発生する 2 次損失については、それを簿価で買い取る瑕疵担保条件を求めるものであった。一方の中央信託銀行及び三井信託銀行の連合案は、政府保有株すべてを 1 円で買い、さらに公的資本の注入が 5,000 億円程度、さらに瑕疵担保条項ではなく 1 兆円の引当金積み増し（実質的な公的負担）を求めてい

第3章　わが国の金融システム安定化措置とその費用

表3-1　国有化された日本長期信用銀行の買取り案の比較

	ニュー LTCB 案	中央信託、三井信託案
既存株式買取	10 億円	1 円
公的資金による支援額	2,000 ～ 3,000 億円	5,000 億円
不良債権の貸倒れに備えて	瑕疵担保条項	1 兆円の引当金積み増し

出所：筆者作成。

た。目先の公的負担額が膨らむことを嫌った当局は、当初の投入金額が少ないニュー LTCB を長銀譲渡先として選んだ。すなわち、公的負担の先送りを選択したともいえよう[10]。

　2000 年 2 月に長銀の最終譲渡契約が締結された。その内容は、預金保険機構が債務超過額分の 3 兆 5,879 億円の穴埋めを行ったうえで、国が保有する長銀株式を 10 億円でニュー LTCB に譲渡し、さらに 1,200 億円の資本注入がニュー LTCB によってなされ、政府も 2,400 億円の資本注入を行い、優先株を取得するというものであった。

　2000 年 3 月に新生長銀が開業し、2000 年 6 月に「新生銀行」に名称変更した。新生銀行は、2004 年 2 月 19 日、東京証券取引所第一部に上場した。この時ニュー LTCB は約 2,200 億円が株売却収入となった[11]。

（2）日本債券信用銀行

　一方、日本債券信用銀行（日債銀）は日本不動産銀行として 1957 年に設立され、戦後の長期金融を担ってきた。しかし、日債銀はバブル崩壊により不動産融資が焦げつき、1997 年に海外業務から撤退した。さらに、アメリカのバンカーズ・トラストとの業務提携などを行い、再建計画を打ち出して経営危機をいったんは脱したかにみえたが、1998 年 12 月に破綻し、長銀と同様の国有化措置がとられた。

81

2000 年 2 月、金融再生委員会は、ソフトバンク、オリックス、東京海上火災保険などの企業連合に日債銀を譲渡することに決めた。その内容は、①本来債務超過の補填に充てるべき日債銀が保有する有価証券の含み益（約 800 〜900 億円）を自己資本に積み立てる。②譲渡後 3 年以内に、2 割以上の価格が目減りした債権は預金保険機構が簿価で買い戻す（瑕疵担保条項を設ける）。③政府は新日債銀が発行する優先株式 2,600 億円を購入し、公的資金を注入するというものであった。結果的に、3 兆 1,414 億円が債務超過の穴埋めに用いられ、6,701 億円の日債銀保有株の買い取りを行い、4,630 億円の不良債権を買い取った。さらに、瑕疵担保条項により、3,286 億円の不良債権も買い取った。

　なお、2000 年にソフトバンクの持ち株をサーベランスに譲渡、2001 年にあおぞら銀行に名称を変更した。2003 年にサーベランスが公開買い付けを行った。2006 年に東証一部に上場、2013 年にサーベランスの持ち分はすべて売却された。さらに、2015 年には公的資金を一括返済している。

4.　ペイオフ凍結と破綻銀行への資金援助

　わが国の付保預金限度額は 1,000 万円とその利息と定められている。しかし、前述のように、銀行破綻が相次ぎ金融不安が払拭できない中、1996 年 6 月から 2002 年 3 月まではすべての預金が全額保護の措置がとられた。2002 年 4 月からは定期性預金の、2005 年 4 月からは普通預金のペイオフ解禁を行った。

　この間、銀行破綻の際には閉鎖型の破綻処理は行われず、継続型の破綻処理を預金保険機構が行った。これは閉鎖型の破綻処理を行うと預金者の銀行システムに対する信認をなくさせ、システミック・リスクの顕在化など金融システムが不安定化しかねない状況であったからだと考えられる。具体的な銀行の破綻処理手法は、破綻銀行と受け入れ行とを合併させ（Purchasing & Assumption: P&A）、その際に負債額が資産額を上回る分については、預金保険機構が受け入れ行に金銭贈与を行う破綻処理方法を行ってきた [12]。その際、預金を全額保護しているため、破綻行の預金をすべて受け入れ行に譲渡する処理が行わ

82

第3章　わが国の金融システム安定化措置とその費用

表3-2　預金保険機構による資金援助

年度	資金援助の件数	（単位：億円）		
		金銭贈与	資産買取	その他
1992 年度	2	200	0	80
1993 年度	2	459	0	0
1994 年度	2	425	0	0
1995 年度	3	6,008	0	0
1996 年度	6	13,158	900	0
1997 年度	7	1,524	2,391	40
1998 年度	30	26,741	26,815	0
1999 年度	20	46,374	13,044	0
2000 年度	20	51,530	8,501	0
2001 年度	37	16,394	4,064	0
2002 年度	51	23,325	7,949	0
2003 年度	0	0	0	0
2003 年度以降	2	3026	547	0
合計	180	189,165	64,210	120

出所：預金保険機構のホームページより筆者作成。

れてきた。普通預金の全額保護を止めた 2005 年 3 月末までの全額保護の措置に伴う支援額の合計は、16 兆 4,963 億円である [13]。この多額の資金のために預金保険機構内に「特例業務勘定」が設けられ、ペイオフ・コストを超える分の金銭贈与を行ってきた。

5.　産業再生機構による事業再生

2003 年に「株式会社産業再生機構法」（再生機構法）が施行された。これにより、株式会社産業再生機構が設立された。資本金は 505 億 700 万円で、預金保険機構が 497 億 5,700 万円、農林中央金庫が 7 億 5,000 万円を拠出した。その目的は、再生機構法第 1 条により「我が国の産業の再生を図るとともに、銀行等の不良債権の処理の促進による信用秩序の維持を図るため、（中略）当該事業者に対して銀行等が有する債権の買い取り等を通じてその事業の再生

83

を支援すること」と定められており、銀行の保有する不良債権処理の促進を目的として設立された。

　具体的な事業内容は、再生支援をする旨を決定した事業者に対して、銀行が保有する当該事業者の債権の買い取り等を行ったうえで、資金の貸し付けや銀行等からの資金の借り入れにかかる債務の保証や出資を行い、事業の再生を図る。これにより、銀行に代わって、公的な立場を利用し、各事業者の再生を行うものである。そして、複雑な債権債務関係が整理され、銀行の不良債権処理が進むことが期待された。

　2005 年 3 月末をもって、債権の買い取り業務は終了し、この間に 41 社の支援を行った。そして、すべての案件について再建計画をまとめ、受け入れ企業に譲渡し、2007 年 6 月に解散した。

6.　不良債権処理の推進

　1990 年代後半の金融システム不安および地価、株価の下落、さらにマクロ経済の減速によって、銀行の不良債権が増加した。これらは「貸し渋り」や「貸しはがし」を生んだとされる。さらに、先に述べたように、大蔵省から分離された金融監督庁の設立により、不良債権を厳しく査定するようになった。そのため、金融システムを早期に安定化させるため公的資金による資本の注入を行ったが、同時に不良債権処理を進める必要があった。

　この不良債権処理をするため、整理回収機構が設立され、まず破綻銀行の不良債権を買い取るところからはじまった。しかし、上記のような状況で、健全行の不良債権処理を進める必要に迫られ、健全行からも不良債権を買い取るように法改正がなされ、預金保険機構はこのための資金供給を行った。

　1999 年に整理回収機構と住宅金融債権管理機構が合併し、現在の整理回収機構ができた。破綻金融機関等から買い取った資産の回収、処分や事業再生支援を行っている。

第3章　わが国の金融システム安定化措置とその費用

7.　預金保険法 102 条の適用

　バブル崩壊まで銀行破綻を経験してこなかったわが国は、長銀や日債銀といった大型銀行の破綻の際には、その破綻処理手法をそのつど後追いで用意するかたちで法整備がなされてきた。そのため、毎年のように預金保険法を改正し、さらにその他の関連法が整備することで対処してきた。そして、その集大成として、預金保険法 102 条が作られた。

　預金保険法 102 条は、「内閣総理大臣は、次の各号に掲げる金融機関について当該各号に定める措置が講ぜられなければ、我が国又は当該金融機関が業務を行つている地域の信用秩序の維持に極めて重大な支障が生ずるおそれがあると認めるときは、（中略）、当該措置を講ずる必要がある旨の認定を行うことができる。」と定め、第一号措置から第三号措置まで三つの措置を用意している。

　第一号措置（資本増強）は破綻しておらず、さらに債務超過ではない銀行に対して自己資本充実のために預金保険機構による当該銀行に対する株式等の引き受け等による資本増強を指す。第二号措置は、破綻したか、もしくは債務超過である銀行に対するものである。これは、保険事故に対して保険金の支払いを行うときに要すると見込まれる費用の額（ペイオフ・コスト）を超える額の資金援助を行うことである。第三号措置（特別危機管理）は、債務超過であり、かつ破綻銀行に対して行われる国有化等を含めた措置である。

　この第一号措置を行った銀行として、りそな銀行（現りそなホールディング）があげられる。その内容は、優先株式及び普通株式の引き受けによる総額 1 兆 9,600 億円の資本増強であった。政府は普通株を 1 株 52 円、議決権付き優先株を 1 株 200 円で買い取るかたちで資本注入を行った。2015 年 6 月、りそなに投入された資金（3 兆 1,280 億円）はすべて返済された [14]。

　また、第三号措置の具体的な事例として、地域経済への影響が大きいとして、2003 年 11 月からの足利銀行に対する支援（特別支援）があげられる。その内容に、預金保険機構が足利銀行の全株式を取得し、新経営陣（取締役及び監査役）の選任を行い、国有化することであった。そして、預金保険法に基づいて、政府がすべての株式をゼロ円で強制的に取得する「一時国有化」となった。既

85

存の株式はゼロ円で国が取得するため、株主責任が問われる措置となった。これにより、政府が過去に足利銀行に投入した合計 1,350 億円の公的資金も無価値になった。また、あわせて 615 億円の資産買い取りを行った。なお、資産査定の結果、2003 年 9 月時点で破綻と認定された。2008 年、野村ホールディングのベンチャーキャピタルを中心とした出資グループが設立する足利ホールディングスへ、株式を 1,200 億円で譲渡して、国有化の措置を終えた。

第 3 節　金融システム安定化のための費用

　本節では、第 2 節で述べた 1990 年以降の預金保険機構を中心として行われた様々な施策について、預金保険機構などが公開している損益計算書から、これらの費用について算出したい。

　これらの費用計算は預金保険機構という立場で行う。例えば、破綻処理につき継続型の手法を預金保険機構が選択し、破綻銀行の資産と負債を受け入れ行に譲渡する際、負債額が資産額を上回るところを預金保険機構が金銭贈与したとする。この金銭贈与について，受け入れ行にとっては「収益」となるが、預金保険機構の立場であると「費用」となる。また、民間銀行などが拠出した基金からの利息収入は、預金保険機構内の勘定には収益として現れるため、収益ととらえて計算を行った[15]。つまり、本書が分析対象としている預金保険機構の立場から、金融システム安定化のための様々な施策の諸費用を計算することを試みたい。そのため、様々な施策に対して税金が投入され、それらのものが国庫に返済されない場合に国民負担としてしばしば述べられることがあるが、本節での観点はそれとは違ったものとなる。

　本節の目的は、金融システム安定化のための費用を、預金保険機構内の様々な勘定に基づいてこれらを計算する。勘定によっては、いくつかの施策がまとまっているものがある。そのため、それぞれの施策ごとの費用について、厳密な計算をすることが難しいが、可能な限り、第 2 節で述べた施策に従って記述する。

第3章　わが国の金融システム安定化措置とその費用

　なお、今回作成した損益計算書の対象期間は、基本的に 1996 年度から
2004 年度までと、それ以降とに分けて行った。これは、金融システムが不安
定化していたとされる期間のみを対象とし、その費用の計算を行いたいからで
ある。前述のように、金融システムが不安定化しているとして、1996 年 6 月
に預金の全額保護が行われ、それが安定化するまでの時限的な措置が採られ
た。その後、2005 年 4 月に金融システムが安定化したとして、普通預金のペ
イオフ解禁が行われた。金融システム安定化のための費用の算出として、この
1996 年 6 月から 2005 年 3 月の期間に絞って分析を行うことが適切であろう
と考え、この期間を中心にみることにする。さらに、それ以降の期間を加えて
計算すると、金融システム時にかかった費用と、その後に金融システムが安定
化したことによって得られた便益とが相殺されて、数値としてみえなくなる可
能性がある。そのため、この二つの期間に分けて分析を行った。以下では、第
2 節で紹介した順序にしたがって、それぞれの施策について損益計算書を作成
することにより、それぞれの施策の費用の計算を試みる。

1.　住宅金融専門会社の破綻処理

　住専処理に関するものは二つの損益計算書にあらわれる。すなわち、①預金
保険機構の「住宅金融専門会社債権債務処理勘定」（住専勘定）であり、②預
金保険機構が出資した住宅金融債権管理機構（現、整理回収機構）の「住専勘
定」である。

　預金保険機構における「住専勘定」は表 3–3 のとおりである。まず、住専
に対して、二次損失に対する損失補填の 3,129 億円（業務推進助成金）の助
成を行った。また、債権回収額が取得金額を上回って発生した利益は 26 億円で、
これを国庫に納付していることがわかる（国庫納入金）。この住専業務の損益は、
1996 年度から 2004 年度で 2,245 億円の累積赤字になった。

　次に、整理回収機構の住専勘定の損益は表 3–4 のとおりである。2004 年度
末までの貸し倒れについてみると、貸倒引当金繰入額 7,256 億円と貸出金償
却の 2,420 億円および債権売却損の 1,000 億円の合計 1 兆 2,220 億円であっ

87

表3-3　預金保険機構「住専勘定」損益計算書

（1996 年度〜 2004 年度）（単位：億円）

＜費用の部＞		＜収益の部＞	
業務推進助成金	3,129	国庫納入金原資	26
国庫納入金	26	特例業務負担金収入	57
一般管理費	62	資産見返負担金戻入	2
固定資産除却損	1	事業外収入	5
費用合計	3,218	金融安定化拠出基金戻入	883
		収益合計	973
累積赤字	2,245		

出所：預金保険機構各年度の「年報」より筆者作成。

表3-4　整理回収機構「住専勘定」損益計算書

（1996 年度〜 2004 年度）（単位：億円）

＜費用の部＞		＜収益の部＞	
資金調達費用	629	資産運用収益	2,762
その他	12,220	貸出金利息	2,193
貸倒引当金繰入額	7,256	有価証券利息配当金	514
貸出金償却	2,420	その他	5,774
債権売却損	1,000	債権取立て益	1,433
納付金	20	助成金、補填金収益	3,437
営業費用	550	特別損益	56
費用合計	13,399	収益合計	8,592
累積赤字	4,810		

出所：旧整理回収機構資料より筆者作成。

たことが読み取れる。そして、この間の累積赤字は 4,810 億円になった。

　したがって、2004 年度末までに、これら二つの合計で 7,055 億円の累積赤字となっている。これに一次損失の 6,850 億円を加えた 1 兆 3,905 億円が、住専処理にかかった、金融システム不安定時の費用として計算できよう。

　次に、その後の 2005 年度から 2012 年度まで預金保険機構内の住専勘定を

第3章　わが国の金融システム安定化措置とその費用

表 3-5　預金保険機構「住専勘定」損益計算書

（2005 年度〜 2012 年度）（単位：億円）

＜費月の部＞		＜収益の部＞	
業務推進助成金	3,406	金融安定化基金資産運用収入	706
一般管理	20	特例業務負担金収入	14
金融安定化拠出基金繰入	3,939	金融安定化基金戻入	4,957
費用合計	7,365	一般勘定からの繰入	3,165
		事業外収益	5
		関係会社回収益	137
		資産見返負担金戻入	2
累積利益	2,315	特別利益（助成金取消益）	694
		収益合計	9,680

出所：預金保険機構各年度の「年報」より筆者作成。

まとめたものが表 3-5 である。そして、この間に累積利益が 2,315 億円出ている。これは、2011 年度に一般勘定から住専勘定に 3,165 億円の繰り入れがあったことによっている。なお、住専勘定は 2012 年度末に業務が終了し、廃止されている。

住専の処理については、整理回収機構がそれを担っていた。そして、最終的な処理負担として、2012 年 5 月に整理回収機構から出された住専勘定二次損失処理スキームは、以下のとおりである。二次損失は、1 兆 4,017 億円で、民間と政府で各々 7,009 億円ずつ負担することとした。民間負担分は、金融安定化拠出基金の運用益より 1,456 億円と基金の元本より 4,233 億円、さらに整理回収機構の累積利益の半分である 1,388 億円によって、この金額を賄うこととなった。一方、政府の負担分は、整理回収機構の簿価以上に回収できた資金より 2,189 億円と、新金融安定化基金運用益より 1,662 億円と、整理回収機構の留保利益より 1,838 億円と、整理回収機構の累積利益の半分である 1,388 億円によって、この金額を負担することとなった[16]。これにより、一次損失 6,850 億円と、二次損失 1 兆 4,017 億円の合計、2 兆 867 億円がその費用ということもできる。

89

なお、本書では預金保険機構による損益を中心にみているため、整理回収機構の発表している二次損失の業務報告資料と、本節との数字が異なっている。具体的には、本節の計算では、一般管理費や支払い利息といった費用を加味している点と、政府の負担分をすべて反映していない点があげられる。

2. 公的資金注入

　公的資金注入による損益は、預金保険機構内の勘定と整理回収機構内の「資本注入勘定」の勘定にあらわれる[17]。

　預金保険機構に金融機能安定化法に基づいて「金融危機管理勘定」（1998年2月〜1998年10月）が設置され、早期健全化法に基づいて「金融機能早期健全化勘定」（1998年10月以降）が設置された。これら勘定から整理回収機構に対して貸し付け等の公的資金注入のための支援を行った。これらの損益計算書は表3–6 〜表3–8 のとおりである。なお、金融危機管理勘定は1998年10月に金融再生勘定に統合されている[18,19]。また、ここで「協定銀行」となっているのは整理回収機構のことを指している。さらに、早期健全化勘定は整理回収機構が行う資本増強業務のための資金調達を行う勘定であり、資本増強に関する業務は、預金保険機構が整理回収機構に委託している。

　金融システムが不安定であった2005年3月末までに、金融再生勘定（旧金融危機管理勘定も含む）は753億円の累積赤字を出した。一方、早期健全化勘定では1,472億円の累積黒字を出した。そして、整理回収機構の資本注入勘定は132億円の累積赤字となった。2005年3月末までのこれらの損益を合計すると、587億円の累積黒字となる。

　前述のように、その後、金融システムの安定化をしたため、金融システム不安定時に投入した公的資金の回収が進んだ。それらは、早期健全化勘定に現れる。その結果、2005年度から2014年度末までに1兆4,497兆円の利益があがり、金融システム安定化によって得られた便益ということができよう（表3–9 参照）。

　また、これに加え、新たな資本注入の役割である「金融機関等経営基盤強

第 3 章　わが国の金融システム安定化措置とその費用

表 3-6　預金保険機構「金融再生勘定」(旧「金融危機管理勘定」を含む) 損益計算書

（1998 年度〜 2004 年度）（単位：億円）

＜費用の部＞		＜収益の部＞	
一般管理費	12	協定銀行貸付金利子収入	371
支払利息等（債券発行費含む）	309	協定銀行納付金収入	772
協定銀行損失金補填金	1,582	業務委託負担金収入	3
費用合計	1,903	事業外収入	3
		収益合計	1,150
累積赤字	753		

出所：預金保険機構各年度の「年報」より筆者作成。

表 3-7　預金保険機構「金融機能早期健全化勘定」損益計算書

（1998 年度〜 2004 年度）（単位：億円）

＜費用の部＞		＜収益の部＞	
一般管理費	8	事業外収入	0
支払利息等（券発行費含む）	1,863	協定銀行貸付金利子収入	1,807
協定銀行損失金補填金	224	協定銀行納付金収入	1,759
費用合計	2,095	その他	0
		収益合計	3,567
累積黒字	1,472		

出所：預金保険機構各年度の「年報」より筆者作成。

表 3-8　整理回収機構「資本注入勘定」損益計算書

（1998 年度〜 2004 年度）（単位：億円）

＜費用の部＞		＜収益の部＞	
資金調達費用	2,301	資産運用収益	5,808
その他	6,319	貸出金利息	675
納付金	3,586	有価証券利息配当金	4,997
費用合計	8,620	その他	2,680
		収益合計	8,488
累積赤字	132		

出所：旧整理回収機構資料より筆者作成。

表 3-9　預金保険機構「早期健全化勘定」損益計算書

（2005 年度～ 2014 年度）（単位：億円）

＜費用の部＞		＜収益の部＞	
協定銀行損失補填金	611	協定銀行納付金収入	14,527
一般管理費	6	協定銀行貸付金利息収入	744
事業外費用	869	事業外収益	712
費用合計	1,486	収益合計	15,983
累積黒字	14,497		

出所：預金保険機構各年度の「年報」より筆者作成。

表 3-10　預金保険機構「金融機能強化勘定」損益計算書

（2005 年度～ 2014 年度）（単位：億円）

＜費用の部＞		＜収益の部＞	
協定銀行損失補填金	2	協定銀行納付金収入	385
一般管理費	6	協定銀行貸付金利息収入	42
事業外費用	43	収益合計	428
費用合計	51		
累積利益	377		

出所：預金保険機構各年度の「年報」より筆者作成。

化勘定」が預金保険機構の中に設置された。本勘定は 2003 年 4 月からで、2005 年 3 月に廃止になり、その後、金融機能強化勘定に資産と負債が継承されている。これは後で述べる預金保険法第 102 条のような大きな銀行を対象としたものではなく、地方銀行、第二地方銀行、信用金庫、信用組合などを対象に、合併等の組織再編のための資本増強を目的としたものであり、2008 年 3 月末までの時限立法であった。2006 年に紀陽ホールディングスや 2007 年の豊和銀行がこの適用を申請した。

　この金融機関等経営基盤強化勘定での損益は 2004 年度末までに、4,200 万円の損失が出た。一方で、2005 年 4 月以降は 377 億円の黒字が出ている（表 3 － 10 参照）。これらは、2006 年には紀陽ホールディングスに始まった約

92

第3章　わが国の金融システム安定化措置とその費用

20 行に対する優先株の引き受けによる収益である[20]。

3.　長期信用銀行の破綻

　長銀および日債銀の破綻処理にかかった費用についてみよう。この損益は大きく二つからみることができよう。すなわち、一つは各行が破綻した際に預金保険機構が各々に対して金銭贈与を行った金額であり、もう一つは預金保険機構内の「特別公的管理銀行勘定」である[21]。

　まず、金銭贈与についてみる。長銀の破綻時の債務超過額は 3 兆 2,350 億円で、日債銀の破綻時の債務超過額は 3 兆 1,414 億円であり、預金保険機構が金銭贈与によるこれらの穴埋めを行った。その後、両行は国有化された。この国有化期間を中心とした損益は、表 3–11 のとおりである。預金保険機構の特別公的管理銀行に関する勘定（金融再生勘定）をみると、国有化期間の損失が 4,500 億（長銀 3,549 億円＋日債銀 951 億円、特別公的管理銀行損失金）となっている。これらをまとめると、長期信用銀行の破綻処理に用いられた費用の合計は、金銭贈与額の合計と表 3–11 の 4,491 億円の累積赤字を加え、6 兆 8,255 億円となる。

　なお、長銀、日債銀から買い取った不良債権や株式については、整理回収機構の不良債権の処理のところにあらわれるため、これらの損益は 6. の不良債権処理のところに反映させることにする。

　金融システムが安定化した 2005 年 4 月以降の動きを簡単にみておく。新生銀行（旧長銀）は、2000 年に注入した 2,400 億円及び 1998 年に注入した 1,300 億円の合計 3,700 億円は、2017 年 3 月末時点で、未返済のままである。これは、金融庁が 2004 年 2 月に最低処分額を国会で示しており、それによると新生銀行は上乗せ分を含めて株価換算で 774.73 円と 2017 年 3 月末の株価の 3 倍以上に水準となっていることから、新生銀行は返済できずにいる。一方、あおぞら銀行（旧日債銀）は、2015 年 6 月末に公的資金を全額返済した。結果 3,200 億円（2000 年 10 月に注入した 2,600 億円を含む）の注入額に対して、返済額 3,550 億円となり、350 億円の利益が出た。なお、これらは表 3–9 に計上

93

表 3-11　預金保険機構「金融再生勘定（特別公的管理銀行に関するもの）」損益計算書
（1998 年度〜 2004 年度）（単位：億円）

＜費用の部＞		＜収益の部＞	
一般管理費	2	特別公的管理銀行貸付金利子収入	172
支払利息等（債券発行費含む）	180	特別公的管理銀行株式売却収入	20
特別公的管理銀行損失金	4,500	事業外収入	0
費用合計	4,683	収益合計	192
累積赤字	4,491		

出所：預金保険機構各年度の「年報」より筆者作成。

している。

4.　ペイオフ凍結と資金援助

　第 2 節で述べたように、わが国ではペイオフの凍結を行うと同時に、破綻銀行の資産及び負債を受け入れ行に譲渡する継続型の破綻処理方法が採られてきた。この際、負債が資産を上回る金額の穴埋めを金銭贈与というかたちで預金保険機構が支援を行い、すべての預金を保護してきた。これらは、預金保険機構の「一般勘定」および「特例業務勘定」に現れる。ペイオフ・コストまでの資金援助は一般勘定から、ペイオフ凍結によってペイオフ・コストを超える資金援助は特例業務勘定から行われた。ここではこれらの損益計算書を作成し、その費用について計算する。ただ、この特例業務勘定は 1998 年 2 月より 2013 年 3 月末まで存在し、2013 年度からは一般勘定に移行されている[22]。

　この一般勘定と特例業務勘定の損益をまとめたのが、表 3-12 と表 3-13 である。これらより金銭贈与の合計は、16 兆 6,025 億円に上り、この間の預金保険料収入の合計が 3 兆 9,636 億円からすると、4 倍以上の資金が資金贈与で投入されたことがわかる。3. で述べたように、このうち 6 兆 3,764 億円が長銀、日債銀に投入された資金である。したがって、その分を差し引くと 10 兆 2,261 億円が、その他の破綻行の金銭贈与のために用いられたことがわかる。

　一般勘定では 2 兆 9,014 億円の累積赤字、特例業務勘定からは 3,190 億円

第 3 章　わが国の金融システム安定化措置とその費用

表 3-12　預金保険機構「一般勘定」損益計算書

（1996 年度～ 2004 年度）（単位：億円）

＜費用の部＞		＜収益の部＞	
金銭贈与	1,063	保険料	29,340
国庫納付金	2,438	整理回収機構貸付等収益	1,687
支払利息等（債券発行費含む）	242	貸倒引当金戻入	561
一般管理費	279	その他	6,707
特例業務勘定への繰入	56,141	収益合計	38,295
その他	7,146		
費用合計	67,309		
累積赤字	29,014		

出所：預金保険機構各年度の「年報」より筆者作成。

表 3-13　預金保険機構「特例業務勘定」損益計算書
（一般金融機関特別勘定と信用組合特別勘定を含む）

（1996 年度～ 2004 年度）（単位：億円）

＜費用の部＞		＜収益の部＞	
金銭贈与	164,963	保険料	10,297
支払利息等（債券発行費含む）	414	一般勘定より受入	56,141
その他	11,883	貸倒引当金戻入	1,157
特別損失	1,155	特例業務基金受入	104,326
費用合計	178,415	その他	9,683
		収益合計	181,604
累積赤字	3,189		

出所：預金保険機構各年度の「年報」より筆者作成。

の累積黒字となっており、これらの通算は 2 兆 5,824 億円の赤字ということになる。これには、長期信用銀行の金銭贈与に 6 兆 3,764 億円が先の 3. で計上されているので、この部分がなかったものとすると、3 兆 7,940 億円の黒字であったと計算することができる。

　しかし、表 3-13 をみると「特例業務基金受入」として 10 兆 4,326 億円の

表 3-14　預金保険機構「一般勘定」損益計算書

（2005 年度〜 2015 年度）（単位：億円）

＜費用の部＞		＜収益の部＞	
資金援助事業費	4,886	保険料	61,551
預金等債権買取事業費	33	資金援助事業収入	53
被管理金融機関事業費	113	特別危機管理銀行株式売却収入	1,200
過年度保険料払戻金	4	預金等債権買取事業収入	32
国庫納付金	6,391	協定銀行事業収入	7,725
協定銀行損失補填金	580	協定継承銀行負担金収入	3
一般管理費	1,890	金銭贈与返納金	245
住専勘定へ繰入	3,165	貸倒引当金戻入	10,843
責任準備金繰入	22,431	事業外収益	147
貸倒引当金繰入	12,021	収益合計	81,799
事業外費用	421		
特別損失	94		
費用合計	52,029		
累積利益	29,770		

出所：預金保険機構各年度の「年報」より筆者作成。

収入がある。これは、政府が負担した資金で、具体的には交付国債によって預金保険機構が得た資金を指しており、これはペイオフ凍結による国民負担となった金額である。もし、この金額がなかった場合、6 兆 6,386 億円の累積赤字となっていたと計算できよう。

　2005 年度以降は、金融システム不安が収まり、預金保険料で資金援助を十分に行えるようになった。2005 年度から 2015 年度までの損益をまとめたものが表 3-14 である。この 11 年間に 6 兆 1,551 億円の保険料収入があり、金融システム不安定時に債務超過となっていた一般勘定を健全化した。さらに、累積黒字が 3 兆円近くあるばかりではなく、住専への穴埋めと一般勘定の資本増強（責任準備金への繰入）も行った。預金保険料は 2014 年度までほぼ同水準に据え置かれたが、債務超過の状況を解消し、保険事故に備えてある程度

第 3 章　わが国の金融システム安定化措置とその費用

の準備資金が蓄積されたことから、その後 2015 年度から半分程度に引き下げられた [23]。

5.　産業再生機構

　産業再生機構への預金保険機構の支援は出資金のみであり、これに係る経理を産業再生勘定が担っている。すでに、2004 年 3 月に産業再生機構は解散し、その業務を終了している。預金保険機構が 497 億 5,700 万円の出資を行い、清算時に 499 億 9,583 万円が支払われた。その結果、産業再生機構によって 2 億 3,883 万円の利益が出たことになる。なお、これにかかる事務費用（一般管理費）が累積赤字として 1,700 万円かかっている。したがって、これら差引き 2 億 2,183 万円の黒字が、産業再生機構に関わるものとして、計算することができよう [24]。

6.　不良債権処理

　不良債権処理については第 2 節で述べたとおり、整理回収機構がその主要な役割を担ってきた。預金保険機構はそれについての資金援助を行った。そのため、不良債権処理に関する損益は、前者は整理回収機構内の「整理回収業務勘定」に、後者は預金保険機構内の「金融再生勘定」の中の資産買取業務等の中に反映されることになる。これらが、表 3–15 および表 3–16 である。

　金融システム不安定時の整理回収機構の整理回収業務の損益をみると 2,267 億円の黒字が出ている。一方で、預金保険機構の金融再生勘定は 3,253 億円の累積赤字である。これら差し引き、986 億円の累積赤字となる。

　金融システム安定化後の金融再生勘定は、表 3–17 のとおりである。利益の累積が 6,238 億円になっており、金融システム安定化によって、不安定時に買い取った債権などの価値が上昇したものが、収益となったことが読み取れる。

7.　預金保険法 102 条

預金保険法 102 条にかかる支援については、2005 年 3 月末までに株式等

表 3-15　整理回収機構「整理回収業務勘定」損益計算書

（1996 年度～ 2004 年度）　（単位：億円）

<費用の部>		<収益の部>	
資金調達費用	2	資産運用収益	15
営業費用	20	貸出金利息	13
その他	128	有価証券利息配当金	1
貸倒引当金繰入額	47	その他	157
貸出金償却	6	債権取立て益	143
債権売却損	8	助成金、補填金収益	7
納付金	58	特別損益	0
費用合計	150	収益合計	172
累積黒字	22		

出所：旧整理回収機構資料より筆者作成。

表 3-16　預金保険機構「金融再生勘定（資産買取業務等）」損益計算書

（1996 年度～ 2004 年度）　（単位：億円）

<費用の部>		<収益の部>	
一般管理費	29	協定銀行貸付金利子収入	2,651
支払利息等（債券発行費含む）	400	協定銀行納付金収入	699
金融危機管理基金繰入	3,341	業務委託負担金収入	4
協定銀行損失金補填金	12,358	事業外収入	13
費用合計	16,128	金融危機管理基金戻入	9,507
		収益合計	12,874
累積赤字	3,254		

出所：預金保険機構各年度の「年報」より筆者作成。

の処分が十分に行われておらず、十分な費用計算をすることができない。あえ
て、本章が対象としている 2005 年 3 月末までで、この預金保険法 102 条に
おける費用を計算すると以下のようになる。りそな銀行に対する資本注入につ
いて、2004 年 3 月 31 日までに、58 億円の利益が出ている。一方で、足利
銀行に対しては株主責任を問うかたちで破綻処理を行ったため、先に注入した

第 3 章　わが国の金融システム安定化措置とその費用

表 3-17　預金保険機構「金融再生勘定（資産買取業務等）」損益計算書

（2005 年度〜 2015 年度）（単位：億円）

＜費用の部＞		＜収益の部＞	
資産買取事業費	3,084	資産買取事業収入	4,679
協定銀行損失補填金	283	特定協力銀行納付金収入	2,676
一般管理費	56	協定銀行納付金収入	700
貸倒引当金繰入	6,332	特定協力銀行貸付金利息収入	15
事業外費用	1,092	協定銀行金利息収入	3
費用合計	10,847	貸倒引当金戻入	9,001
		事業外収入	11
累積利益	6,238	収益合計	17,085

出所：預金保険機構各年度の「年報」より筆者作成。

1,350 億円の公的資金も無価値となった。しかし、この金額は、公的資金注入のところですでに算入しているため、この預金保険法 102 条にかかる損益は 58 億円の黒字となる。

　これらについては、危機対応勘定が恒久勘定として、2003 年 6 月に設置されている。この勘定は、金融危機に対応するとして、ペイオフ・コスト超の部分を負担する勘定であるが、りそな銀行への資本注入に主に使われたため、多くのものはりそな銀行に関する施策の損益である[25]。

　なお、その後、株式の売却益（取得株式等事業収入）が出たため、勘定としては 3,647 億円の利益が出ている。金融システム不安時に投入した資金によって、その後、これだけの利益が出たということができよう（表 3-18）。

8.　金融システムを安定化させるための費用と便益

　ここで、これまでの計算をまとめると、表 3-19 のようになる。金融システムを安定化させるための費用として、14 兆 8,885 億円を用いたということができよう。2005 年 3 月期の名目 GDP が約 500 兆円であることから、対 GDP 比で約 3％もの費用が、金融システム安定のための施策で用いられたことにな

表 3-18　預金保険機構「危機対応勘定」損益計算書

（2005 年度〜 2015 年度）（単位：億円）

＜費用の部＞		＜収益の部＞	
一般管理費	6	取得株式等事業収入	4,213
事業外費用	571	事業外収益	12
費用合計	577	収益合計	4,225
累積利益	3,647		

出所：預金保険機構各年度の「年報」より筆者作成。

る。

　このうち、長銀の破綻処理とペイオフ凍結によるものが、その費用の 8 割以上を占めていることがわかる。つまり、これらに多額の費用を要したことになる。長銀の破綻処理では金融債を保護した影響が、またペイオフ凍結により預金を全額保護したことによる影響が、その費用の増大要因であったのではないかと考えられる。

　一方で、その後、金融システムが安定化したことによって、5 兆 6,467 億円の便益が生まれたことが計算できた。もちろん、長銀への公的資金注入は、金融庁想定している株価から下回っており返済の目途が立っていないため、まだその損益を正確に算出できているわけではないが、前述のように、預金保険料が引き下げられたことを考えると、金融システム不安定時の処理は、大方目途が立ったといえよう。

　そして、これらの計算から、通算 9 兆 2,418 億円の費用と損益を計算することができよう。わが国の預金保険制度はブロード型であり、金融システム不安定時にはそれを安定化させる機能を有している。しかし、一度金融システムが不安定化すると、そのために必要となる費用は決して小さいものではなく、それらが預金保険機構に積み立てられた保険料だけでは十分ではない可能性を指摘できよう。つまり、1990 年代の政策においても、10 兆円超の交付国債を政府から受け、それによってこれらの施策を行ったように、ブロード型の預

第 3 章　わが国の金融システム安定化措置とその費用

表 3-19　金融システムにかかった費用の集計

	金融システム 不安定時の損益	金融システム 安定化後の損益	2015 年度末までの 通算損益
住専処理	-1 兆 3,905 億円	+2,315 億円	-1 兆 1,590 億円
銀行への資本注入	+587 億円	+1 兆 4,497 億円	+1 兆 5,084 億円
長銀、日債銀	-6 兆 8,255 億円	**	-6 兆 8,255 億円
ペイオフ凍結	-6 兆 6,386 億円 *	+2 兆 9,970 億円	-3 兆 6,616 億円
産業再生機構	+2 億円		+2 億円
不良債権処理	-986 億円	+6,238 億円	+5,252 億円
預金保険法 102 条	+58 億円	+3,647 億円	+3,705 億円
合計	-14 兆 8,885 億円	+5 兆 6,467 億円	-9 兆 2,418 億円

注：＊交付国債 10 兆 4,326 億円を費用として計算している。
　　＊＊新生銀行に対する公的資金はまだ返済されていない。また、あおぞら銀行の公的資金注入
　　　とその返済による損益は、銀行への資本注入の中に含んでいる。
出所：筆者作成。

金保険制度の場合、政府による支援が必要なケースも出てくるであろう。この
点は次章で考察する。

　むすび

　ブロード型の預金保険制度であるわが国の場合、金融システム安定化はその
目的の一つであり、金融システムが不安定な時期にそれらを安定化させる政策
を必ず行うことになる。本章ではわが国のバブル崩壊以降の金融システム安定
化のための様々な施策についてのケーススタディーとしてそれを概観したうえ
で、その費用について計算を行った。
　預金保険機構が行った金融システム安定のための施策には、①住専の破綻処
理、②銀行への公的資金注入、③長銀の破綻処理とその支援、④ペイオフ凍結

101

と資金援助、⑤産業再生機構、⑥不良債権処理、⑦預金保険法 102 条があげられる。これらについて、預金保険機構や整理回収機構等の財務諸表を集計し、1996 年 3 月期から 2005 年 3 月期までの損益計算書を作成することによってその費用をみた。その結果、14 兆 8,885 億円の費用がかかったことがわかった。これは 1990 年代後半の年間 5,000 億円程度の預金保険料 30 倍であり、わが国の名目 GDP の約 3％に相当する額であり、非常に大きな費用を金融システム安定化のために預金保険機構が負担したことになる。

その後、金融システムが安定化し、預金保険機構内の勘定で合計 5 兆 6,467 億円の便益を上げた。しかし、費用が便益を 9 兆円超上回っており、金融システム不安が起こると、預金保険料で数十年分の費用が必要であることにかわりはない。また、そのための準備は預金保険料の積み立てだけでは十分ではなく、政府からの支援が必要かもしれない。1990 年代後半の金融システム不安定時に 10 兆円を超える交付国債を預金保険機構が受けていることが、その現れである。

本章で記述した数字はすべてフローの合計金額であり、ストックベースでの考察は十分ではない。また、金融システム安定が 2005 年 3 月までに達成されたとみなし、それまでの費用を分析対象とした。しかし、現実には、現在も引き続き行われている施策もあり、まだ終結をみていない。さらに、本来、このような分析をするときは、これらの費用に見合う便益についての分析も同時に行い、その費用と便益による比較を行うべきであるが、便益についての考察は不十分である。これらの点は、今後の課題としたい。

第4章　銀行破綻処理とプルーデンス政策

はじめに

　わが国では 2005 年 4 月に普通預金の全額保護が打ち切られ、銀行破綻によるペイオフ（保険金による預金の払い戻し）の際、1,000 万円を超える預金の保護がなくなった [1,2]。しかし、これまでの銀行破綻処理は破綻銀行を受け入れ行に営業譲渡し、その際、すべての預金も受け入れ行に移管する破綻処理手法が基本的に採られてきたため、1,000 万円を超える預金者が銀行破綻の費用をその預金の一部減額されることによって負担させられることはなかった。しかし、2010 年 9 月に日本振興銀行が破綻した際はペイオフが実施され、1,000万円超の預金が減額されることとなった。この破綻処理について、預金保険機構は以下の措置をとった。すなわち 2010 年 12 月から 1,000 万円超の預金について預金額の 25％の仮払いを実施し、2011 年 4 月にブリッジ・バンク（第二日本承継銀行）に破綻行の事業を譲渡し、これを 2012 年 9 月に清算会社の日本振興清算に衣替え、2014 年 9 月に弁済率累計 58％で弁済を開始した。これにより、破綻時の日本振興銀行にあった 1,000 万円超の預金の合計約 110 億円のうち、46 億円超が預金者の負担となることが確定した。

　このように、預金保険機構の大きな役割の一つが銀行破綻処理である。本章の目的は、この銀行破綻処理とそれを防止するためのプルーデンス政策に着目し、以下の四点を考察することを目的としている。第一の目的は、具体的な破綻処理方法についてみることである。銀行破綻が起った際には、大きく二つ

の選択肢を預金保険機構は有している。すなわち、①当該銀行を閉鎖、清算し、ペイオフを行う、②当該銀行を閉鎖しない継続型の破綻処理を行うことである。これには、破綻銀行を他の銀行に営業譲渡することや破綻銀行へ資本注入することにより、営業を継続するといった措置がある。

　本章の第二の目的は、銀行破綻処理における原則を明らかにすることである。すなわち、預金保険機構はいくつかの破綻処理の手段を有しているが、どの破綻処理方法を選択すべきかについて考察する。さらに、その破綻処理費用がそれぞれの手法でどの程度異なるのかについて、アメリカの 1980 年代から 1990 年代前半の破綻処理に用いた費用を比較し、どの破綻処理手法の費用が低いかを検討する。その結果、営業譲渡方式（Purchase and Assumption: P&A）が預金保険機構の負担が最も低くなることを明らかにし、破綻処理手法として P&A 方式が多く用いられていることを紹介する。

　本章の第三の目的は、わが国の破綻処理費用について分析することである。わが国では、第 3 章で述べたように 1990 年代後半の金融システム不安によって多くの銀行破綻が起こり、預金保険機構はその破綻処理のために 16 兆円を超える資金を用いてきた。その結果、預金保険機構は 2002 年度には 4 兆円を越える債務超過に陥った。これは 2002 年度の 5,000 億円程度の年間預金保険料から考えると、非常に大きな額である。そのため、金銭贈与額について、破綻行の破綻直前の財務状況からの統計的な分析を行うことにより、その要因を探りたい。その結果を先取りすると、不良債権が多いところや、銀行破綻処理（事業の譲渡）に時間がかかったところは、破綻処理費用が高くなることがわかった。また、簿価での自己資本が多いところは、債務超過額が増加する傾向があることが実証できた。これらから、破綻した銀行の営業を継続する方が、その存続価値が評価され、結果的に預金保険機構が負担する費用を低くする可能性を明らかにできた。

　第四の目的は、プルーデンス政策におけるセーフティネットとしての預金保険制度の位置づけを明らかにすることである。そして、事前的規制との関係、預金保険制度とその他のセーフティネットとの間の連携について、制度的な考

第 4 章　銀行破綻処理とプルーデンス政策

察を行うことである。その具体的な内容は、以下の四点である。①プルーデンス政策について概観すること。②事前的規制としての銀行監督と預金保険制度の運営主体である預金保険機構との間での連携について考察すること。③中央銀行による最後の貸し手との連携について議論すること。④公的資金と預金保険制度との連携について考えることである。

　本章の特徴は、以下の二点である。第一に、破綻行にのみ注目して分析を試み、以下の点を明らかにしたことである。1990 年代後半以降、わが国では営業譲渡方式によって破綻銀行を受け入れ行に譲渡してきた。これは、基本的には破綻処理手法の中で最も費用が低い。これをわが国の破綻した銀行の財務データを用いて明らかにしたことである。第二に、プルーデンス政策における預金保険制度とその他のセーフティネット間の連携について、制度的な側面から考察を行ったことである。預金保険制度は比較的新しい制度であるため、これまでにこのような銀行破綻処理時における預金保険機構による支援と中央銀行による最後の貸し手と公的支援との役割分担について十分に考察されてきていない。本章では、この点についても分析を試みる。

第 1 節　破綻処理方法

　銀行破綻は、流動性不足によるものと債務超過によるものの二つが考えられる。このうち、支払い能力があるにもかかわらず、流動性不足によって破綻するケースでは中央銀行による最後の貸し手を用いた支援が考えられる。これについては第 4 節で議論をする。本節から第 3 節までは、債務超過の銀行に対する破綻処理について議論する。その中でも本節では破綻処理手法をみる。破綻銀行の処理には二つの方法がある。すなわち、破綻銀行を清算する「閉鎖型処理」と破綻銀行をそのまま継続させる「継続型処理」である。以下でそれらを議論する[3]。

105

1. 閉鎖型処理

閉鎖型処理は「ペイオフ」と呼ばれる手法である。つまり、破綻銀行を閉鎖・清算し、付保預金については保険金によって元本（利息を含む場合もある）の払い戻しを行う破綻処理方法である。このペイオフには二つの方法がある。すなわち、一つが直接ペイオフ（Straight Pay Off）で、他方が付保預金移管法（Insurance Deposit Transfer: IDT）である。前者は、預金保険機構が直接預金者に小切手などで預金の払い戻しを行う方法で、後者は、預金保険機構のエージェント（代理人）を通じて付保預金者に支払いを行う方法である。アメリカでは、この IDT が 1982 年頃までは中心的な破綻処理手法であったが、それ以降はほとんど採用されなくなった。

この閉鎖型処理の大きな問題は、銀行を清算し終えるのに時間がかかることである。例えば、わが国の事例では、はじめのところでも述べたように、2010 年 9 月に日本振興銀行が破綻したが、最終的な弁済率が確定した 2014 年 9 月で、4 年の年月を要した。そのうえ、ペイオフは、以下で述べる継続型破綻処理に比べて費用がかかるとされている。

2. 継続型処理

継続型破綻処理は、破綻銀行を清算せずに破綻処理を行う方法である。具体的には、①営業譲渡方式（P&A）、②先送り政策、③オープン・バンク・アシスタンス、④継承銀行方式（ブリッジ・バンク）や一時国有化、⑤グループ内の相互保証による破綻処理である。これらについて概観していく。

（1）営業譲渡方式（P&A）

営業譲渡方式（P&A）は、破綻銀行の資産と負債を他の銀行に引き受けてもらう破綻処理手法である。その際、負債が資産を上回る額や、その他の費用について預金保険機構が資金援助（金銭贈与など）を行う。

この P&A にもいくつかの手法がある。一つがクリーンバンク P&A（Clean Bank P&A）であり、預金とともに引き受け銀行には健全な資産しか譲渡しな

い方法である。もう一つがホールバンク P&A（Whole Bank P&A）であり、破綻銀行の全資産を引き受け銀行に引き継いでもらう手法で、引き受け銀行は破綻銀行を一括して一時払いで引き受ける手法である。この両者の間に破綻処理方法として中間的な手法がいくつも存在している。例えば、預金とともに資産の 25 〜 50％を引き受ける限定的 P&A（Modified P&A）や、現金、証券の他に担保付き貸し付き証券（instrument mortgage loan）の一部を引き受ける貸し付け担保付き P&A（Loan P&A）などがある。

このような破綻銀行の資産譲渡を行う際に、預金保険機構と受け入れ行の間で、ロス・シェアリング（Loss Sharing）の契約を行うことが多い。これは、受け入れ行にできるだけ多くの資産を引き取ってもらうために、破綻行から引き受けた貸し出し債権から将来生じる損失の大半（もしくはすべて）を預金保険機構が負担することを約束するものである。こうした負担がない限り、破綻銀行の資産評価に時間がかかり、受け入れ行に引き取ってもらえない債権が増えることになるからである。例えば、わが国の長期信用銀行の破綻処理の際には、第 3 章で述べたように、国有化されたものを民間に譲渡する際に、瑕疵担保条項（当初の正常債権の判定に瑕疵が生じ、3 年以内に簿価より 2 割以上目減りした債権は預金保険機構に買い取らせることができるとする条項）を盛り込むことによって、破綻銀行の多くの資産を引き受け機関に引き渡すことができた。

（2）先送り政策

先送り政策（Foreberance Program）は、破綻寸前の銀行や破綻銀行に臨機応変の対策を行い、破綻しないように延命措置を行う手法である。具体的には、資産の償却期間を延長することにより今期の費用を抑え、自己資本の毀損を抑える措置であったり、必要な資本を注入する措置を行ったりする。アメリカでは、マイノリティに対する支援として、マイノリティのための銀行に特典を与えた（例えば、マイノリティ・グループに必要資本の 3 分の 2 を注入した）事例がある。

（3）オープン・バンク・アシスタンス

オープン・バンク・アシスタンス（Open Bank Assistance: OBA）は、破綻に追い込まない方が他の銀行への影響や処理費用の効率性の点で優れている場合に、当該銀行を支援して営業を続けさせておく方法である。支援策としては、当該銀行に直接資金を貸し出したり、当該銀行を支援する銀行に預金保険機構が貸し出しを行ったり、当該銀行の貸し出し債権を預金保険機構が購入したりすることがあげられる。OBA が発動されるときには、①当該銀行に不実な取引がないこと、②経営陣は責任を取ること、③株主にも責任が課されることを条件とするのが一般的である。

アメリカにおける事例として、以下の四つがあげられる。すなわち、①ユニティーバンク・アンド・トラスト・ボストン（Unity Bank and Trust Company, Boston）、②デトロイト・コモンウェルス銀行（Bank of Commonwealth, Detroit）、③オレンブルグ・アメリカンバンク・アンド・トラスト（American Bank & Trust, Orenburg）、④デラウェア州農業銀行（Farmers Bank of the State of Delaware）である[4]。いずれも地域にとって欠かせないと判断され、OBA が行われた事例である。

（4）継承銀行方式（ブリッジ・バンク）と一時国有化

継承銀行方式（ブリッジ・バンク：Bridge Bank）は、破綻銀行を一時的に政府や預金保険機構が保有する継承銀行に営業を移す方式である。これは、その後民間機関に営業を譲渡するまでの間、営業を継続させるためのつなぎである。これは、金融不安が起っている際や破綻銀行が正当な評価がなされない時に、即座に P&A を行わず、資産査定に十分な時間を確保するために行われる。また、継承銀行を経ずに、一時的に、政府などが破綻銀行のすべてもしくは一部の株式を取得することにより、破綻した銀行を一時国有化する措置もある。

わが国ではこの継承銀行として第二継承銀行が銀行破綻に備え、準備されていたが、2011 年度にその役割を終え、解散となった。はじめのところでも述べたように、わが国では日本振興銀行のペイオフで破綻処理を行った際、いっ

第4章　銀行破綻処理とプルーデンス政策

たんその継承銀行へ引き継いだ後、清算会社へ移行をした。また、日本長期信用銀行が破綻した際、すべての株式を一時的に政府が保有し国有化したが、それらを民間機関に売却することによって、破綻処理を行った。

（5）グループ内の相互保証による破綻処理

　グループ内の相互保証（Cross Guarantee）による破綻処理は、破綻銀行の損失をグループ内で処理する手法である。具体的には、グループ内の他の銀行の資産や負債を破綻銀行につけかえて破綻を免れたり、または破綻しそうな銀行に対して債務の株式化（いわゆる、デッド・エクイティ・スワップ（Debt Equity Swap））を行ったりする。アメリカでの事例として、1992年にファースト・シティー・テキサス銀行（First City Bank Corporation of Texas）の関連二行が破綻した際、その損失を残るグループ18行に負担させたことがあげられる。

第2節　破綻処理原則と破綻処理費用の比較

1.　破綻処理原則

　破綻処理の手法は、上記のとおりいくつかある。そのため、銀行破綻が起こった際にどの手法を選択すべきかについては、原則を定めておき、その原則に従った破綻処理手法を採ることが一般的である。この破綻処理原則は、「最小費用（コスト）原則」と「ペイオフ・コスト（費用）原則」の二種類ある。最小費用原則は費用が最小となる破綻処理手法を用いるように定めるものであり、ペイオフ・ニスト原則はペイオフによる破綻処理費用よりも費用が低ければ、いかなる破綻処理方式でも採用できる原則である。

　ペイオフ・コスト原則は、最小費用原則と比べて緩やかな基準である。なぜなら、後述するように、破綻処理手法の中で、閉鎖型破綻処理であるペイオフ・コストが継続型の処理手法と比べ比較的高いからである。そのため、ペイオフ・コスト原則のもとでは、公益的な観点や政策的な配慮など費用以外の要素を勘

109

案して、破綻処理方法を選択することが可能となる。しかし、最小費用原則で行うと、そのような選択の余地はない。

2. 破綻処理手法による預金保険機構の負担額の違い

ここでは、閉鎖型破綻処理と継続型破綻処理における破綻処理費用の違いを、アメリカの破綻処理費用のデータを用いてみることにする。

ここまで議論した閉鎖型破綻処理と継続型破綻処理の破綻処理費用の違いを貸借対照表で考えると、図 4–1 と図 4–2 のように示すことができる。資本（金）も考えられるが、これも保険対象外の債務に含めるものとしてここでは考察していく。図 4–1 は、破綻銀行を清算する場合（閉鎖型破綻処理）の預金保険機構の負担額と非付保預金者（預金者以外の銀行への債権を保有している人も含む）の負担が示してある。債務超過額を清算時に負担するのは、預金保険機構と非付保預金者である。その負担額は、銀行の全負債に占める保有する債権額の割合に比例して資産が分配されるため、（1 −残余資産比率）が損失割合となり、

$$負担額＝（1 −残余資産比率）×債権額 \qquad (4.1)$$

となる[5]。

一方、営業譲渡方式（P&A）で破綻処理されるケースを考察しよう（図 4–2 参照）。なお、ここではホールバンク P&A を想定している。この場合、破綻銀行の回収不能資産については、預金保険機構が全額負担することになるが、フランチャイズ・バリューによるプレミアム（閉鎖すると得られないが、銀行経営を継続することによって得られる収益）を受け入れ銀行が支払うことから、回収不能資産全額を預金保険機構が負担する必要はない。つまり、継続型の破綻処理では、破綻銀行を清算させれば失われたはずの存続価値を残すことができる。これは、当該銀行のみが保有する顧客の情報を用いて顧客との善良な取引を継続することが将来の利益になることを反映した結果であり、それは帳簿上（簿価）には表れていないためである。

110

第 4 章　銀行破綻処理とプルーデンス政策

図 4-1　預金保険機構が閉鎖型の破綻処理手法を選択した場合

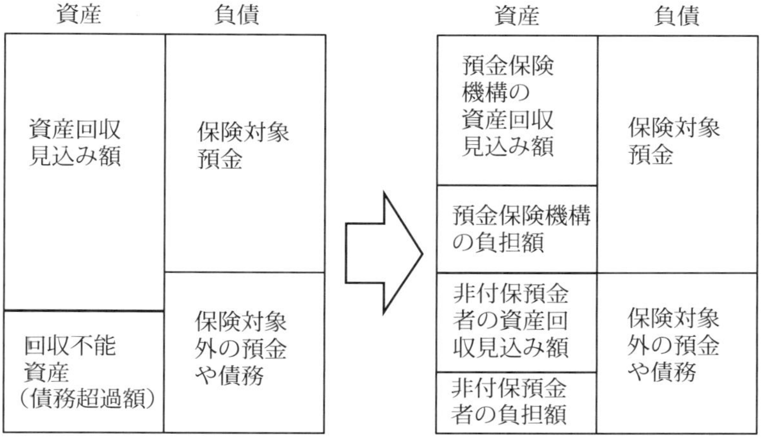

回収不能資産（債務超過額）＝預金保険機構の負担額＋非付保預金者の負担額
出所：翁（1993）46 頁を筆者が加工。

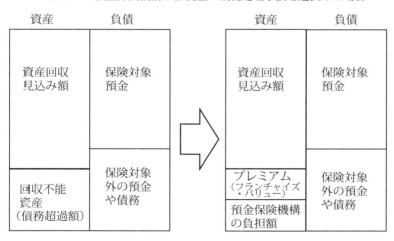

図 4-2　預金保険機構が継続型の破綻処理手法を選択した場合

出所：翁（1993）46 頁を筆者が加工。

111

したがって、このフランチャイズ・バリューによるプレミアムが図 4-1 の
非付保預金者の負担額を上回るようなケースでは、ホールバンク P&A を行っ
た方が、預金保険機構の負担が小さいことになる（図 4-1 と図 4-2 のケース）。

3.　データによる考察

　図 4-1 や図 4-2 のように、その破綻処理手法によって預金保険機構の負担
額に違いがある。それが現実にどの程度なのか、過去の破綻処理にかかった費
用のデータからみておきたい。

　表 4-1 は、アメリカにおける破綻処理費用の比較である。1985 年～ 1986
年の間に連邦預金保険公社（Federal Deposit Insurance Corporation: FDIC）が
処理した 218 の銀行の破綻処理費用のデータである。預金保険機構の負担額
は、P&A によるケースが 28.4％で、ペイオフのケースが 35.3％となっている。
つまり、アメリカのこの間の破綻処理においては、P&A での破綻処理の方が
ペイオフによる破綻処理よりも費用が低いことがわかる。

　もう少し詳しくみていこう。様々な破綻処理方法による費用の違いを比較し
たいが、わが国の預金保険機構が行ってきた破綻処理手法は、ホールバンク
P&A が中心であったため、事例を比較することが難しい。そのため、比較可
能なアメリカの FDIC 等が銀行や貯蓄貸付組合（Savings and Loan Association:

表 4-1　破綻費用比較表（総資産に対する割合）（%）

	P&A	ペイオフ
不良資産に伴う費用	32.0	35.9
金融機関の自己資本	－ 1.5	0.1
買取り銀行が支払うプレミアム	－ 2.1	—
非付保預金とその他債権者の損失	—	－ 0.7
預金保険機構の費用	28.4	35.3

出所：翁（1993）66 頁。

図 4-3 アメリカにおける銀行破綻処理費用の比較

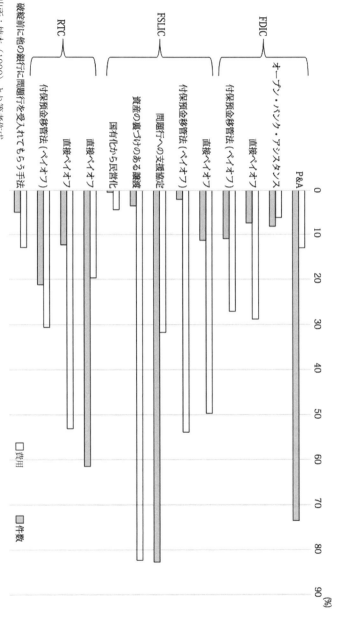

出所：楠本（1999）より筆者作成。

S&L）の破綻処理に用いたものを例にとり、その内訳から考察を行いたい[6]。

アメリカでは FDIC が銀行破綻の処理を行い、連邦貯蓄貸付保険公社（Federal Savings and Loan Insurance Corporation: FSLIC）が貯蓄貸付組合（S&L）の破綻処理を行った。さらに、整理信託公社（Resolution Trust Corporation: RTC）が破綻銀行の資産保全者（Conservator）や管財人（Receivership）としての役割を果たしてきた。これらの破綻処理件数は、1980 ～ 1994 年の 15 年間で FDIC が 1,617 行、FSLIC が 550 行、RTC が 745 行で、これらの合計が 2,912 行である。そして、それらに 9,238 億ドルの資金を用い、合計 1,977 億ドルの費用がかかった[7]。これらについて、図 4–3 のようにまとめた。

図 4–3 は、1980 年から 1994 年までのアメリカで破綻した銀行の処理方法の件数及びその費用について図示したものである。ここでの件数は全体の破綻処理件数に占める割合を示しており、費用は破綻処理費用の対資産比率を示している。破綻費用が低い場合はその数値が低い値となり、白抜きの棒グラフの長さが短くなる。これをみると、FDIC では P&A の費用が他の破綻処理方法比べて概ね低く、そのため、P&A による破綻処理の件数が多いことが読み取れる。また、総じてペイオフ（直接ペイオフや付保預金移管法）費用は、その他の破綻処理方法と比べて対資産比で高水準であり、件数が比較的少ないことがわかる。

第 3 節　わが国の銀行破綻分析

1.　わが国の破綻処理手法と先行研究

わが国ではバブル崩壊までは大蔵省の「破綻銀行ゼロ政策」の影響もあり、銀行破綻は起こらなかった。しかし、バブル崩壊による不良債権額の増加や金融自由化の影響もあり、バブル崩壊後にわが国では多くの銀行破綻を経験することになる。特に、信用金庫（信金）や信用組合（信組）の破綻が目立つ。図 4–4 は、1989 年時を 100 として、銀行（都銀および地銀）、信金、信組の預金保険加盟行数の推移を表している。これをみると、1990 年代後半か

114

第 4 章　銀行破綻処理とプルーデンス政策

ら 2000 年代はじめにかけて信金と信組の落ち込みが銀行以上に大きい。つまり、信金、信組の経営不振等により、その数が減少していったことが読み取れる。

　信金、信組の破綻処理は、P&A 方式が採用されてきた。具体的には、預金保険機構による資金援助（金銭贈与を含む）をともなった他の信金、信組との合併という方法で破綻処理が行われてきた。この金銭贈与の件数は 2004 年 3 月までに 180 件あり、その 9 割が信金、信組向けとなっている（表 3-2 参照）[8]。金銭贈与の 18 兆円あまりのうち 6 兆 3,764 億円は日本長期信用銀行（長銀）と日本債券信用銀行（日債銀）という大型案件に用いられたが、約 10 兆円という支援額を信金、信組の破綻処理に用いてきた。信金、信組は組合組織であり、都銀や地銀と比べるとその資産規模はかなり小さい。例えば、2007 年 3 月時点の貸し出し金合計は信金全体で約 60 兆円であり、信組全体で約 9 兆円である[9]。2007 年 3 月期の東京三菱 UFJ 銀行の連結の貸し出し金残高が 85 兆円弱あり、これと比較すると信金、信組がいかに小さなものであるかがわかる。そのため、信金、信組に対して合計約 10 兆円の資金援助（金銭贈与を含む）が行われたことは、その資産規模のわりに多くの費用があてられたということができよう。さらに、これらは P&A 方式で行われており、第 2 節でみたように、この破綻処理方法であれば経験的に最小費用となったと考えられるが、このように多額の金銭贈与となっている。さらに、この金額は、預金保険機構の保険料収入が 2007 年度の年間 5,000 億円程度と比較しても、決して小さなものではない。このため、この金銭贈与額に着目をして、本節で考察したい。また、フランチャイズ・バリューをデータから確認したい。

　わが国の銀行破綻（特に信金、信組）を対象とした研究はいくつかあり、それらは二つに大別できる。一つは破綻行の事例研究であり、もう一つが破綻行と健全行との差異を統計的な手法によって破綻要因を探る研究である。例えば、事例研究としては生澤博（2001）があげられ、3 の信用金庫（南京都信用金庫、京都みやこ信用金庫、西相信用金庫）の破綻についての調査を行っている。もう一つの破綻行と健全行を比較する分析では、破綻銀行を「1」、健全行を「0」とする被説明変数を用いて、これを線形もしくはロジットモデルで分析をする

115

図 4-4　預金保険加盟金融機関数の推移（1989 年＝ 100）

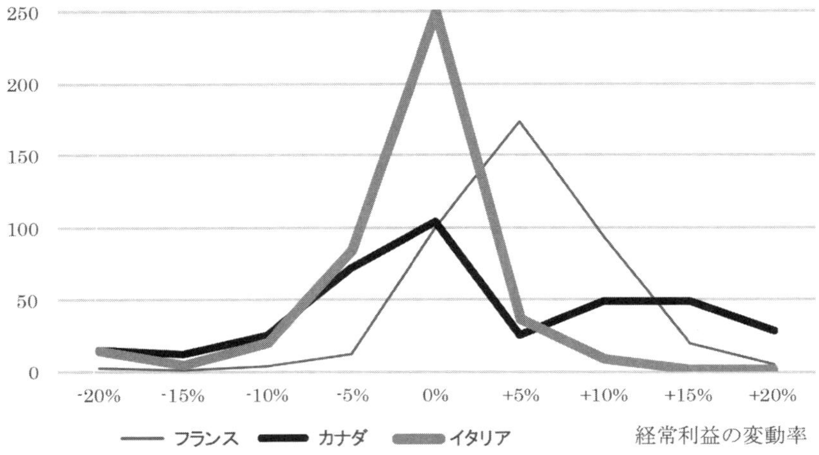

出所：預金保険機構（2016）167 頁より筆者が作成。

手法である。青木達彦ら（2003）では、ロジット分析で、不良債権比率が低い銀行や不良債権を処理する体力のある銀行が破綻しにくいことを見出している。また、堀江康熙（2001）および林幸治（2003）は、これを線形として最小二乗法で分析を行っている。堀江康熙（2001）では、自己資本比率と不良債権の間には明確な関係があり、不良債権の増加が破綻につながったことを明らかにした。また、林幸治（2003）においても破綻信用金庫と非破綻信用金庫とを比較し、不良債権が多いところは破綻の可能性が高く、逆に業務純益が高いところは破綻しにくいことを実証している。ただ、これらの先行研究では、破綻銀行に対する金銭贈与額に着目した分析ではない。本書では、この点に着目し、フランチャイズ・バリューがありうることを破綻銀行のデータを用いて分析を試みる。そして、預金保険機構が破綻処理手法として P&A 方式を選択してきたことが適切であったことを確認する。

2. 預金保険機構による金銭贈与額の要因

破綻行に対して預金保険機構による金銭贈与が行われてきたことは、先に述べたとおりである。第2節で検討したように、P&Aの際に用いられる金銭贈与額に、債務超過額からフランチャイズ・バリュー（図4-2のプレミアム部分）を引いた額である。わが国の信金、信組の破綻で閉鎖型の破綻処理は行われていないため、受け入れ行がいくらかのフランチャイズ・バリュー（プレミアム）を支払っていると考えられる。したがって、預金保険機構が負担する金銭贈与額は、債務超過額とフランチャイズ・バリューによって説明できよう。これらについて、実証分析によって明らかにする。

まず、債務超過額の要因として、①資産の劣化によるもの、②費用の増加によるもの、③その他の要因の三つにわけられよう。また、フランチャイズ・バリューとしては、①収益力、②資金調達力、③その他の要因があげられよう。これらを図示したものが図4-5である。そして、これらを式に表すと、(4.2)式のように表すことができよう。

$$FinancialAssist = f(Insolvent, Franchise) \qquad (4.2)$$

ここで *Financial Assist* は預金保険機構による金銭贈与額を指し、*Insolvent* は債務超過額を指し、*Franchise* はフランチャイズ・バリューを指す。この(4.2)式について線形であると仮定し、このモデルを最小二乗法で推計を行う。なお、このようなモデルを線形とし、最小二乗法で推計することは先行研究でもみられ、それを踏襲している[10]。

3. データ

データは、破綻した信金および信組の破綻直前期末およびそれ以前の期末の財務諸表のデータを用いて分析を行った。なお、これらのデータは『全国信用組合財務諸表』（金融図書コンサルタント社）及び『全国信用金庫財務諸表』（金融図書コンサルタント社）によっている。また、預金保険機構からの金銭贈与額は預金保険機構（2006）によっている。今回推計に用いたサンプルは不良

図 4-5　金銭贈与額の決定要因

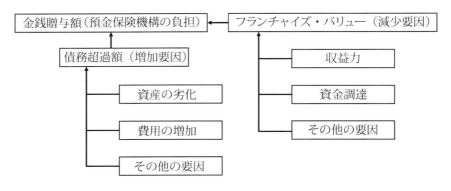

出所：筆者作成。

債権データ（一部を含む）を載せてある信金、信組で、これまで預金保険機構から金銭贈与を得ている 18 の信用金庫、55 の信用組合である。なお、サンプルは、1998 年〜 2001 年度の間に破綻したものを対象とした。具体的には、表 4-2 の信金と信組である。

（1）被説明変数

被説明変数は、預金保険機構から信金、信組に対する金銭贈与額である。ただ、その額は破綻直後の値と、事後的な値とがある。破綻処理を進めるにつれて資産査定が進み、当初の金銭贈与額から過不足を調整した後の値が事後的な値である。本分析では、この事後的な値を用いることにする。これは、破綻直後に算定された額が十分に破綻行の状況を表していないことと、破綻後すぐに計算されたものはフランチャイズ・バリューを十分に反映したものでないと考えられるためである。

（2）説明変数

説明変数は、債務超過の要因として以下のものを代理変数とした。①資産劣化の要因として不良債権額と純資産（簿価）を、②費用の増加の要因として役

第 4 章　銀行破綻処理とプルーデンス政策

表 4-2　分析対象の資金援助を受けた信用金庫と信用組合

信用金庫	信用組合		
龍ヶ崎信用金庫	六甲信用組合	長崎第一信用組合	両筑信用組合
西相信用金庫	太平信用組合	不動信用組合	都民信用組合
松沢信用金庫	大和信用組合	新潟商銀信用組合	池袋信用組合
京都みやこ信用金庫	島根商銀信用組合	常滑信用組合	信用組合関西興銀
南京都信用金庫	北海道商銀信用組合	中津川信用組合	栃木県中央信用組合
小川信用金庫	大阪東和信用組合	神奈川県青果信用組合	千葉商銀信用組合
岡山市民信用金庫	千歳信用組合	大日光信用組合	東京食品信用組合
わかば信用金庫	紀北信用組合	せいか信用組合	秋田県中央信用組合
日南信用金庫	足立綜合信用組合	網走信用組合	石川たばこ信用組合
白杵信用金庫	富山商銀信用組合	大栄信用組合	上田商工信用組合
大阪第一信用金庫	北兵庫信用組合	加賀信用組合	厚木信用組合
関西西宮信用金庫	石川商銀信用組合	東京富士信用組合	千葉県商工信用組合
中津信用金庫	道央信用組合	宮城県中央信用組合	紀南信用組合
佐賀関信用金庫	信用組合高知商銀	黒磯信用組合	大分商銀信用組合
長島信用金庫	瑞浪商工信用組合	馬頭信用組合	暁信用組合
相互信用金庫	朝銀福井信用組合	岩手信用組合	朝銀長野信用組合
船橋信用金庫	朝銀福岡信用組合	岡山県信用組合	朝銀関東信用組合
石岡信用金庫	朝銀長崎信用組合	島原信用組合	
	茨城商銀信用組合		

出所：筆者作成。

職員数の増加率に経費を乗じたものを、③その他の要因として、株式等売買損益と特別損益を用いた。また、フランチャイズ・バリューの要因として、①収益力の指標として経常利益増加率を用いたものを、②資金調達力として預金の増加率を用いたものを代理変数として使用した。また、それぞれのデータは破綻直前期末の決算データを、また増加率を算出するにあたっては、破綻直前期末決算データとその 1 期前の期末決算データを用いた[11]。加えて、金銭贈与額を事後的な数値を用いたため、破綻が決定した日から、預金保険機構から資金が提供され金銭贈与が行われるまでの日数も説明変数に入れて分析を行った。さらに，信金と信組の間に違いが考えられるため、信金を「1」、信組を「0」とする信金ダミーも加えた。これらをまとめたものが表 4-3 であり、記述統

119

表4-3　預金者による規律付けについて期待される符号条件

指標	内容（t 期は破綻直前期末）	符号条件
不良債権額	破綻先債権 + 延滞債権 +3 ヶ月以上延滞債権 + 貸出条件緩和債権	＋
純資産	簿価額（総資産－総負債）	－
有価証券売買損益	株式等売却益－株式等売却損	－
役職員数増加	役職員の増加率×経費 t-1 期	＋
特別損益	特別損失－特別利益	－
収益指標	経常損益増加率× t-1 期の経常損益	－
預金増加指標	預金増加率× t-1 期の預金額	－
破綻処理日数	破綻時から破綻処理が完了するまでの日数	＋ or －
信金ダミー	信金を「1」信組を「0」	＋ or －

出所：筆者作成。

計量は表 4-4 である。

　これらの符号条件について考察しよう（表 4-3 参照）。まず、債務超過額が増えると、それを穴埋めするために金銭贈与額が増えると考えられる。そのため、不良債権額と役職員数の増加による経費の増大は債務超過額が増えると考えられ、これらの符号条件は正（プラス）であると考えられる。一方、純資産の増加と特別損益や有価証券の売買による損益である株式等売買益は、債務超過額を減らす可能性があり、これらの符号条件は負（マイナス）であると予想できよう。また、フランチャイズ・バリューの増加は、図 4-2 で議論したように、預金保険機構からの支援額を削減する可能性がある。そのため、収益指標や預金の増加率の指標は符号条件は負（マイナス）と考えられる。

4.　分析結果

　推計結果は、表 4-5 のとおりである。不良債権額、純資産、有価証券売買損益、役職員増加、特別損益、預金増加指標、当座預金増加指標、破綻処理日数でそれぞれの係数が有意になった。しかし、収益指標である経常損益の増加率を用いたものと信金ダミーが統計的に有意ではなかった。

　このうち、不良債権額、有価証券売買損益、役職員増加、特別損益、預金増

第 4 章　銀行破綻処理とプルーデンス政策

表 4-4　各変数の記述統計量

	最大値	最小値	平均	中央値	標準偏差	尖度	歪度
不良債権額	223432.0	187.0	18615.2	7298.0	35034.5	16.5	3.7
純資産	46474.4	-86407.9	404.4	417.0	13087.9	28.2	-3.3
有価証券売買損益	517.4	0.0	29.5	0.0	81.0	18.9	4.0
役職員数増加	16.7	-1059.0	-114.8	-25.7	210.2	6.8	-2.6
特別損益	54696447.0	-825139.0	754001.0	-2.4	6358845.5	72.9	8.5
収益指標	1727253.0	-8152821.0	-187829.4	383.9	1359893.3	28.3	-5.2
預金増加指標	1076267.0	-209065.6	56544.9	1136.6	179345.7	16.7	3.7
当座預金増加指標	22282.0	-2427.2	1029.0	10.8	3509.6	21.5	4.4
破綻処理日数	953.0	100.0	298.4	241.0	170.5	4.0	1.8

出所：筆者作成。

加指標、当座預金増加指標の符号条件が一致した。すなわち、不良債権額が大きいところや役職員数が多く経費がかかっている破綻行は、債務超過額を増加させ、預金保険機構による支援額を増加させる可能性がある。また、逆に株式等有価証券による売買益があるところや、特別損益が正値の破綻行は、債務超過額を減少させ、預金保険機構による支援額を減少させたことが、この推計結果からいうことができよう。加えて、預金や当座預金を用いた指標もマイナスで有意となっており、預金が増加するケースでは金銭贈与額を減少させたという結果となり、フランチャイズ・バリューを評価したことがあらわれていると考えられる。また、破綻日数がプラスで有意となっており、破綻処理にかかる日数が多ければ多いほど、金銭贈与額を増やす可能性があることを示している。

　一方で、符号条件と異なる結果となったのが純資産である。これがプラスで有意な値となっており、自己資本が大きいほど預金保険機構による支援額が増えるという結果となった。これは BIS 自己資本比率が低いほど破綻しやすいというわが国の信金、信組を対象とした先行研究とは逆の結果となった。これには以下の二つのことがいえるかもしれない。

　一つは、ジョセフ・スティグリッツら（Joseph Stiglitz et al. 2003）で理論立てられていたことを実証したといえる。すなわち、純資産（自己資本）が増

121

表 4-5　推計結果

	（1）	（2）	（3）	（4）
定数項	-74729.90	-68607.10	-52067.90	-58127.00
	（53722.9）	（58402.2）	（51054.9）	（54036.7）
不良債権額	0.04 ***	0.05 **	0.10 ***	0.08 ***
	（0.02）	（0.02）	（0.02）	（0.02）
純資産	17.76 ***	17.67 ***	11.55 ***	11.83 ***
	（2.30）	（2.35）	（1.99）	（1.99）
有価証券売買損益	0.15	0.14	-0.78 ***	-0.84 ***
	（0.25）	（0.26）	（0.28）	（0.28）
役職員数増加	2066.72 ***	2066.37 ***	1760.09 ***	1749.59 ***
	（192.63）	（195.83）	（164.17）	（162.70）
特別損益	-0.02 ***	-0.02 ***	-0.03 ***	-0.04 ***
	（0.01）	（0.01）	（0.01）	（0.01）
収益指標		0.01		-0.04
		（0.03）		（0.03）
預金増加指標	-3.03 ***	-2.98 ***		
	（0.32）	（0.38）		
当座預金増加指標			-215.53 ***	-219.52 ***
			（21.20）	（24.56）
破綻処理日数	348.76 **	339.50 **	313.81 **	327.91 **
	（151.94）	（156.93）	（144.44）	（145.90）
信金ダミー		-20795.50		-28956.30
		（84269.7）		（73873.3）
F 検定	24.68	18.66	32.86	25.24
自由度調整済決定係数	0.697	0.688	0.728	0.730

注：有意水準 *** は 1%以内、** は 5%以内、* は 10%以内である。
　　（　）内は、標準偏差の一致推定量である。
出所：筆者作成。

えるほど貸し出しを増加させることができるが、その場合、資本が小さかったときよりもリスクが高いポートフォリオ（貸し手のデフォルトリスクが高まる）になってしまうとの指摘である。このことが本分析のような結果となった理由として考えられよう。したがって、健全な銀行経営かどうかを判断する際に、自己資本の厚みを注視するのではなく、運用面（特に不良債権）について精査していくことが銀行監督当局に求められることであろう。

　もう一つ、この結果から、簿価上の自己資本がバッファーとしての役割を十分果たしていない可能性があることがあげられる。これは、簿記がゴーイング・コンサーンを前提として作成され、清算時の価格というものを示しているものではないことに起因していると考えられる。

　利益に関する指標は有意ではなかった。これは、林幸治（2003）の研究でも総資産利鞘の指標が有意に出ていないことと同様の結果である。また、信金ダミーも有意ではなかった。これは、信金、信組は共に会員組織の組合で、会員相互の利益を目的としており、その差に大きな違いがないからであると考えられる。

5.　預金保険機構のあり方

　これらの結果から、預金保険機構が支援額を最小化するような対策を考えたい。まず、銀行が破綻する前に行えることとして、一つ目は、当然のことではあるが、各行の資産の健全化を図ることである。具体的には、不良債権額を減少させることが、預金保険機構の破綻処理に係る費用を減らすことになるであろう。二つ目に、バッファーとしての簿記上の自己資本を期待できない。つまり、厚い自己資本があるから預金保険機構の負担が少ないという見方はできない。したがって、BIS自己資本比率のような資産の状況も加味したような指標を参考とすべきであろう。これらは、銀行監督当局との連携が必要な分野でもある。

　銀行破綻後に預金保険機構が行える破綻処理における支援額を減らす一つの方法は、破綻処理業務の迅速化である。すなわち、破綻金融機関を他の健全な

金融機関に事業譲渡等を行う場合は、できるだけ早く事業譲渡の手続きが進むように努力すべきである。破綻しそうな銀行がある場合、それを事前にリストアップしておき、破綻した際には、どの銀行と合併させるかといった協議が常に行われていることが、その迅速化につながると考えられる。現にアメリカの預金保険機構である FDIC では、破綻しそうな銀行のリストが理事会で読み上げられ、銀行破綻に備えるよう日常から準備を行っていると考えられる。わが国でも、不断の預金保険加盟銀行のモニタリングを行い、万一銀行破綻が起こった際には迅速な破綻処理（P&A）が行えるように準備しておく必要があろう。

第 4 節　プルーデンス政策と預金保険制度

1.　事前的規制と事後的政策手段

　預金保険制度は、銀行業におけるセーフティネットであり、金融論の中では、プルーデンス政策（信用秩序維持政策）の中で取り扱われる。このプルーデンス政策には、銀行破綻を防ぐ目的で行われる事前的規制と、銀行破綻が起こった際のセーフティネットとしての事後的政策手段の二つがある[12]。

　本節の目的は、このプルーデンス政策について概観し、事後的政策手段としてのセーフティネットである預金保険制度の位置づけを、制度的な側面から考察を行うことである。そして、銀行破綻時の金融セーフティネット間の連携について考察する。具体的には、以下の三点について考察する。第一に事前的規制と事後的政策手段（セーフティネット）について概観する。第二に中央銀行による最後の貸し手について、バジョット・ルールから考える。そして、そのうえで、銀行破綻時の対応について預金保険制度とそれとの連携について考察する。第三は、公的資金と預金保険制度との連携について考える。

　このような金融セーフティネット間の連携等については、いくつかの先行研究がある。まず、中央銀行による最後の貸し手と預金保険制度の存在によって、どのように均衡が変化するのかを考察したモデルである。例えば、チャールズ・M・カーンら（Charles M. Kahn et al. 2005）は、金融セーフティネットの存

第 4 章　銀行破綻処理とプルーデンス政策

在によって、銀行破綻の先送り政策がとられる可能性があることを示した。ラ
ファエル・レプロー（Rafael Repullo 2000）は以下のように述べている。す
なわち、経営難に陥っている銀行を中央銀行が支援しないのであれば、中央銀
行に損失は生じないが、預金保険機構は（預金者への補償という形で）損失を
蒙る。一方で、中央銀行がその銀行を支援する場合、中央銀行の期待損失はそ
の貸し出しの大きさに応じて大きくなるが、預金保険機構は（その貸し出しが
付保預金の返済に充てられるため）損失が減る。これらから、中央銀行は小さ
な銀行に対しては柔軟な対応をするが、大きな銀行に対しては頑な対応をする
し、預金保険機構は常に頑な対応をすると結論づけている。さらに、どちらに
も頑な対応をとらせるような大きな銀行が破綻したら、預金保険機構及び中央
銀行に対して損失の割り当てを行うのが適当であろうと述べている。また、ス
ティーヴン・D・ウイリアムソン（Stephen D. Williamson 1998）は、中央銀
行による最後の貸し手は資産をより流動的にするが、それが預金者の厚生を高
めるかどうかは不明確であるとの結論に至っている。

　これまでの研究は預金保険制度をナロー型とブロード型とに区別することな
く、どちらかというとナロー型の制度を想定していた。そこで、本節では、ブ
ロード型の預金保険制度についても考慮に入れたうえで、銀行破綻時のセーフ
ティネットの役割について考察を行う。金融セーフティネットとしての預金保
険制度は、比較的新しい制度であり、従来から金融セーフティネットとして存
在する中央銀行による最後の貸し手との間の連携については、十分な検討がさ
れてない。さらに、銀行監督と預金保険制度との関係について考えておく必要
がある。そのため、本節でこれらに焦点をあてて検討を行いたい。

2.　プルーデンス政策とは

　プルーデンス政策は信用秩序維持政策といわれ、金融システムの安定化のた
めに行われる政策の総称を指す。預金保険制度は、このプルーデンス政策の一
部を担っている。銀行は決済システムを担っており、これが混乱をきたすと経
済全体が麻痺する可能性があり、そのため二つの方策がとられている。その一

つが、銀行破綻が起こらないよう事前に規制（事前的規制）をすることであり、もう一つは銀行破綻が起こっても混乱が起きないように金融セーフティネット（事後的政策手段）が用意されている。これらをまとめてプルーデンス政策という。

　この事前的規制として主に三つあげることができよう。一つ目は競争制限的規制であり、二つ目にバランスシート規制であり、三つ目に銀行監督当局によるモニタリングとガイダンスがあげられる。また、事後的政策手段（金融セーフティネット）としても三つあげられる。第一に、預金保険制度であり、第二に中央銀行による最後の貸し手であり、第三に、政府による公的資金を利用した金融システム安定化のための施策があげられる。これらについて以下で詳しくみていく。

3.　事前的規制

（1）　競争制限的規制

　銀行業全体が崩壊しないように予防する手段の一つが競争制限的規制である。つまり、個々の銀行が破綻しないように銀行間の競争を制限することにより、銀行を保護し、銀行業の収益を確保することである。競争制限的規制の中身は以下の三つをあげることができる。すなわち、①預金金利に上限を設けたり、②店舗を自由に開くことができず、許可制にしたり、③銀行業と証券業を分離するなどの規制である。戦後のわが国では、このような規制がとられてきた。しかし、グローバル化と金融規制緩和により、このような規制は基本的に撤廃されている。

　現在は、参入、退出に関する規制が、競争制限的規制としてあげられる。すなわち、銀行の開業には免許が必要であり、また廃業も当局の許可が必要である。健全性が低い銀行が金融システム内に参入することによって金融システムが不安定化しかねない。そのため、このような参入規制は金融システムを安定的に運営するためには不可欠なものであろう。

第 4 章　銀行破綻処理とプルーデンス政策

（２）　バランスシート規制

　バランスシート規制とは、銀行経営の健全化を担保するために、銀行のバランスシート（貸借対照表）に一定の制限や基準を設定するものである。具体的には、①銀行の株式保有に関する制限、②大口融資規制、③ BIS 自己資本比率規制があげられる。

　まず、①の銀行の株式保有に関する規制は、銀行の取引企業の株式保有を制限するものである。例えば、わが国の場合、一般の会社の株式を議決権ベースで 5％以上保有することが基本的にできない（銀行法第 16 条）。これは、銀行が大株主になると、大株主の社会的責任として、倒産しそうな企業やすでに破綻している企業に資金を供給するなどの救済策を銀行が行いかねず、そのような行動は銀行の健全性を損なう可能性があるためである。

　②の大口融資規制は、同一の貸し出し先に対する融資額を自己資本の一定比率以下にしなければならない規制である。特定の貸し出し先に過度な貸し付けを行っていると、その貸し出し先が破綻などによってそれが焦げついた場合、銀行自身の健全性に大きな影響を与える。そのため、そのようなリスクを分散させておくために貸し出し先が集中しないよう、大口の融資に規制を行う。わが国の場合、銀行法施行令等により、信用供与等の限度は自己資本の額に対する割合で 20％までとなっている。

　③は、国際決済銀行（Bank for International Settlements: BIS）が定めるもので、リスク資産に対して一定以上の自己資本を保有することを義務づけるものである。これは、一定の方法で計算された自己資本（分子）を様々なリスクを勘案したうえでの資産（分母）で割った値が、基準値を上回るように銀行経営を行うよう求めるものである。これにより、バランスシート全体のリスクを自己資本に見合った一定の範囲に抑えようとするものである。1988 年に合意され、現在は「バーゼルⅢ」という基準が用いられている。

（３）　銀行監督

　銀行監督は、銀行に対して以下の五つのことを行う。すなわち、①適切な資

127

本を保有しているか、②借り手のデフォルトリスクに見合った金利を借り手に課しているのか、さらに、その中でデフォルトが起こっても利益が確保されているのか、③集中的な貸し出しが行われず、貸し出し先が分散されており、さらにそれらを適切に評価しているのか、④しっかりとしたマネジメントがなされ、内部統制がとられているのか、⑤犯罪行為を抑制しているのかである。

監督には、監督当局が銀行に実際に立ち入って調査を行う立ち入り検査（オンサイト検査：On-Site Examination）と、現場に監督官が出向くのではなく銀行からの報告や銀行への質問を通じた検査（オフサイト・モニタリング：Off-Site Monitoring）がある [13]。

オンサイト検査には三つの目的がある。一つは銀行による報告の検査である。もし、報告漏れがみつかれば、直ちに検査対象を広げる。二つ目に、隠されている虚偽の実態を見出すことである。三つ目に、法令を破っていないかどうかを見極めるためである [14]。このような銀行監督は、銀行規制に従っていることを保証し、銀行の健全性を担保とするために行われる。

4. 事後的規制（金融セーフティネット）

事前的規制によってできるだけ銀行破綻やその連鎖が起きないように、金融システムが運営されるべきであるが、それでも第1章で述べたように銀行破綻の可能性を無くすことはできない。そのため、仮に銀行破綻が起こっても、金融システムが不安定化しないようにセーフティーネット（事後的政策手段）が用意されている。具体的には、①預金保険制度、②中央銀行による最後の貸し手、③政府による公的資金を用いた施策である。このうち②と③を以下でみていく。

（1） 中央銀行による最後の貸し手

中央銀行による最後の貸し手とは、必要最小限の資金を中央銀行が一時的に供給することをいう [15]。つまり、個別行もしくは金融システム全体に中央銀行が資金を供給することを指す。具体的には、中央銀行に通貨の独占発行権があり、各銀行は中央銀行に口座を持っていることを利用し、中央銀行内の各銀行

128

第 4 章　銀行破綻処理とプルーデンス政策

の預金口座に中央銀行が預金を供給し、必要であれば、各銀行が中央銀行から預金を引き出し現金化する。

　日常の決済における資金の過不足は、民間銀行間で調整するコール市場で行われ、このような中央銀行による資金の供給は必要ない。しかし、何らかの要因でそのような資金のやりとりがコール市場では十分になされない状況が生じると、決済の不履行が起こり、第 1 章でみたようなシステミック・リスクが顕在化する可能性がある。それを回避するために、中央銀行は資金を供給する。すなわち、中央銀行は最後の貸し手としての機能を発揮する。例えば、1995年に銀行取り付けが起こった木津信用組合に対して、全国信用協同組合連合会を通じて預金の払い戻しにあたる資金（現金）を中央銀行である日本銀行が供給した。

　日本銀行による最後の貸し手（日銀特融）は、新日本銀行法第 38 条に信用秩序の維持に資するための業務として、「内閣総理大臣及び財務大臣は（中略）信用秩序の維持に重大な支障が生じるおそれがあると認めるとき、その他の信用秩序の維持のため特に必要があると認めるときは、日本銀行に対して、当該協議に係る金融機関への資金の貸付けその他の信用秩序の維持のために必要と認められる業務を行うことを要請することができる。日本銀行は、前項の規定による内閣総理大臣及び財務大臣の要請があったときは（中略）当該要請に応じて特別の条件による資金の貸付けその他の信用秩序の維持のために必要と認められる業務を行うことができる。」と規定されている。

　日銀特融の原則は、次の四つの原則に基づいて、その可否を判断する。いわゆる日銀特融四原則がある。すなわち、①システミック・リスクが顕在化する惧れがあり、②日本銀行の資金供与が必要不可欠な状況であり、③モラルハザード防止の観点から関係者の責任の明確化が図られるなどの対応が講じられたうえに、④日本銀行自身の財務の健全性維持への配慮の必要性（つまり、貸した資金が返済される必要性）である。

　これまで日本銀行が実施してきた特融等については、預金保険機構による資金援助等を通じて、その大半が全額回収されている。しかし、1997 年に山一

129

證券に対して行われた旧日本銀行法 25 条による貸し出し（日銀特融）によって、約 3,300 億円の貸し出しを行ったが、そのうち 1,111 億円については回収できず、日本銀行の損失が確定している [16,17]。この山一證券のように、一部のケースについて最終的に日本銀行が損失を被らざるを得なかった事例がある。これは、現在のようにはセーフティネットが十分整備されていない中で、金融システム全体の著しい混乱を避けるために臨時異例の措置として行ったと日本銀行は主張している。今後は、こうした事例を踏まえ、特融等を実施する必要があると判断した場合には、最終的に損失の補てんに充てられる可能性のある出資等の資本性の資金の供与ではなく、貸し付けによる一時的な流動性の供給を基本とするべきであるとの見解を日本銀行は発表し、これが上記の日銀特融四原則となっている [18]。

（２）　バジョットルールとその運用

　バジョット・ルール（Bagehot Rule）とは、ウォールター・バジョット（Walter Bagehot 1873）で述べられている中央銀行による最後の貸し手に関する記述である。そして、これが中央銀行による最後の貸し手を行うための原則とされており、以下の四点にまとめられる。

①中央銀行は最後の貸し手としての責任を持ち、その履行を公表し、公衆の信認を得るよう努力する。

②中央銀行のハイパワードマネーの供給は、市場金利よりも高いペナルティーレートで貸し出しを行うべきである。

③中央銀行による最後の貸し手を受けるものは、債務超過であってはならない。ただし、その借り手は銀行に限らない。

④その供給は、どのような優良債権を担保としてもかまわず、中央銀行はそれを通常の価格（危機時は、市場価格は低下している可能性があるため）で評価し、貸し出しを行うこと。

この理由について、バジョットは、以下のように述べている。

第 4 章　銀行破綻処理とプルーデンス政策

　貸し付けの目的は不安の抑制であるため、不安を生じさせるようなことは
すべきではない。しかし、優良な担保を提供できる人への貸し付けを拒否す
れば、不安が発生する。不安が蔓延する時期には、この拒否の知らせは金融
市場全体にあっという間に広まる。このニュースは、発信者ははっきりし
なくても、ものの 30 分で四方八方へ広まり、いたるところで不安が強まる。
イングランド銀行が最終的に損失をこうむるような貸し付けをする必要
はまったくない[19]。

　ペナルティー金利をつけることは、中央銀行からの供給を必要としていない
人からの請求を阻止するためである。また、パニックを抑えるために、いかな
る請求に対しても応じるようバジョットは提起している。これはシステミック・
リスクが顕在化しないよう銀行のみならず、他の金融機関に対しても、中央銀
行が最後の貸し手として資金供給を行うよう主張している。ただ、破綻行（債
務超過の銀行）の救済となるような貸し出しとならないよう、中央銀行による
最後の貸してを用いた資金供給は資産超過の銀行に限って行うよう述べている。
　しかし、現実に中央銀行による最後の貸し手を求めてくる銀行が債務超過で
ないかを判断することはできない。ただ、担保の評価はこれまでの経験から短
時日に的確に行うことが可能であると考えられる。したがって、ソルベントか
否かの判断基準として優良担保原則をバジョットは主張したものと考えられる[20]。
流動性危機に陥った金融機関が債務超過であるかどうかを即座に判断すること
は現実問題として難しいが、この担保基準を適用することにより、金融危機防
止に最も大切であるスピーディな資金供与が可能となろう。そして、政府証券
市場が十分に発達している現在では公開市場操作によってその目的を十分に
達せられる。そのため、現在のような証券市場の状況と、バジョット・ルール
からは、個別行への資金供給を中央銀行が行う必要はないともいえる。しかし、
これは金融市場がいかなる場合も正確に優良証券を評価しているケースに限ら
れ、パニックに陥っているケースなどを想定すると、必ずしもそうとはいえな
いであろう。

131

ただ、中央銀行による最後の貸し手は、基本的に、バジョット・ルールに従って行われるべきである。これはモラルハザードを防ぐためにも必要である。つまり、システミック・リスクを懸念する中央銀行がバジョット・ルールによらずに資金供給を行うことは、銀行自身が資金の過不足について無関心になってしまう可能性がある。したがって、中央銀行は仮にバジョット・ルールに従わない資金供給をする用意（意図）があるとしても、最後の貸し手は例外的なケースを除いて優良債権と引き換えに行うことを表明する、いわゆる「建設的曖昧さ（Constructive Ambiguity）」が必要である。

（3）　最後の貸し手による中央銀行への影響
　ここでは、中央銀行による最後の貸し手が行われた際の、中央銀行への影響について考察する。特に中央銀行の財務健全性について考察する。
　中央銀行の財務健全性を維持する必要性は以下の二点である。すなわち、①通貨価値安定のために、中央銀行券の信認を確固たるものとする。②中央銀行による金融政策の信認を維持し、金融政策の有効性を保持する。そのため、中央銀行の資産劣化による正味資産の減少は、将来の中央銀行の金融政策に対する市場の信頼性を低下させ、通貨価値の安定を目的とする金融政策の有効性を損なう可能性があり、望ましくないといえよう[22]。
　この観点からは、流動性供給以外の目的で、つまり銀行支援、破綻銀行処理として中央銀行による最後の貸し手を用いることは、中央銀行の資産劣化を招きかねず、不適切であり、行われるべきではない。また、担保を取らない流動性の供給も、リスクを中央銀行が背負うことになる。これらは、まさしくバジョット・ルールの適用の必要性を示している[23]。

（4）　公的支援による銀行破綻処理
　政府の目的は、金融システムの安定化を図ることであると考えられる。その機能は、①個別銀行への支援、②中央銀行への支援、③預金保険機構への支援の三点が考えられる。

第 4 章　銀行破綻処理とプルーデンス政策

　一つ目の個別金融機関への支援は、破綻銀行に対して、貸し出しや資本注入
を行うことをさしている。さらに、金融システムが不安定化する懸念があるケー
スにおいては、健全な銀行に対しても、そのような支援を行うことがあろう。
二つ目の中央銀行への支援は、中央銀行が金融システムの安定化を保つために
行う様々な支援に対して、政府が保証を行うことである。三つ目の預金保険機
構への支援は、預金保険機構が行う銀行支援に対する資金調達について、政府
が保証を行うことにより、その資金調達費用を引き下げ、預金保険基金以上の
資金調達を可能にし、これらによって金融システムの安定化を図ることを可能
とするものである。

　これらから、最終的な経済への影響を最小限に抑えるためのプルーデンス政
策を政府が担うことになる。また、そこで損失が生じた場合は、最終的には国
民負担となる。

5.　預金保険制度との連携

　ここでは、これまでみてきた事前的規制や事後的政策手段と、預金保険制度
との制度的な枠組み、役割分担、連携などについて考察を行い、プルーデンス
政策における預金保険制度の位置付けを確認する。

（１）　銀行監督と預金保険制度

　銀行監督の問題点はいくつもあるが、預金保険制度と銀行監督との間の問題
に絞って検討を行いたい[24]。具体的には、銀行の監督、検査を誰が行うべきな
のか、その情報をどのように共有するのかについて検討する。あわせて、銀行
閉鎖を誰が決め、誰が実行し、その費用を誰が負担するのかについても考察を
行う。ナロー型とブロード型では、銀行監督当局との間の関係が異なることを
明らかにすることに、ここでの特徴がある。

（ｉ）ナロー型の預金保険制度のケース

　第 1 章で述べたように、ナロー型の預金保険制度は弱者としての預金者保
護を目的としている。そのため、ナロー型の預金保険制度の国では、銀行の破

133

綻は預金保険機構ではない銀行監督当局が決定する。したがって、預金保険機構がその決定に関わることはない。そして、銀行監督当局によって、当該銀行の破綻処理手法の選択、すなわち閉鎖型の破綻処理（ペイオフ）で行われるのか、継続型破綻処理の破綻処理かが決められる。

　ペイオフが行われるのであれば、当該銀行の預金を名寄せし、預金の払い戻しを行うために必要な情報が銀行監督当局から預金保険機構にもたらされるであろう。具体的には、破綻銀行の預金者の名前、住所、預金量について、情報を得なければならない。これらの情報は、銀行破綻が起こってから破綻銀行や銀行監督当局から預金保険機構に手渡されるものであろう。また、継続型の破綻処理が行われる場合も、預金保険機構が負担すべき費用について、監督当局が預金保険機構に説明をするであろう。そして、そのことが法令で謳われているべきであろう。しかし、これ以上の機能を有していない預金保険機構には、銀行監督当局との間でこれ以上の情報のやりとりを行う必要はなく、両者の間で意向や方針が異なるような問題は起こらないであろう。また、これらの費用は預金保険機構が負担することになる。

（ⅱ）ブロード型の預金保険制度のケース

　ブロード型は金融システム安定をその責務としており、預金保険機構も銀行の状況を常に知っておく必要がある。つまり、必要なときに適切な措置を行うためには、銀行についてのタイムリーな情報を預金保険機構が有している必要がある。これは、オープン・バンク・アシスタンスといった銀行を破綻させない措置によって、金融システムの安定を図るケースがあるからである。そのためにも、預金保険機構は、銀行が出しているレポート、市場からの情報、および銀行監督当局からの情報が必要である。また、銀行検査によって不良債権が顕在化するなど、追加的な損失処理に迫られる銀行については、その損失処理に耐えうる状況なのか、それにより破綻し、それが金融システム全体に影響が出ないのかといった情報も、預金保険機構がその目的を果たすためにも必要である。

　このように、金融システム安定のためには銀行の経営業況などの各銀行の健全性について多くの情報が必要であり、預金保険機構は銀行監督当局から銀行

第 4 章 銀行破綻処理とプルーデンス政策

検査の情報を得ておくべきであろう。また、預金保険機構がどのような情報を銀行監督当局から受け取れるのかを法規で定めておくことが、迅速な情報のやり取りを行ううえで必要な準備となろう[25]。

銀行破綻を決めるのは、銀行監督当局である。そして、預金保険機構がその費用を負い、その破綻処理の中心的な役割を果たすことになる。ただ、その費用負担は、第 2 節で議論した費用原則に従って行われるよう銀行監督当局と預金保険機構との間で明示的に規定しておくべきである。

さらに、預金保険機構が銀行監督権をもつかどうかも考えておく必要がある。これは、その預金保険機構が置かれている状況や、そのスタッフの数や質によっては可能であろう。例えば、アメリカの FDIC は一部の銀行に対して銀行監督を行っている。一方、わが国の預金保険機構には銀行監督権がない。わが国の場合、役職員数は FDIC の 10 分の 1 程度でしかなく、銀行監督権をもってしても十分な監督、検査を行うことはできない。そのため、わが国の場合、銀行監督当局である金融庁との連携が必要である。

（2） 破綻処理におけるセーフティネット間の連携
（ i ）ペイオフによる破綻処理を行うケース

まず、銀行破綻が起こった際、ペイオフによって破綻処理を行うケースを考えよう。ペイオフは、破綻銀行（もしくは預金保険機構が依頼する機関）が預金者に対して預金の払い戻しを行う。その際の資金は、預金保険機構から投入される。この場合、預金保険機構は保険料によって積み立てられた基金を現金化することによって、そのための資金を確保しようとする。つまり、預金保険機構は運用資産を市場で売却し、現金を得ようとする。もし、市場での売却がスムーズに行われない場合、即座の支払いが行えない可能性がある。

一方、中央銀行による最後の貸し手によって流動性の供給は可能であろう。破綻銀行には預金者が預金の払い戻しを求めて列をなすことが考えられるので、即座の流動性が必要である。そのためにも、中央銀行のによる最後の貸し手を用いた流動性の供給が破綻銀行には必要であろう。ただ、これはバジョット・

135

ルールにて基づいて行われるべきである。

　そこで、即座の流動性を確保したい預金保険機構と流動性は供給できるが、その供給によって損失を蒙りたくない中央銀行の思惑が一致すると考えられる。すなわち、預金保険機構が流動性供給を中央銀行に求め、預金保険機構がその基金でその流動性供給について保証を行うことが可能であろう。これにより、破綻銀行に即座の流動性が確保できる。ただ、このような預金保険機構による中央銀行の流動性供給に対する保証は、無制限には行えない。保険金によって積み立てられた基金がその限度となるであろうし、ペイオフ・コストが上限として考えられる。また、その基金を超える中央銀行による最後の貸し手による破綻銀行への流動性供給に対して政府による保証も考えられる。

（ⅱ）継続型の破綻処理を行うケース

　破綻処理が閉鎖型破綻処理でも継続型破綻処理でも、預金保険機構にその破綻処理費用の負担を求めることができる。民間銀行から集められた預金保険料によって破綻処理費用を負担することになり、破綻費用を他の民間銀行が負担する結果となる。これは、税金投入による国民負担を避けることができるという観点からも望ましい。

　破綻処理の迅速化は預金保険機構の費用増加を防ぐ。破綻銀行には二つの点で資金が必要である。すなわち、①破綻銀行からは預金の引き出しが起こり、それに対する支払いのための現金（資金）であり、②受け入れ行に対する資金援助（金銭贈与）のための資金である。したがって、継続型の破綻処理でもペイオフの際と同様、預金保険機構が即座の流動性供給を中央銀行による最後の貸し手に求め、それを保証するというかたちで、すみやかな破綻処理が行えるよう規定しておくことを提案したい。

　しかし、その預金保険機構による保証の付与は無制限に行うことはできないであろう。なぜなら、預金保険機構の保証できる限度額は、預金保険料によって積み立てられた基金が限度額となるからである。仮に、将来の預金保険料をその保証にあてることが可能であるとしても、それには限度がある。100年後の保険料からの保証はできないからである。そのため、大きなシステミック・

第 4 章　銀行破綻処理とプルーデンス政策

リスクが起こりそうなケースにおいて、破綻銀行への支援がその基金では不足することもあるであろう。このようなケースでは政府の役割が必要となる。つまり、政府による預金保険機構への保証機能を用いることができよう。具体的には、預金保険機構の行う破綻処理業務に対する政府が保証を行うことである。

　この政府による保証で留意する必要があるのは、結果的に政府の損失額が同じであっても、預金保険機構による破綻行に対する支援に政府保証がなされるべきであり、政府によって個別行に直接支援がなされるべきではない。破綻銀行の解決は銀行業界内で行われるべきであり、そのために銀行から預金保険料が集められ、積み立てられている。したがって、破綻処理においては、その基金が先に使われるべきであり、そのために預金保険機構が破綻処理にあたるべきである。2000 年代初頭に債務超過状態であったわが国の預金保険機構は、資金調達が困難な状況であったと考えられる。このため、預金保険機構が発行した債券のほとんどに政府保証が付されていたことは、この観点からいっても適切であったといえる[26]。

　むすび

　本章では、銀行破綻処理に関する考察を行った。銀行破綻処理については、いくつかの手法があることを述べてきた。すなわち、① P&A、②先送り政策、③オープン・バンク・アシスタンス、④ブリッジ・バンク、⑤グループ内保証、⑥ペイオフである。その中で、P&A による破綻処理がその他の破綻処理方法よりもその費用が低いため、銀行破綻処理においてはこの手法がとられる傾向にあることを明らかにした。また、ペイオフによる破綻処理はその費用が高いことを、過去のデータから明らかにした。さらに、破綻処理手法の選択にあたっては、最小費用原則を用いるべきであろう。

　わが国では、バブル崩壊以降、多くの信金、信組が破綻した。そして、その破綻処理は比較的費用の低い P&A で行われたにもかかわらず、資産規模に対して多額の金銭贈与を含む資金援助を行ってきた。その経緯を踏まえ、どのよ

うな要因が金銭贈与をふくらましたのかとフランチャイズ・バリューが存在するかを破綻行のデータから確認するという視点に立って本章で分析を行った。つまり、破綻した信金、信組に対する支援としての金銭贈与額は、債務超過額とその銀行のフライチャイズ・バリューによって説明がつけられよう。具体的には、債務超過額は①費用要因、②資産の劣化、③外的な要因による損失の拡大、フランチャイズ・バリューは④収益力および⑤預金者からの信認から説明がつけられよう。これらについて、実証分析を行った。その結果から、①〜⑤のことを概ね確認することができた。一方、自己資本（簿価）がバッファーとしての役割を果たしておらず、自己資本（簿価）が厚いほどリスクの高い運用を行っている可能性を指摘した。また、破綻処理に時間をかけるほど、その費用が上昇する可能性が指摘できた。よって、わが国の預金保険機構に対して、破綻処理のさらなる迅速な対応を求めるよう提案することができよう。

　さらに、本章ではプルーデンス政策について考察してきた。まず、プルーデンス政策のうち、事前的規制として競争制限的規制、銀行監督、BIS 自己資本比率規制があげられ、これらについて述べてきた。また、事後的政策手段として中央銀行による最後の貸し手、預金保険制度、政府による公的支援があげられ、これらについて考察した。

　預金保険制度を運営する預金保険機構は、銀行監督当局との情報の提供のあり方については、事前に取り決めがなされておくべきであり、特にわが国のようなブロード型の預金保険制度の場合はその取り決めが広範になされるべきである。一方、事後的な措置として、中央銀行による最後の貸し手に対して、預金保険機構によるそれらへの保証を提案した。これを行うことにより、即座の流動性を供給することのできない預金保険機構が、中央銀行による最後の貸し手を用いることによって、即座の流動性供給を可能にする。さらに、こうすることにより、中央銀行の財務諸表が傷つくという中央銀行が嫌う結果を排除することができる。本章で述べたように、破綻費用は本来銀行業内で負担すべきものであり、銀行から納められた預金保険料がその費用として用いられるべきであるからである。加えて、破綻銀行の費用負担は銀行業内で行われるという

観点からは、政府の公的支援も預金保険機構に対して行われるべきであり、個別行に対して行われるべきではないのかもしれない。

　最後に本章の課題についてふれておきたい。実証研究においては、破綻した信金、信組に限って分析を行ったが、同様に、破綻した銀行、長銀と信金、信組との違いについても、今後明確にしていく必要があるであろう。また、プルーデンス政策における考察は制度的なものに留まっている。多くの先行研究では、中央銀行や預金保険機構の行動をモデル化し、均衡を見出そうとしている。したがって、これらについてモデル化していく必要がある。これらの点は今後の研究課題である。

第5章　預金保険料

はじめに

　預金保険制度におけるモラルハザード抑制の一つの手段は、預金保険料を銀行のリスクに応じたものにすることである[1]。すなわち、銀行がリスクをとった資産運用を行うことに対してペナルティーとなる保険料を適用し、価格効果によって、そのようなモラルハザードとなる行動を抑えることを目指すものである。第1章の中で示したように、銀行のハイリスクな資産運用に対して罰則的な保険料を徴収すると、仮に預金者が高い預金金利を求めても、銀行はローリスクな資産運用を行うと考えられる。このような保険料は、すべての銀行に同じ保険料率を課す固定保険料率制度に対して、可変保険料率制度といわれ、銀行の破綻リスクを価格付けし、それを保険料に反映する。

　預金保険料に関する先行研究がいくつかある。まず、固定保険料率制度のデメリットを指摘しているものがあるポール・H・カピクら（Paul H. Kupiec et al. 1997）やジョン・H・ケレーケンら（John H. Kareken et al. 1978）の研究である。また、カルメン・マチューヅら（Carmen Matutes et al. 2000）も、固定保険料率を採用する預金保険制度は預金者を魅了するために、銀行が非常に競争的な金利を付し、リスクの高いポートフォリオをことを示した。ユーシー・チャンら（Yuk-Shee Chan et al. 1992）や安田行宏（2000）は、固定保険料率のもとでは銀行はリスクを減少させると預金保険制度からの補助が減少することになるので、銀行はリスクを増加させることを示した。また、固定保

141

険料率では、預金者のモニタリング水準を落とすことになることも述べている。これらの先行研究から明らかなのは、銀行の破綻リスクに見合った保険料を課す可変保険料率制度がモラルハザード抑制の観点から望ましいといえよう。例えば、リチャード・W・コップク（Richard W. Kopcke 2000）やジーン・ピエール・グエイエら（Jean Pierre Gueyie et al. 2003）は、可変保険料率制度がモラルハザード抑制のためには効果的であるとの結論を得ている。

　わが国の預金保険制度は、すべての預金保険制度加盟銀行で保険料率が同一である固定保険料率が採用されている[2]。しかし、第2章でみたように、わが国では銀行経営者の市場規律付けが十分に機能していない可能性があり、この原因の一つが固定保険料率によるものなのかもしれない。銀行の過剰なリスクテイクを抑えるためにも、可変保険料率制度を導入すべきであろう。

　わが国の預金保険機構内の研究や報告書においても、可変保険料率の導入については、慎重な意見もあるものの、以下のような言及がされてきている。2004年に発行された「預金保険料率研究会中間報告」の別紙3において可変保険料率について「金融機関の財務状況等に応じた保険料率の導入については、諸外国の預金保険制度においても導入の動きがみられること、また、市場規律を補うという観点から、本来望ましいものと考える。しかしながら、一般勘定の借り入れ金の早期返済が必要な状況のもとで直ちに導入した場合には、経営の悪化した金融機関に対する保険料率は相当高い水準になることが見込まれるため、その金融機関の経営に対する影響は看過できないものとなる。したがって、金融機関の財務状況等に応じた保険料率の枠組みの検討は早く進めるべきであるが、その実施については、当面、慎重に対応すべきであると考える。」としている。さらに、2012年の「今後の預金保険料率のあり方等について」において、「可変保険料率は、金融機関が預金保険に損失を与えるリスクを預金保険料率に反映させるものであり、諸外国でも導入が進み、市場規律を補うものであることなどから、具体的な検討を行っていくべきとの提案もされている。」と書かれている。これをみると、2004年に比べ、銀行経営が健全化したことを受け、可変保険料率制度の導入について前向きになってきているとい

第5章　預金保険料

えるかもしれない。

　これらを鑑み、本章の目的は二つである。第一に、先進各国が導入している可変俣険率制度を紹介し、わが国で可変保険料率の導入についての検討を試みることである。第二にわが国の銀行に可変保険料率制度を適用し、これらの制度を導入した場合の銀行への影響を考察することである。

　具体的には、すでに可変保険料率を導入している先進国の制度を、わが国の銀行の財務状況と照らし合わせ、銀行の収益にどの程度の影響があるかを検討する。また、前述の「預金保険料率研究会中間報告」で示されている「金融機関の経営に対する影響は看過できないもの」との表記があるが、本当にそうであったのか。当時（2004年3月期）の銀行の財務データを用いて、このことを検証してみたい。わが国の預金保険料やその率についての先行研究では、このような現実的な預金保険制度についての考察はない。

　本章の特徴は以下の二つにまとめることができる。第一に、わが国の可変保険料率制度について銀行の財務データを用いて具体的な検討を行ったことである。第二に、わが国の銀行に対して可変保険料率を導入した場合の影響について、経常利益の増減から考察を試みたことである。

　本章の分析の結果を先取りすると、以下のとおりである。BIS自己資本比率が低い銀行（具体的には、BIS自己資本比率が8％未満の銀行）は、健全性が低く分類される傾向にあった。また、経費を収益で割った指標が高く評価されている銀行は、健全性が高い銀行として分類される傾向にあった。さらに、現在のすべての銀行に同じ保険料率を課す固定保険料率制度から、預金保険料が銀行のリスクによって変化する可変保険料率制度に変更しても、年間の総預金保険料が今と同水準になるように制度設計するのであれば、2004年当時、可変保険料率導入によって、ほとんどの銀行でその経常利益を大きく変動させることがないことがわかった。

　本章の構成は以下のとおりである。第1節で、可変保険料率の決め方について、オプション価格理論を用いたものについて、先行研究を中心にみる。第2節で先進国の預金保険制度における預金保険料について簡単に概観する。第

143

3節では、可変保険料率を設定している先進国の中で、2004年3月時点でその算定方式を公表している三つの国（フランス、カナダ、イタリア）について、その内容を提示する。そのうえで、わが国の銀行の財務データを用いて、その制度をわが国の銀行に適用した結果を提示する。第4節では、第3節で用いた可変保険料率制度を導入することによって、経常利益に与える影響についての考察を行う。第5節では、2ヶ年にわたって同様の分析をし、銀行のリスクカテゴリーの変化をみて、本章の分析及びこれらの制度の頑健性についてみる。そして、最後にこれらをまとめる。

第1節　オプション価格理論を用いた可変保険料の検討

可変保険料率制度における保険料の計測方法として考えられたのが、ブラック・ショールズのオプション価格理論を用いたものである。このモデルはロバート・C・マートン（Robert C. Merton 1977）、アラン・J・マーカスら（Alan J. Marcus et al. 1984）、エフド・I・ロンら（Ehud I. Ronn et al. 1989）が理論モデルを構築し、実証分析を行った。また、わが国の銀行の可変保険料の理論値ついて、エフド・I・ロンら（Ehud I. Ronn et al. 1989）のモデルを用いて池尾和人（1990）や小田信之（1998）が推計している。

ロバート・C・マートン（Robert C. Merton 1977）のモデルは以下のとおりである。保険対象の銀行の負債の満期時点（T期）において、預金保険機構によるペイオフ（保険金による預金の払い戻し）にGを必要とすると（5.1）式が成り立つ。

$$G = \max（0, B - V）\tag{5.1}$$

ここでVは当該銀行の資産価格（確率変数）、Bは負債額面（固定値）である。つまり、Gは債務超過額であり、預金保険機構はそれを穴埋めする義務を負うと考える。（5.2）式は、資産価格Vを原資産とし、負債額面Bを行使価格とするヨーロピアン型のプット・オプションでのブラック・ショールズモデルを

144

用いた価格（P）の式である。この P が最適な可変保険料とするモデルである。

$$P = Be^{-rT}N(x + \sigma_v\sqrt{T}) - VN(x) \qquad (5.2)$$

ただし、

$$x \equiv \frac{\ln\dfrac{B}{V} - (r - \dfrac{1}{2}\sigma_v^2)T}{\sigma_v\sqrt{T}} \qquad (5.3)$$

なお、r は無リスク金利を表し、N（・）は標準正規分布に関する累積密度関数である。（5.2）式では、V と σv が未知数であり、これらを求めれば P が算出される。つまり、適正預金保険料を見出せるとするモデルある。

その後、アラン・J・マルクスらは、このモデルを用いて、アメリカの各銀行における預金保険の価値を推計している。エフド・I・ロンらのモデルは、銀行の資産を V'+P として、P を求めている。具体的には、V' を預金保険に未加入時の資産として、預金保険加入により銀行資産が P だけ増大すると考え、適正保険料を求めた。さらに、先送り（forbearance）のファクター（ρ）を導入したモデルで、1979 年時のアメリカの銀行についての推計を行っている。

では、このようなオプション価格理論から可変保険料を求め、それを現実の保険料として適用できるであろうか。これは難しいであろう。この点はいくつかの論文でも指摘されている。例えば、ユーシー・チャンら（Yuk-Shee Chan et al. 1992）や小田信之（1998）では、オプション価格理論のようなモデルを用いて預金保険料を算出するのであれば、何がリスクかを決めて計算する必要があり、それ以外のリスクは保険料算定のためには用いられないことを指摘している。つまり、銀行業におけるすべてのリスクを事前に明らかにしておくことは難しい。よって、このようなオプション価格理論モデルを用いた預金保険料の制度設計は難しいといえよう。さらに、植松和彦（1995）は、ある時期における預金保険価値を算出することに、銀行という主体が市場で簡単に取引されることはないことを鑑み、そのこと自身への疑義を唱えている。預金保険料率研究会中間報告において「予想損失モデルに基づいて、各金融機関ごと

に、破綻に伴う預金保険にとっての期待損失額を精緻に推計する手法も考えられるが、推計の困難性や、金融機関についての適切な変数（情報）の入手に制約がある等の問題が存在する」と述べられており、ここでもオプション価格理論を用いた保険料率の算定は実務的に難しいことが指摘されている。

　これらから、先行研究等が行ったようなオプション価格理論を用いた預金保険料を設定することは現実的ではないといえよう。しかし、すべての銀行に同じ保険料率を課すようであれば、保険料によってモラルハザードを抑制することはできない。よって、銀行経営者によるモラルハザード抑制のため、何らかの可変保険料率制度は導入すべきである。そのため、すでに先進各国で導入されている制度を参考に具体的な検討を以下で行う。

第2節　各国における可変保険料率制度

　現実の各国の制度を概観すると、預金保険制度を導入している国のうち、可変保険料率を設定している国は全体の約3分の1に上っている（デイビッド・S・ホールシャーら〔David S. Hoelsher et al. 2006〕）。これらの国々では、オプション価格理論を用いて銀行の預金保険料を求めいているのではない。具体的には、各銀行の様々な指標（例えば、自己資本比率や利益率）を用いて、銀行をいくつかのリスクカテゴリーにわけ、そのリスクカテゴリーごとに保険料率を定めている。よって、健全性が高い銀行の保険料率は低く、逆に健全性に疑いのある銀行の保険料率が高くなるようになっている。

　わが国に目をやると、現在はすべての銀行に同じ保険料率を課す固定保険料率制度を採用しているが、前述のように預金保険料率研究会において可変保険料率導入についての検討を行っている。現実的な制度として、同中間報告においては「透明性の観点から公表されている定量指標を中心に金融機関をグループ分けすることが望ましい」と述べられており、このことはすでに可変保険料率制度を導入している国々を参照したと考えられる。ただ、同時に、「定量、定性指標の組み合わせも考慮すべきであるとの意見も出された」とある。そ

146

第 5 章　預金保険料

して、2015 年の預金保険機構における預金保険料率に関する検討会において、導入に慎重な意見が出ている一方で、「検討は早めに進めるべき」との意見も出されており、預金保険機構運営委員会での審議が待たれる[3]。2004 年の預金保険料率研究会中間報告以降、その必要性は述べられている。しかし、可変保険料率制度は、わが国では 2017 年時点で導入されていない。このことを鑑みると、どのような制度にするかといった具体的な検討にはなお時間がかかりそうである。そのため、本章では先進国がすでに導入している制度をわが国の銀行に適用してみて、具体的な制度設計の議論を試みたい。

　まず、先進国の預金保険制度が課している保険料率について、概観する。2017 年時に、固定保険料率を課しているのは、日本とイギリスである。日本では、全額保護の「決済用預金」と定額保護であるそれ以外の預金との間に預金保険料率の差はあるが、すべての銀行で一律の保険料率となっている。イギリスは、その金融資産の種別によって保険料が異なる。詳細は、金融サービス補償機構（Financial Financial Services Compensation Scheme: FSCS）のホームページに記載されている。

　一方で、可変保険料率を課している先進国は、アメリカ、カナダ、フランス、イタリア、ドイツの 5 ヶ国である。可変保険料率を課している先進国のうち、銀行の評価方法について詳細に公表しているのは、アメリカ、フランス、カナダ、イタリアである。アメリカ以外の国々について、次節以降でその内容をみる[4,5]。

　ドイツの預金保険制度は複雑である。山村延郎（2003）によると、保険料の算定について、明確にされているところはない[6]。

　アメリカの 2017 年現在の預金保険料率は、表 5-1 のとおりである。最も健全性が高い銀行が評価 1、逆に破綻リスクが高い銀行が評価 5 とランク付けされる。どのようにランク分けするのかは、連邦預金保険公社（Federal Deposit Insurance Corporation: FDIC）のホームページ上に詳しく記載されている。この評価は、大手行や大手フィナンシャル・グループ以外、リスクカテゴリーをキャメルズ（CAMELS）によって分類している。なお、連邦監督当局がその考査、検査を行うキャメルズの内容は、その対象となる銀行の資本

147

表5-1　アメリカの預金保険料率（2017 年）　　（単位：%）

小規模の金融機関　（キャメルズによって決まる）			大手行 総合金融機関
評価 1 もしくは 2	評価 3	評価 4 もしくは 5	
0.03 ～ 0.16	0.06 ～ 0.3	0.16 ～ 0.3	0.03 ～ 0.3

出所：FDIC HP より筆者作成。

表5-2　アメリカの預金保険料率（2004 年 3 月現在）（単位：%）

	キャメルズ　評価 A	キャメルズ　評価 A	キャメルズ　評価 B	キャメルズ　評価 C
自己資本比率良好	0		0.03	0.17
自己資本比率十分	0.03		0.1	0.24
自己資本率不十分	0.1		0.24	0.27

出所：預金保険料率研究会（2004）別紙 4 － 2 を一部修正。

表5-3　アメリカの自己資本比率の分類　　　（2004 年 3 月時）

	自己資本比率	Tier1 自己資本比率	Tier1 / 総有形資産
自己資本比率良好	10％以上かつ	6％以上かつ	5％以上
自己資本比率十分	8％以上かつ	4％以上かつ	4％以上
自己資本率不十分	上記以外		

出所：預金保険料率研究会（2004）別紙 4-2 を一部修正。

（Capital）、資産状況（Asset Quality）、経営（Management）、収益（Earning）、流動性（Liquidity / Fund Management）、そしてリスクに対する感度（Sensitivity to Market Risks）のことである。

　本章の「はじめに」で述べたように、2004 年の預金保険料率研究会中間報告において可変保険料率の導入によって「経営の悪化した金融機関に対する保険料率は相当高い水準になることが見込まれる」とされていることに本章の問題意識があり、本章の分析では 2004 年のデータを用いて分析を試みる。そのため、アメリカの 2004 年時の状況もあわせて記載する。具体的には表 5-2 が保険料率であり、表 5-3 が当時の自己資本比率に関する区分である。2017 年は、2004 年と比して保険料が少し高くなっていることがわかる。なお、2004 年当時キャメルズへの評価方法は、明確に示されていなかった。そのた

148

第 5 章　預金保険料

め、本章の次節以降の分析について、アメリカの制度は適用しなかった。

第 3 節　わが国における可変保険料率制度導入の検討

　本節では、先進国がすでに導入している可変保険料率制度をわが国の銀行に当てはめ、可変保険料制度をわが国で導入することについての考察を行う。具体的には、フランス、カナダ、イタリアの可変保険料率制度を紹介し、その制度をわが国の銀行に適用して、その結果をみる。そして、それらからわが国で可変保険料率を導入する際の検討を行う。加えて、本章の問題意識は 2004 年に出された預金保険料率研究会の中間報告にある。そのため、当時のデータを用いて分析する。

　フランス、カナダ、イタリアについては、2004 年時に各行の預金保険料を算出するためのリスクカテゴリーを分け方について、明確なものを提示している。また、その中には定量指標や定性指標などを組み合わせている国もある。これらについて以下で詳しく述べていく。ただ、そこで利用されている指標が特定の評価基準（数値）によって区分されているが、その区分（数値）の根拠についての明確な記述は見当たらない。

　これまで述べてきたように、わが国でも可変保険料率制度の検討を行っており、具体的なものは先進各国で導入されている制度と似たような制度の導入が、最も現実的であろう。本章の目的は、これらの制度の導入の可能性について検討することと、わが国の銀行特性を考慮したうえで、わが国の銀行の健全性を測るために各国が用いている指標についての妥当性を検討することである。

　使用データは、全国銀行協会（2004）および各銀行（信用金庫、信用組合も含む）の公表しているディスクロージャー誌から 2003 年度末（2004 年 3月期）の決算データを用いた。2004 年 3 月末現在、預金保険機構に 658 の銀行が加盟していたが、データの制約上、421 行が分析の対象となった。なお、その 421 行の預金総額の合計は約 663 兆円である。預金保険機構（2004）によると、その加盟銀行の預金総額は約 710 兆円であるから、今回の推計は

149

表 5-4　フランスの預金保険制度

項目	指標	区分	得点
健全性 （Solvency）	Tier 1　BIS 自己資本比率 （Tier 1 Risk-based Capital Ratio）	9%　以上	1
		6%　以上	2
		6%　未満	3
収益力 （Profitability）	総費用 / 業務収益 （Net Cost to Operating Income Ratio）	65%　未満	1
		65%以上 70%未満	1.5
		70%以上 75%未満	2
		75%以上 85%未満	2.5
		85%以上ないし 0%未満	3
与信集中度 （Risk Diversification）	大口与信先上位 10 / Tier 1 （10 Largest Exposes / Tier 1）	30%未満	1
		30%以上 60%未満	2
		60%以上	3
満期変換 （Matrurity Transformation）	残存期間 1 年以上の資産、 負債差額 / Tier 1 （Average Transformation Ratio）	100%未満	1
		100%以上 200%未満	2
		200%以上	3

出所：預金保険料率研究会（2004）を一部修正。

預金規模でその約 93％がカバーされていることになる。また、一部の銀行で
データが欠如している項目は、それを用いた指標項目において最低得点をつけ
たため、実際よりは悪いリスクカテゴリーに分類されるバイアスがかかってい
る。

1.　フランスの制度を適用するケース

　フランスの預金保険制度における預金保険料率の設定は、表 5-4 に基づい
て行われる。四つの指標（健全性、収益力、与信集中度、満期変換）において、
1 点から 3 点のポイントを付している。ポイントは低い方が健全性が高い。そ
の四つの指標を単純平均して、その値を四捨五入したものが銀行のリスクカテ
ゴリーとなる。すなわちリスクカテゴリーはランク 1 からランク 3 で、ラン
ク 1 が最も健全性が高くなる。

　そして、そのランクごとに以下の「リスク係数」が付与され、預金保険料を

第 5 章 預金保険料

算出するために用いられる。具体的には、ランクが 1 の場合は 0.75、ランク 2 の場合は 1.0、ランク 3 の場合は 1.25 である。このリスク係数を用い、次の（5.4）式より各行のリスク額を算定する。

リスク額＝（付保預金額＋融資額× 1/3）×リスク係数 (5.4)

預金保険機構が年間で必要な保険料総額をあらかじめ定めておき、以下の（5.5）式によって、各銀行の保険料が求められる。

各行の預金保険料＝預金保険制度の年間所要保険料総額
　　　× （個別銀行のリスク額／預金保険制度加盟銀行全体のリスク額）(5.5)

したがって、フランスの制度は相対的なリスクにより、保険料が算出されていることになる。例えば、リスク係数が低い 0.75 となる銀行が多ければ、保険料負担が大きく軽減されるわけではなく、逆に多くの銀行がランク 3（最も健全性の低い分類）であれば、保険料負担が大幅に増加することもない。

この制度をわが国の銀行に適用してみる。ただ、データの制約上、以下のように一部の指標をデータ取得が可能なものに代替させ、わが国の各銀行のランク付けを行った。

・健全性：Tier 1 自己資本比率
　都銀（当時 7 行）以外は、国内基準により算出したものを用いている。
・収益力：経常費用／経常利益
・与信集中度：貸し出し総額／ Tier 1
　ただし、ポイントは 10 倍以下＝ 1 点、20 倍以下＝ 2 点、それ以外は 3 点とした。
・満期変換　　＜期間 1 年以上の資産＞　　＜期間 1 年以上の負債＞
　　　＝ ｛（貸出金 + 動産不動産―貸倒引当金）―（定期性預金 + 譲渡性預金）｝
　　　　／ Tier1

151

表 5-5 フランスの制度の分析結果（1）

ランク1	ランク2	ランク3
48行	254行	119行
11.4%	60.3%	28.2%

出所：筆者作成。

表 5-6 フランスの制度を適用した結果（2）

全体				
得点	自己資本比率	収益率	与信集中度	満期変換
1	189	8	132	267
1.5		7		
2	146	14	199	20
2.5		91		
3	86	301	90	134

ランク1				
得点	自己資本比率	収益率	与信集中度	満期変換
1	48	7	47	48
1.5		4		
2	0	6	1	0
2.5		31		
3	0	0	0	0

ランク2				
得点	自己資本比率	収益率	与信集中度	満期変換
1	137	1	85	195
1.5		3		
2	101	6	157	17
2.5		49		
3	16	195	12	42

ランク3				
得点	自己資本比率	収益率	与信集中度	満期変換
1	4	0	0	24
1.5		0		
2	45	2	41	3
2.5		11		
3	70	106	78	92

出所：片岡久議（2004）20 頁および Canadian Deposit Insurance Corporation（CDIC）（2002）より
筆者作成。

第5章　預金保険料

表5-7　カナダの預金保険制度

対象指標		
資本に係る定量指標（Capital Quantitative）		
自己資本健全性（Capital Adequacy）		20,13,0
資産 / 資本倍率（Assets to Capital Multiple）	20以下、23以下、23超	
Tier1 EIS 自己資本比率（Tier 1）（Tier 1 Capital Ratio）	7%以上、4%以上、4%未満	
BIS 自己資本比率（Total Risk Based Capital Ratio）	10%以上、8%以上、8%未満	
その他の定量指標（Other Quantitative）		
収益力（Profitability）		
ウェイト付総資産利益率 　　（ROA Return on Weighted Assets）	1.15%以上、0.75%以上、 0.75%未満	5, 3, 0
過去五年の標準偏差 / 平均 　　（Mean Adjusted Net Income Volatility）	0, 0.5, 1.25	5, 3, 0
直近純利益 − 過去五年の標準偏差 　　（Volatility Adjusted Net Income）	2標準偏差0以上 1標準偏差0以上 1標準偏差0未満	5 3 0
効率性（Efficiency）		
非利払い費用 / 純収益	60%以下、80%以下、80%超	5, 3, 0
資産の質（Asset Quality）		
不良債権額 < 有価証券含み損含む > / 自己資本 　（Net Impaired Assets（Including Net Unrealized Losses on Securities） / 　　Total Regulatory Capital Ratio ）	20%未満 40%未満 40%以上	5 3 0
資産の集中度（Asset Concentration）		
総資本の 10%以上の与信相手先合計 　（Aggregate Counterparty Asset Concentration Ratio）	400%未満 400%未満 400%以上	5 3 0
< リスク調整後 > / 資本)		
不動産資産の集中度 （Real Estate Asset Concentration） 不動産与信 /（不動産与信 + 非不動産与信 + 有価証券 + α）	モーゲッジ種類ごとに比率 を設けスコアリング（全体 で 10%）	5, 3, 0
産業別エクスポージャー額 　（Aggregate Industry Sector Asset Concentration Ratio）	250%未満 500%未満 500%以上	5 3 0
定性指標（Qualitative）		
検査格付（Examiner's Rating）	5段階	25, 18, 11, 4, 0
CDIC の基準への順守の程度 　（Extent of Adherence to CDIC Standards） 　　内部管理 / 流動性管理 / 金利リスク管理 / 外為リスク管理 / 信用リス 　　ク管理 / 証券ポートフォリオ / 不動産評価 / 資本管理の8つの領域に関 　　し、26 項目の基準と定めている。	26 項目	10, 9, 6, 3, 0
その他情報（Other Information）		
民間の格付、支援処置の有無、アナリストの見解など		5, 3, 0

出所：片岡久議（2004）20 頁。

表 5–8　カナダの保険料率

評点	区分	適用料率（%）1999 / 2000 年度	2001 年度	2002 年度
80 点以上	1	0.04	0.04	0.02
65 点以上、80 点未満	2	0.08	0.08	0.04
50 点以上、65 点未満	3	0.16	0.16	0.08
50 点未満	4	0.16	0.33	0.16

出所：筆者作成。

　フランスの制度をわが国の銀行に適用した結果は表 5–5 である。総合評価のランク 1（平均点が 1 点）の最も健全性が高いとされる銀行が約 11％、ランク 2 が約 60％、ランク 3 が約 28％となった。さらに、全体およびランク別でのそれぞれの指標におけるポイントの分布状況は表 5–6 のようになった。

2.　カナダの制度を適用するケース

　カナダの預金保険制度による各銀行のリスクカテゴリー分けは、表 5–7 に従って行われる。カナダでは、定量的な指標と定性的な指標を用いている。このうち前者が 60％（合計 60 点）、後者が 40％（合計 40 点）の割合で構成される。各指標につき、いくらかの得点が付与され、得点の高い銀行が健全性が高いことを示している。これらの得点を合計して銀行のリスクカテゴリーを決める。その最高得点は 100 点である。

　定量的な指標として以下の五つの指標によって得点づけられる。すなわち、①自己資本比率に関する指標、②収益力に関する指標、③効率性（経費）に関する指標、④与信や貸し出しの集中度に関する指標、⑤リスク資産における不動産貸し付けに関する割合に関するものである。このうち、①の自己資本比率に関する指標が 20 点分あり、最もウェイトが高い。加えて、定性的指標として銀行検査からの指標を用いることになっている。

　カナダの預金保険料率は、表 5–7 のそれぞれの指標の得点を合計して、その合計得点から表 5–8 より決まる。また、保険料は、その保険料率に付保預

154

第 5 章　預金保険料

表 5-9 カナダのランク分けとその結果　　（わが国の銀行に適用したケース）

	ランク	得点	銀行数	割合
健全性高い	1	47 〜 60 点	26 行	6.2%
	2	39 〜 47 点	66 行	16.7%
	3	30 〜 38 点	91 行	21.6%
健全性低い	4	0 〜 29 点	238 行	56.5%

出所：筆者作成。

金額を乗じて求められる 。

　この制度をわが国の銀行に適用してみたいが、この制度における定性的な指標（40％分）は、銀行監督当局以外はわからない。つまり、わが国の金融庁が銀行監督において、各行をどのように格付しているのかを、外部の人間は知ることができない。そのため、ここでの分析は定量指標に限って分析を行った。定量指標が評価全体の 60％を占めているため、表 5-8 で示した評価も表 5-9 のように 60％にし、わが国の銀行のリスクカテゴリーわけを行った。

　わが国の銀行をこの制度に適用する際に用いた指標は、以下のとおりである。残念ながら、資産の集中度については、明確なデータを得ることができなかったため、貸し出し額を自己資本で除したものを用い、その配点についても以下のようにした。

　＜資本に係る定量指標＞
　　・資産／資本倍率＝総資産／純資本（総資産－負債額）
　　・Tier 1 BIS 自己資本比率
　　・BIS 自己資本比率
　＜収益力の定量指標＞
　　・ROA ＝経常損益／総資産
　　・経常損益の過去 5 年の標準偏差／経常損益平均
　　・直近経常損益－過去 5 年の標準偏差
　＜効率性＞

図 5-1　カナダの制度での得点分布

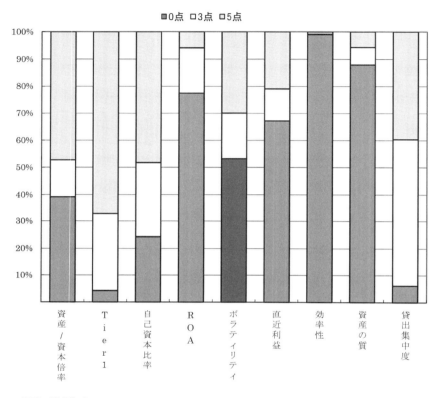

出所：筆者作成。

・（経常利益－経常費用－支払利息）／経常利益
＜資産の質＞
　・金融再生法開示での不良債権額／自己資本（Tier 1 + Tier 2）
＜資産の集中度＞
　・貸出金／自己資本（Tier 1 + Tier 2）
この指標が10倍以下を15点、20倍以下を9点、それ以外を0点とした。

カナダの預金保険制度をわが国の銀行に適用した結果は表5-9および図

第5章 預金保険料

図5-2 カナダの制度でのランク別得点分布

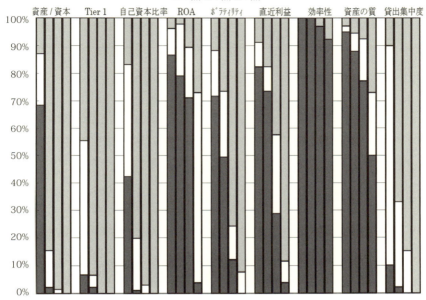

注:それぞれのグラフは、左から、ランク4、ランク3、ランク2、ランク1と健全性が高くなる。
出所:筆者作成。

表5-10 カナダの銀行の年度別結果

ランク	2003年	2002年	2001年
4	1%	1%	1%
3	4%	7%	9%
2	32%	14%	24%
1	63%	78%	66%

出所:Canadian Deposit Insurance Corporation (2003) Annual Report p.25 より筆者作成。

5-1と図5-2である。なお、前述のとおり、カナダの制度は得点が高い方銀行の健全性が高い。すべての指標の得点を合計した総合得点をみると、最も健全性の低いランク4に約57%の銀行が入り、一方で約6%の銀行が最も健全性の高いとされるランク1となった。また、それぞれの項目による獲得ポイントは図5-1に、ランクごとには図5-2にその分布が示してある。色が最も

濃いところが 0 点で、健全性が低いことを示している。満点 60 点のうちの 3
分の 1 を占める自己資本比率が総じて低い。このことが、わが国の銀行業全
体の健全性を低く評価された原因の一つということができよう。

表 5–10 はカナダ預金保険機構が公表している 2001 年～ 2003 年のランク
別の銀行数の状況である。表 5–9 と表 5–10 を比較すると、カナダの銀行の 6
割以上の銀行が最も健全性が高いランク 1 に分類されているにもかかわらず、
わが国ではわずか 6％程度である。一方で、最も健全性の低いとされるランク
4 に分類される銀行の割合はカナダではわずか 1％にとどまっているが、わが
国のケースでは 57％にも上っている。ここから、カナダの預金保険制度が行
っているものと同じ基準で銀行の健全性のランク付けを行うのであれば、わが
国はカナダと比べれば健全性の低い銀行が多いことがわかる。

3.　イタリアの制度を適用するケース

イタリアの預金保険制度は、表 5–11 の示すとおり四種類の定量指標（五つ
の定量指標）を用いて、銀行のリスクカテゴリーを分けている。低得点ほど、
銀行経営が良好なことを示している。各指標のポイントを合計し、その合計点
を三区分（「正常」、「要注意」、「警告」）に分ける。保険料は、預金総額に定率
の保険料率を乗じて求められるが、合計ポイントによる増減がある。合計ポイ
ントが 1 点と 2 点のところは増減がない。一方、3 点以上のところは、求め
られた保険料にポイント分だけ保険料が増加する。例えば、5 ポイントのとこ
ろは保険料が 5％上乗せされる。これらの負担が増加した分を、0 ポイントの
銀行で分け合う。つまり、0 ポイントの銀行の保険料が減額される。したがっ
て、イタリアの制度は健全性に問題のある銀行の負担増加分を健全な銀行に分
配する制度である。

ただ、イタリアでは、運営経費を事前方式、損失額を事後方式で徴収してい
る他、事後方式の負担額に一定の上限を設定している（坂巻和弘ら 2004）。

このイタリアの制度をわが国の銀行に適用してみよう。具体的には、以下の
指標を用いた。ただ、その結果、わが国の銀行で 0 ポイントの銀行がなかっ

第 5 章　預金保険料

表 5–11　イタリアの預金保険制度

項目	指標	区分	得点
資産の質	貸出損失額 ／（資本＋準備金＋劣後債務）	100% 超	8
		60% 超	4
		40% 超	2
		40% 以下	0
自己資本の 充実度	自己資本／監督上の所要自己資本	80% 未満	4
		100% 未満	2
		120% 未満	1
		120% 以上	0
満期変換	3 種類の監督比率（注）	3 種類とも未達	4
		2 種類未達	2
		1 種類未達	1
		未達なし	0
収益力	一般経費／純収益	85% 超	4
		75% 超	2
		70% 超	1
		70% 以下	0
	貸出損失（回収後）／総収益	80% 超	4
		60% 超	2
		50% 超	1
		50% 以下	0

注：満期変換に係る 3 種類の比率は以下のとおり。
1. （所有不動産＋その他固定資産）≦自己資本
2. 残存 5 年以上の資産≦ 1. の差額＋引当金＋残存 5 年以上の負債
   ＋残存 18 ヶ月以上 5 年未満の負債× 40％＋残存 18 ヶ月未満の負債× 10％
3. 残存 5 年以上の資産≦ 2. の差額＋残存 18 ヶ月以上 5 年未満の負債× 60％＋（残存 18 ヶ月
   未満の負債＋残存 3 ヶ月以上 18 ヶ月未満のインターバンク負債）× 20％

出所：石塚雅典（2004）13 頁と Fondo Interbancario di Tutela dei Depositi（FITD）（2004）より
　　　筆者作成。

たことから、表 5–12 のように分類しなおした。

・資産の質

　　貸し出し損失額（貸倒引当金繰入＋貸し出し金償却）/（Tier 1 ＋劣後債務）

159

表 5-12 イタリアの制度適用時のポイント

ランク1	正常	0～2ポイント	保険料負担減
ランク2	要注意	3～8ポイント	保険料負担増減変わらず
ランク3	警告	8～ポイント	保険料負担増

出所：筆者作成。

図 5-3 イタリアの制度での得点結果の分布

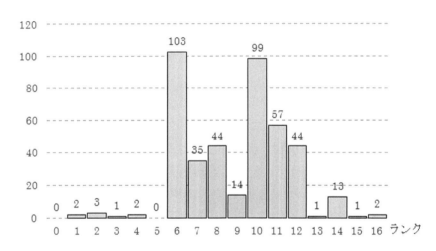

出所：筆者作成。

- 自己資本の充実度
  BIS自己資本比率 / 8（金融庁の求める水準を8％と想定）
- 満期変換＝三種類の監督比率（以下の①～③の三つの大小関係）
  ①貸出金＋動産不動産≦自己資本（Tier 1 + Tier 2）
  ②社債＋借入金≦①の差額＋引当金＋社債＋借入金＋債券×0.4+（負債額－社債－借入金－債券）×0.1
  ③社債＋借入金≦②の差額＋債券×0.6+（負債額－社債－借入金－債券）×0.2
- 収益力①

第 5 章　預金保険料

表 5–13　イタリア制度でのランク別得点分布

全体

得点	資産の質		自己資本の充実度		満期変換		収益力①		収益力②	
0	403	95.72%	217	51.54%	0	0.00%	9	2.14%	187	44.42%
1	7	1.66%	100	23.75%	4	0.95%	3	0.71%	20	4.75%
2	8	1.90%	74	17.58%	406	96.44%	1	0.24%	32	7.60%
4	3	0.71%	30	7.13%	11	2.61%	408	96.91%	182	43.23%

ランク 1　正常

得点	資産の質		自己資本の充実度		満期変換		収益力①		収益力②	
0	5	100%	5	100%	0	0.00%	4	80.00%	5	100%
1	0	0%	0	0%	3	60.00%	1	20.00%	0	0%
2	0	0%	0	0%	2	40.00%	0	0.00%	0	0%
4	0	0%	0	0%	0	0.00%	0	0.00%	0	0%

ランク 2　要注意

得点	資産の質		自己資本の充実度		満期変換		収益力①		収益力②	
0	185	100.00%	132	71.35%	0	0.00%	5	2.70%	152	82.16%
1	0	0.00%	31	16.76%	1	0.54%	2	1.08%	16	8.65%
2	0	0.00%	19	10.27%	179	96.76%	1	0.54%	15	8.11%
4	0	0.00%	3	1.62%	5	2.70%	177	95.68%	2	1.08%

ランク 3　警告

得点	資産の質		自己資本の充実度		満期変換		収益力①		収益力②	
0	213	92.21%	80	34.63%	0	0.00%	0	0.00%	30	12.99%
1	7	3.03%	69	29.87%	0	0.00%	0	0.00%	4	1.73%
2	8	3.46%	55	23.81%	225	97.40%	0	0.00%	17	7.36%
4	3	1.30%	27	11.69%	6	2.60%	231	100.00%	180	77.92%

出所：筆者作成。

一般経費 / 業務純益

・収益力②

　　貸出損失額（貸倒引当金繰入 + 貸出金償却）/ 経常収益

わが国の銀行にこの制度を適用した結果は、図 5–3 および表 5–13 に示した。

図 5-4　イタリアの得点分布

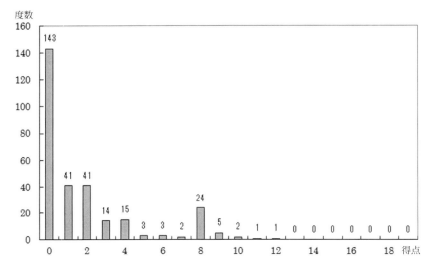

出所：Fondo Interbancario di Tutela dei Depositi. (FITD) (2003) p.27.

合計得点は図 5-3 に示され、それぞれの項目ごとの銀行数および獲得ポイントごとの分布については表 5-13 に示してある。

イタリアの制度をわが国の銀行に適用すると、0 点の銀行が 0 行、1 点、2 点の銀行を合計してもわずかに 5 行しかない。また、ランク 3 (警告) にあたる 8 点以上の銀行が 5 割を超える数となった。一方、図 5-4 で示した 2003 年のイタリアの銀行の状況をみると、0 点のところがほとんどで、8 点以上の銀行はわが国に比べ非常に少ない。

表 5-13 をみると、満期変換の指標が総じて下から二つ目にランク付けされており、内部情報が十分にわからない中での分析だったこともあり、多くの銀行でその差が出なかったことが、こういった結果となったと思われる。また、わが国の銀行の多くは、収益性①の経費率の指標がイタリアの銀行に比べて健全性が最も低いとされるカテゴリーに入っている。これらが全体の健全性を押し下げた要因なのかもしれない。また、分析の対象年度が、預金の全額保護政策を行っていた時期であり、金融システムが不安定化していたとされる期間を

第5章　預金保険料

表5–14　イタリアの銀行の得点分布

収益力①	行数	割合
70%以下	186	63.1%
70%超	25	8.5%
75%超	17	5.8%
85%超	67	22.7%

出所：Fondo Interbancario di Tutela dei Depositi. (FITD) (2003) より筆者作成。

サンプル期間としている。この期間が、わが国の銀行の財務状況が平時の状況
と同等であったかということに疑問がある。つまり、このような結果となった
のは、サンプル期間の問題もあるかもしれない。また、表5–14にイタリアの
銀行の収益力①のランク分けが示してあるが、その指標が70%以下で収益力
が最も高いとされる銀行の割合が60%以上となっているのに対して、わが国
の銀行の場合は2%でしかない。いずれにせよ、わが国の銀行は、イタリアの
銀行よりも健全性が低い状況であったといえよう。

4.　三ヶ国の結果から

　これら三ヶ国で銀行の健全性のリスクカテゴリーを分けるために用いられて
いる指標をまとめると、以下の五つである。すなわち、

1. BIS自己資本比率
2. 経常費用もしくは経費（人件費、物件費、税金）を利益で除したもの
3. 満期変換を指標化したもの
4. 貸し出しに関する指標
5. その他

である。

　一つ目のBIS自己資本比率については、三ヶ国ともその指標として用いてい
る。今回の結果からは、カナダやイタリアでは、BIS自己資本比率が基準（8%）
に満たないケースでは銀行の健全性が最も低くランク付けされる傾向があった。
具体的にみていこう。カナダのケースでは、BIS自己資本比率が8%を割った

163

銀行の9割以上で健全性が低く分類された（図5-2）。また、イタリアのケースではBIS自己資本比率が8％を割っている104行中82行（79％）が、この指標が評価全体の16％のウェイトしかないにもかかわらず、最も健全性が低いランクに分類された（表5-12）。フランスは、Tier1自己資本比率が6％を割った86行中70行（81％）が、この指標のウエイトが評価全体の25％のウエイトにもかかわらず、最も低く分類された（表5-6）。したがって、銀行のリスクカテゴリーを決めるうえで、BIS自己資本比率は、健全性が高いことを示す指標というより、それが低いことを示すものとして有効なのかもしれない。

　二つ目に、三ヶ国とも経常費用や経費を利益で除した指標が用いられている。いずれの国の制度を適用しても、わが国のそれが先進国の銀行と比べて高いことを示している。すなわち、比較した三ヶ国に比べわが国の銀行の収益力は全体的に低いことを示しているのかもしれない。また、この指標で最も良い水準にあるとランクが最も良い銀行となる傾向があった。例えば、フランスのケースでは、収益率が最も高く評価された8行中7行が、最も健全性が高い銀行に分類された。

　三つ目の満期変換については、フランスおよびイタリアで導入はされているが、これらの制度を適用できるようなわが国の銀行データを得ることができず、それらの国の制度をそのまま適用することができなかった。そのため、前述のように代替的な指標を用いてランク付けを試みた。その結果、わが国の大半の銀行において、この指標で健全性が高いとするポイントを得られたところは少なく、逆に多くの銀行が低いポイントしか得られていない。これが、今回の分析においてわが国の銀行の健全性が他国に比べて低くなった原因の一つなのかもしれない。これらは検討の余地があろう。

　四つ目の貸し出しと自己資本との割合もしくは、貸し出し状況の健全性（不良債権額やその損失額）を指標とするものを、三ヶ国とも導入している。残念ながら、各銀行の貸し出し内容の詳細が銀行の財務諸表のデータからはわからないため、この指標についても各国制度をそのまま適用することができなかっ

第 5 章　預金保険料

た。今回の検証結果からは、どの国の制度を適用した結果をみても、ランクごとの明確な差異は生まれていない。これもデータ制約による影響を受けているかもしれないため、今後の検討課題である。

第 4 節　可変保険料率制度導入による銀行への影響

1.　可変保険料率制度による銀行への影響

　今回の分析した三つの制度と同じ可変保険料率制度をわが国の預金保険制度として導入した場合、銀行の収益にどの程度の影響があるのか、本節ではこの点について考察する。

　具体的には、当時の各銀行の保険料を推計し、今回参考にした三ヶ国の預金保険制度から導き出される保険料との差額が、各行の経常損益をどの程度増減させるかを試算した。各行の財務諸表の中には預金保険料が明示されていない。そのため、この推定にあたっては、全額保護の対象である当座預金および普通預金と、全額保護ではない定期性預金を含むその他の預金に区別して、保険料の算出を行った。そして、この結果と前節で分析した三ヶ国の分析結果から導出される保険料との差額を求め、経常損益をどの程度増減させるのかを求めた。なお、基本的には、分析対象行から徴収する預金保険料の総額が分析年度と同じになるようにして、計算を試みた。

　その結果は表 5-15 と図 5-5 である。ここからわかることは、可変保険料率を導入することにより、経常損益が増減する。しかし、フランスやイタリアの制度をみる限り、多くの銀行はその変動幅が 10％以内であり、さらにその増減が 5％以内に集中している。例えば、フランスの制度を適用したケースでは、経常損益の増減が 10％以内の銀行は全体の約 90％となり、イタリアのケースでは約 89％がこれに相応する。一方で、カナダの制度を適用したケースでは、フランスとイタリアのケースとは異なった結果を示している。すなわち、経常損益の増減が 10％以内となる銀行は全体の約 61％で、20％以内にとどまる銀行は約 88％である。その他、約 12％の銀行が、このような可変保険料

165

表 5-15　可変保険料率を導入した際の経常損益の増減の変動率　（数字は銀行数）

経常収支の増減幅	フランス		カナダ		イタリア	
−20％以下	3	0.71％	16	3.80％	14	3.33％
−20％ 〜 −15％	1	0.24％	12	2.85％	4	0.95％
−15％ 〜 −10％	4	0.95％	26	6.18％	20	4.75％
−10％ 〜 −5％	12	2.85％	72	17.10％	84	19.95％
−5％ 〜 0％	99	23.52％	103	24.47％	250	59.38％
0％ 〜 +5％	173	41.09％	26	6.18％	36	8.55％
+5％ 〜 +10％	94	22.33％	48	11.40％	9	2.14％
+10％ 〜 +15％	20	4.75％	48	11.40％	2	0.48％
+15％ 〜 +20％	5	1.19％	29	6.89％	1	0.24％
+20％超	10	2.38％	41	9.74％	1	0.24％
合計	421	100％	421	100％	421	100％

出所：筆者作成。

図 5-5　フランスの制度での比較

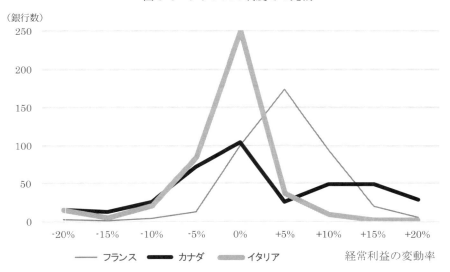

出所：筆者作成。

率制度の導入により、経常利益が 20%以上の変動をもたらすという結果となった。

この原因は、リスクカテゴリーのランク付けが最も低い銀行とそれが最も良い銀行との可変保険料率の倍率の差にある。具体的には、フランスが 1.67 倍、イタリアが 1.4 倍程度、カナダが 8 倍という差である。

2. 銀行経営者に対する規律付け

第 1 章でも述べたように、預金保険制度において可変保険料率制度を導入する目的は、銀行経営者によるモラルハザードを抑制することである。すなわち、ハイリスクな資産運用を行ってそれに成功したとしても、預金保険料が高くなっては十分な果実を得られないため、そのような資産運用の誘因を銀行経営者が持たないようにすることである。したがって、銀行のリスクテイクに対して罰則的な保険料率であることが望ましい。ただ、その大きさは経営者の規律付けとなるようなもので十分であろう。

この経営者に対する規律付けとなるような保険料率は、銀行経営者の目的関数によっている。ただ、本稿では、そのような目的関数を特定化していないため、ここではアッド・ホックな仮定を用いて議論を進めよう。具体的には、わが国の銀行の経営者が経常利益をつぶさに観察しており、経常利益が 10%以上の増減となるような要因に対しては経営を健全化させる何らかの取り組みを行うものとして、考察を試みたい。すなわち、固定保険料率制度から可変保険料率制度へ移行すると、経常利益が 10%以上変動するようだと、経営者がリスクをとった資産運用をする誘因を抑えることができると仮定して、議論を進める。

もし、そうであるならば、フランスやイタリアの制度では銀行経営者によるモラルハザードを抑制する保険料率制度とはなりにくい可能性がある。なぜなら、可変保険料率を導入しても多くの銀行が 5%以内の経常利益の増減にすぎないからである。一方、カナダの制度に適用すると、銀行経営者によるモラルハザードを抑制するよう機能する可能性がある。

167

第5節　2ヶ年での比較

　これまでの分析は2003年度末（2004年3月期）の銀行の財務データを用いた単年度の分析である。各銀行の財務状況は年度ごとに異なるであろうが、その大半はリスクカテゴリーが同じかそれに近いものと考えられる。逆に、各銀行のリスクカテゴリーが年度ごとに大きく変動するような制度は、制度設計に問題があるかもしれない。そこで、これまで行ってきたことを1期前の2002年度（2003年3月期）の財務データを用いて同様の分析を試み、上記のことを確認する。

　分析結果は、表5–16から表5–18である。また、これらの結果をもとに、2003年度分と2004年度分との相関係数を求め、各表に示した。どれも正の相関を示している。両年度において同じランクであった銀行の割合は、フランスで79.2％、カナダで70.8％、イタリアで56.1％であった。イタリアの制度を適用したケースでランク2からランク3もしくはその逆のケースが36.8％あり、これが相関係数を低くした要因と考えられる。そして、健全性の高いとされる銀行が、急に健全性に問題がある銀行へと1年で変わるようなことは数行でしか起こっていない結果となった。しかし、まれなケースとはいえ、健全性が最も高いところから最も低いところになったり、その逆であったりする銀行が存在する。これらは、2004年3月期と2003年3月期のデータを利用しており、2003年4月に定期性預金の全額保護を有限な保護に移行したことをみると、当時は銀行の財務状況が大きく変動した時期であったことが関係しているかもしれない。

　また、可変保険料率を導入することによる経常利益の変動は、図5–6から図5–8及び表5–19で示してある結果となった。相関や決定係数は低い値を示しており、これらの相関関係がないように思えるが、これらをプロットするといくらかプラスの相関があるとみることもできよう。つまり、2003年度データを用いた分析の結果、現在の保険料と比べて負担が増加（減少）したところは、2002年度データでも保険料負担が増加（減少）したことがうかがえる。

168

第 5 章　預金保険料

表 5-16　フランスの制度での比較

2003 年 3 月期＼2004 年 3 月期	ランク 1	ランク 2	ランク 3	合計
ランク 1	1	1	0	2
ランク 2	41	208	12	261
ランク 3	1	26	100	127
合計	43	235	112	390

注：相関係数：0.691。
出所：筆者作成。

表 5-17　カナダの制度での比較

2003 年 3 月期＼2004 年 3 月期	ランク 1	ランク 2	ランク 3	ランク 4	合計
ランク 1	183	16	2	0	201
ランク 2	25	38	10	1	74
ランク 3	10	29	42	10	91
ランク 4	2	2	7	13	24
合計	220	85	61	24	390

注：相関係数：0.836。
出所：筆者作成。

表 5-18　イタリアの制度での比較

2003 年 3 月期＼2004 年 3 月期	ランク 1	ランク 2	ランク 3	合計
ランク 1	3	21	6	30
ランク 2	1	97	92	190
ランク 3	0	53	121	174
合計	4	171	219	394

注：相関係数：0.414。
出所：筆者作成。

　また、これは預金保険料が大幅に変動することは少ないともいえよう。加えて、相関係数が低くなったのは、今回用いたサンプル期間において、経常収支が大きく上下している銀行があったことも原因の一つと考えられる。そのため、ランクが同じであれば保険料の負担が大きく変わらないはずであるが、そういった経常収支の上下が相関係数の値を引き下げた可能性がある。

169

図5-6 フランスの2ヶ年比較（経常利益の変動）

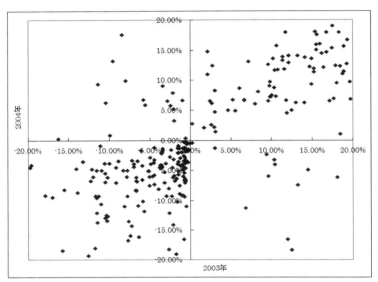

出所：筆者作成。

図5-7 カナダの2ヶ年比較（経常利益の変動）

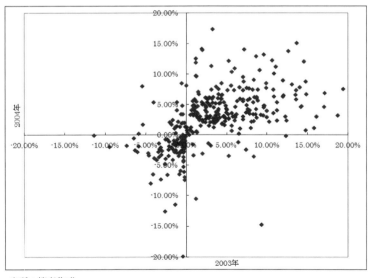

出所：筆者作成。

170

第 5 章　預金保険料

図 5-8　カナダの 2 ヶ年比較（経常利益の変動）

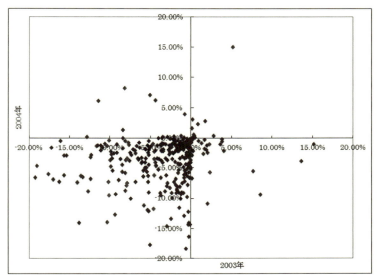

出所：筆者作成。

表 5-19　経常利益の変動の相関係数

	フランス	カナダ	イタリア
相関係数	0.195	0.356	0.097
決定係数	0.038	0.126	0.009

相関係数：0.414。
出所：筆者作成。

むすび

　預金保険制度にはモラルハザードの問題が内包されている。ブロード型の預金保険制度であるわが国の場合、その懸念がある。すなわち、銀行経営者がハイリスクな資産運用を行う誘因がある。これを抑制する手段の一つとして、銀行の健全性の度合いによって預金保険料が異なる可変保険料率制度を導入することである。第1章で示したように、リスクテイクに対して罰則的な保険料を課すと、銀行経営者によるハイリスクな資産運用を防ぐことができるかもしれない。しかし、わが国の預金保険制度はすべての銀行に同じ保険料率を課す固定保険料率を適用している。そのため、上記のような銀行経営者によるモラルハザードを抑制するためにも可変保険料率を導入すべきであろう。

　先行研究ではオプション価格理論を用いた各銀行の預金保険料の算定とその検討を行ってきた。しかし、預金保険料率研究会の中間報告では、このようなオプション価格理論を用いて預金保険料を算出することは現実的ではないと結論づけており、先進各国がすでに導入しているような定量指標や定性指標を用いて各銀行の健全性をいくつかのグループに分類するような可変保険料率制度の導入が現実的なものであるとの見解が出されている。そこで、わが国での可変保険料率制度の具体的な検討として、すでに先進国で導入している可変保険料率制度と同様のものをわが国の銀行に適用して考察を行った。残念ながら、公表されている財務諸表では十分なデータを得ることができなかったため、各国の制度をそのまま適用することができなかったが、いくらかのインプリケーションは導き出せた。例えば、BIS自己資本比率が8％を割る銀行は、総じて健全性に問題がある可能性がある。また、経常費用もしくは経費を収益で除した指標は、これが良い銀行は最も健全性が高いリスクカテゴリーに分類される傾向があった。それゆえ、これらの指標はわが国で可変保険料率制度を導入する際、その指標を導入することについて検討する必要がある。

　また、この可変保険料率制度の導入に対して、保険料負担の増加が銀行利益を押し下げ、銀行経営を不安定化させるのではないかという不安があり、預金

第 5 章　預金保険料

保険料率研究会の中間報告でもその点が指摘されている。そのため、この中間報告が出された時の銀行の財務データを用いて分析を試みた。その計算結果から、現状の固定保険料率制度からすでに先進各国が導入しているような可変保険料率制度に移行することによる影響は、それほど大きくはなく、逆に小さい可能性を示した。すなわち、可変保険料率制度の導入によって、経常損益の増減はあるが、その変動は概ね10％以内であり、その多くが5％以内の増減となると予想される。つまり、上記の不安は懸念するほどではないのかもしれない。

　さらに、もし経常損益の変動に対して経営者が敏感であれば、これらの制度は経営者に対するモラルハザード抑制として機能するが、経営者が多少の変動（例えば10％程度）には無関心であれば、これらの制度が導入されても経営者の規律付けとなるかについては、疑問が残る。いずれにせよ、モラルハザード抑制のために、わが国で可変保険料率を導入する際には、経営者の行動に有意に影響を与えるような水準に保険料率を設定することが望ましいであろう。

　今後の課題としては、以下の点である。まず、具体的な制度設計を考えるうえでは、それぞれの国の指標における評価水準を変更し、どのような変化があるのか分析を試みる必要があろう。また、オプション価格理論を用いて算定した結果と、これらの結果との差異について比較する必要もあろう。さらに、どのような保険料率を適用すれば、経営者に対する規律付けとなるのかについて検討も必要であろう。また、本章の問題意識は預金保険料率研究中間報告にあったため、2004年3月期のデータを用いた。しかし、その後、2005年4月に普通預金も無制限の保護から有限の保護へと政策が移行し、この時期に金融システムが安定化したといえよう。よって、データ分析として用いた年において、わが国の銀行の財務状況が平時の状況であったのかに疑問があり、2016年度といった安定した金融システム状況下での財務データを用い、分析をすることも必要であろう。これらについては、今後の検討課題である。

173

第 6 章　欧州銀行同盟と預金保険制度

　はじめに

　2016 年 12 月末、イタリア中央銀行は、同国内 3 位のモンテ・デイ・パスキ・ディ・シエナ銀行（モンテパスキ銀行）に対して公的資金の注入を行うことを決めた。これは、銀行監督当局である欧州中央銀行（European Central Bank: ECB）がモンテパスキ銀行に対して、88 億ユーロの資本不足を指摘したことによっている。モンテパスキ銀行は民間資金での増資を取締役会及び株主総会で決議のうえ、公的支援の回避を目指したが、預金流出と株価下落などによって、自力での資金調達が難しくなり、公的資金注入が必要となった。

　ここでの問題は、欧州銀行同盟が掲げる「ベイルイン（bail in）」の仕組みと、この公的資金注入による救済策との整合性である。欧州銀行同盟では、銀行救済に伴う納税者負担を軽減する目的で、公的資金を銀行に注入する条件として、銀行の株主や債権者に経営が悪化した銀行の損失の一部を負担してもらうことを求めており、これを EU のルールとして定めている。これがベイルイン制度である。しかし、モンテパスキ銀行の劣後債保有者の中には多くの個人投資家が存在する。仮に、モンテパスキ銀行の公的支援の条件として、当該銀行の劣後債を保有する個人投資家に損失を負担させると、個人投資家は他の銀行の株式や劣後債にも不安を覚え、多くの銀行から資金を引き揚げかねない。もしそのようなことが生じたら、イタリアで金融システム不安が起こるかもしれない。そのため、イタリア政府は、個人投資家の保有する劣後債を株式に転換した後、

一般債権と交換し、個人投資家を保護する方針であった。

　これは、上述の公的支援の条件である欧州銀行同盟が導入したベイルイン制度に反する可能性がある。そのため、これらの措置を行うには欧州委員会での承認が必要であった。そして、2017年7月に欧州委員会はイタリア政府の案を承認した。これは、上記のような規定があるにもかかわらず、欧州委員会が特別扱いを容認したことになる。その理由は、劣後債を保有する個人が、劣後債のリスクについての適切な説明を受けていなかったと判断したからである。そして、これはベイルイン制度を厳格に運用することの難しさを示しているということもできよう。

　金融システムの安定化を目指し、システミック・リスクの顕在化を回避するために、銀行に公的資金を注入することは、決済システムを維持し、経済の安定的な成長を担保するためには不可避なケースがあろう。なぜなら、システミック・リスクの顕在化は経済の停滞をもたらし、ひいては国民経済へ大きなマイナスの影響を与えるからである。この観点から、モンテパスキ銀行に対するこのような公的支援は必要な施策なのかもしれない。

　このような銀行への公的資金注入は、その費用を誰が負担するのかということが問題となる。これまでに、この点につき多くの議論がなされてきた。その一つの答えとして、欧州では2016年1月より銀行の破綻処理にあたってはベイルインという仕組みを導入し、納税者の負担を抑え、株主や債権者にその費用の負担を求めることが基本となった。しかし、今回のモンテパスキ銀行の支援は、その枠組みを適用しないことになりそうである。これは、公的支援の負担を最小限にするために用いたベイルイン制度とは異なる支援であり、欧州銀行同盟における費用負担を誰が行うかという問いの答えを出すのは難しいことを浮き彫りにしたともいえよう。

　経営が困難に陥った銀行の破綻処理や金融システム安定のための費用負担についての議論を行う背景には、貿易金融業や外国為替業務といった国際決済業務、海外銀行との取引の増大による銀行業のグローバル化が進む中、国際的な預金保険制度が存在しないことが、その一つとしてあげられる。つまり、これ

176

第6章 欧州銀行同盟と預金保険制度

らに対処する国際機関の不在がある。

銀行業における国際的な機関としては、国際決済銀行（Bank for International Settlments: BIS）や国際通貨基金（International Monetary Fund: IMF）や世界銀行（World Bank）があげられる。BIS は各国中央銀行によって構成され、国際間の決済業務を担っている国際銀行である。IMF は、国際的な金融システムの安定を目的とし、国際貿易の拡大とその成長の促進、為替安定の促進、多国間の決済システムの提供、国際収支上の困難に陥っている国への支援などが役割の中心である。また、世界銀行は国連内の組織の一つであり、開発途上国やその国で活動を行う民間企業に対して融資等を行う国際金融機関である。これらの機関は、国際間の決済業務を担っていたり、1990 年代後半のアジア通貨危機でタイやインドネシアや韓国などに IMF が支援を行ったように、為替レートが大きく減価したり、国際的な決済資金が不足したりする際の支えとなろう。しかし、これらの機関が個別銀行の破綻処理にあたることは難しいであろう。また、これらが銀行破綻時に、預金者を保護するような措置を執ることは現実的ではないと考えられる。

そのため、国境をまたいで展開している銀行が破綻した場合、その預金者保護をどの国の預金保険制度が行うのかという問題がある。すなわち、本店が所在する国（以下、母国）の預金保険制度が保護するのか、それとも支店のある国（以下、ホスト国）の預金保険制度が保護するのかという問題である。またその費用負担についても事前に決めておく必要があろう。つまり、母国の預金保険制度が適用されるのであれば、母国の預金者の負担によって積み立てられた保険料が、ホスト国の預金者を保護するために用いられることになる。このような問題は各国の預金保険制度が共通化されていない以上、複数の国でビジネス展開している銀行が破綻した際に常に生じる。本章の問題意識は、この点にある。すなわち、国境をまたいでビジネスを行う銀行における預金者保護と国際間の預金保険制度の適用について考察することである。そして、その一つの取り組みとして、欧州銀行同盟の目指す単一預金保険制度があるということができよう。そのため、これらのガイドラインとして、この欧州銀行同盟に注

177

目して、考察を行いたい。

　これまでに欧州銀行同盟については種々の研究がなされてきている。わが国のものを中心に少しみていくと、欧州銀行同盟について肯定的なことを述べているものがいくつかある。雨宮卓史（2015）は、欧州銀行同盟における種々の制度を細かく記述し、欧州銀行同盟を評価し、ベイルイン制度を「財政に影響が及ばないようにする制度だ」と述べている。一方で、欧州銀行同盟の課題を述べているものもある。太田瑞希子（2015）が欧州銀行同盟の三本の柱についてまとめており、その中でベイルインの例外規定があり、ベイルイン制度が形骸化する問題点をあげている。また、単一預金保険制度の道筋がみえていないことを指摘している。佐久間裕秋（2015）は、監督機能や破綻処理部局での重複や非ユーロ圏の国との関係をどう構築していくのかの課題があることを述べている。黒川洋行（2015）と中川辰洋（2014）は、銀行同盟について一定の評価をしつつ、単一破綻処理メカニズムの基金が十分な水準とはいえない状況で将来的な国家の財政負担は避けられないと考え、さらなる財政基盤の統一の必要性を論じている。

　これらの先行研究を踏まえ、本章では、この欧州銀行同盟について、預金者保護の観点から預金保険制度に着目して考察する。具体的には、改正預金保険指令から国際的な預金保険制度の制度設計について考察を行い、そのうえで欧州の銀行同盟における単一預金保険制度に関する課題を明らかにする。

　本章の目的は、法令および制度面から以下の三点について考察することにある。第一に、預金保険制度における国際的な課題を明らかにすることである。第二に、それを欧州の預金保険指令では、どのように規定されているのかを明らかにする。第三に、欧州銀行同盟の背景をみたうえで、欧州銀行同盟の三つ目の柱である単一預金保険制度の実現可能性とその課題について考える。

　本章の特徴は以下の三点である。一つ目に、預金保険制度の国際間の取り決めの必要性とその課題を議論したことである。二つ目に、欧州銀行同盟の単一預金保険制度に注目して考察を行ったことである。現状、単一預金保険制度が設立されていないことから、このような考察はまだ少ない。三つ目に、欧州銀

178

第 6 章　欧州銀行同盟と預金保険制度

行同盟に至った経緯を五つにまとめたことである。

　本章の構成は以下のとおりである。第 1 節で欧州銀行同盟の概要について、
第 2 節でその銀行同盟を構築した背景をまとめる。第 3 節で欧州銀行同盟の現
状として、単一監督メカニズムと単一破綻処理メカニズムを説明する。第 4 節
でベイルイン制度についてみる。そして、第 5 節で国境をまたいで取引を行う
銀行に対する預金保険制度について、その課題を述べる。そのうえで、欧州の
改正預金保険指令の中身をみる。また、これらの考察から第 6 節で欧州銀行同
盟の預金保険制度における実現可能性とその課題を考察する。そして、最後に
これらをまとめる。

第 1 節　欧州銀行同盟

　欧州銀行同盟について簡単にみておこう。欧州銀行同盟は、①銀行監督と②
銀行の破綻処理機構と③預金保険制度の三つについて、加盟国がそれぞれ個別
に担っていたものを EU レベルに引き上げて、これらを行うものである。

　具体的には、以下の三つのものを欧州委員会は目指した（図 6–1 参照）。す
なわち、①単一監督メカニズム（Single Supervisory Mechanism: SSM）、②単
一破綻処理メカニズム（Single Resolution Mechanism: SRM）、③単一預金保
険制度（Single Deposit Guarantee Scheme: SDGS）である [1]。

　第一の SSM は、銀行監督を単一銀行監督機構（具体的には ECB）が行うこ
とにより、監督システムの機能を ECB に集約、一元化させることを目指して
いる。SSM の一つの狙いは、「単一ルールブック」を作成することによって、
各国がばらばらに行っている銀行監督基準の統一を図ることである。第二の
SRM は、銀行の破綻処理は単一破綻処理機構が行うことでクロスボーダーの
銀行破綻への迅速な措置が実施できるようにしている。さらに、SRM に各国
が基金を積み立て、破綻処理のための共通財源の確保を目指している。そして、
この共通財源によって、財政と金融システム安定のための公的支援を切り離す
ことを目指している。そして、第三の SDGS は、欧州各国の預金保険制度が国

図 6-1　欧州銀行同盟

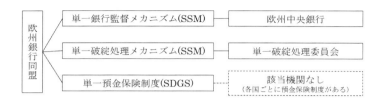

出所：筆者作成。

によって異なっていることから、預金保険制度のハーモナイゼーションを目指している[2]。

第 2 節　欧州銀行同盟の背景

欧州銀行同盟による単一銀行監督と単一破綻処理機構および単一預金保険制度が必要であるとされた背景としては、以下の五点があげられよう。

第一の欧州銀行同盟の背景として、各国による銀行監督にばらつきがあったことへの不満があげられる。そのため、銀行監督における「単一ルールブック」を作成することへの合意形成がなされたと考えられる。具体的には、以下のとおりである。

SSM の始動に先立ち、銀行が一定の基準のもとに健全であることを確認しておく必要があったため、主要行を対象に包括的評価（Comprehensive Assessment）を実施した。これは資産査定（Asset Quality Review: AQR）とストレステストの二つから構成される。2013 年秋から ECB と欧州銀行監督当局（European Banking Authority: EBA）による包括的評価が実施された[3]。対象銀行は大手銀行を中心に 130 行で、2014 年 10 月 26 日にその結果が公表された。これに不合格となった銀行には、資本の増強および資産のリストラが求められた[4]。しかし、その後の銀行破綻により、以下の二つの疑問が生じるよ

第 6 章　欧州銀行同盟と預金保険制度

うになった。

　一つ目に、ストレステストに合格していた銀行がその後破綻したことにより、各国の銀行監督当局の監督に疑問が持たれることになった。例えば、ストレステストに合格していたフランス・ベルギー系のデクシア（DEXIA）が、ストレステスト直後に経営破綻した。さらに、スペインのバンキアもストレステストに合格をしていたが、経営破綻し、スペイン政府によって国有化された[5]。EBA が実施していたストレステストは、各国監督当局から報告された金融機関の情報に依存して行われた。しかし、これらの銀行破綻は、各国監督当局の銀行監督能力に疑問が持たれる契機となった。

　二つ目に、AQR で新たに不良債権が 1,360 億ユーロも増えたことである。このうち 550 億ユーロは不良債権の定義の違いから生じた[6]。これは、各国の銀行監督基準がばらばらであったことの証左である。そのため、銀行監督指標を統一する必要性に各国の理解が進んだと考えられる。これらのことがあいまって、強力な権限をもつ統一的な銀行監督機関を設置し、単一ルールブックの作成を行う機運が高まったといえよう。

　第二の欧州銀行同盟の背景として 2010 年のギリシャの国家債務危機で起こったソブリンリスクの顕在化と、金融システム不安が国家財政危機を誘発したことがあげられる。ソブリンリスクとは、自国の国債価格が下落することが、その国の銀行のバランスシートの毀損を招くことである。言い換えるなら、国債価値の下落により、その国の銀行の資金調達が困難になるリスクである。自国の国債の格付けが、その国の銀行の格付けよりも高く格付けされるという関係があるため、自国の国債の格付けが落とされると、その国の銀行の格付けも低下することになる。その結果、自国の国債の格付けの低下が、その国の銀行の資金調達費用の上昇を招く。

　さらに、金融システム不安の拡大を抑制するために、銀行に対して公的資金を国が投じることがある。そのため、ギリシャやアイルランドがそうであったように、銀行危機が国家財政危機を引き起こすことがある。つまり、公的支援で銀行経営の健全化を図ろうとした国家が、その財政の悪化によって銀行危機

181

表 6-1　2000 年代の欧州銀行危機における銀行救済の財政費用（対 GDP 比）

アイルランド	40.7%	スペイン	3.8%
イギリス	6.9%	デンマーク	2.8%
イタリア	0.3%	ドイツ	1.8%
オーストリア	4.9%	ハンガリー	0.1%
オランダ	6.6%	フランス	1.0%
ギリシャ	25.4%	ベルギー	6.0%
スウェーデン	0.7%		

出所：FLaeven and Valencia（2013）より筆者作成。

を誘発するという悪循環に陥る可能性がある。このようなソブリンフィード
バックループが発生したことが、銀行同盟を促すきっかけとなったといえよう。
そして、このようなことが起こらないよう国家の格付けと銀行への公的支援と
を切り離しておくことが必要であり、欧州統一で銀行への公的支援を行うメカ
ニズムを構築する誘因があったと考えられる。これが SRM を導入することに
なった背景の一つである。

　第三の欧州銀行同盟を促した背景としては、2000 年代後半にはじまった欧
州の銀行危機による財政支援が巨額に上ったことがあげられよう。アイルラン
ドでは対 GDP 比で 40.7％もの財政負担となった（表 6-1）。最終的に、2008
年 10 月～ 2012 年 12 月の間に、5,919 億ユーロ（2012 年の EU の GDP 比
で 4.6％に相当）を資本注入や資産売却支援として銀行などに資金援助した[7]。

　第四に、EU 諸国におけるクロスボーダー取引の比重が高まっているものの、
ユーロ圏の中には、各国銀行監督当局の銀行監督の失敗を、他のユーロ圏の国
に負担させることへの反発があった。具体的には、前述のバンキアを国有化す
る際、スペインは銀行再編のための基金（Fonde de Restructuracion Ordenada
Bancaria: FROB）から 44 億 6,500 万ユーロの公的資金を注入した。そのため、
その後、他の公的支援の必要となった銀行へ資本注入するための十分な資金が
準備できず、2012 年 12 月にスペインは欧州安定基金を通じた銀行部門への
公的資金注入を行った。これは、ユーロ圏の共同基金がスペインの銀行破綻処

第 6 章　欧州銀行同盟と預金保険制度

理に用いられたことになる[8]。つまり、スペイン以外の国の負担によってスペインの銀行の救済が行われたことになる。このことが、単一破綻処理制度の必要性がいわれるようになった契機の一つといえよう。

　第王に、預金保険制度の不統一による預金移動や銀行取り付けが生じたことがあげられる。2007 年のサブプライムローン問題の後、EU 域内で資金繰りが悪化する銀行が次々と出たため、金融システムが不安定化した。2008 年 9 月、アイルランドで国内六大銀行のすべての預金を全額保護する時限的措置がなされ、金融システムの安定化を目指した。一方で、隣国のイギリスの預金保険制度の付保預金限度額は 3 万 5,000 ポンドであったため、イギリスの銀行からイギリス所在のアイルランド系銀行へ預金移動が起こった。これは、後述するように、欧州では母国主義が導入されており、アイルランドを母国とする銀行は、イギリス国内の支店においても預金が全額保護されることになるためである。このことは、預金保険制度の違いを預金者が十分に知っており、預金保険制度によって保護される預金額が少しでも高い銀行に預金をしようとする預金者の動きがあらわれた一つの結果であろう[9]。

　加えて、2007 年にイギリスではノーザンロック銀行がイングランド銀行に資金援助を要請した結果、イギリスで 141 年ぶりとなる銀行取り付けが起こった[10]。これは、イギリスの預金保険制度には共同保険の仕組みがあったことも、その要因の一つとされている[11,12]。これも、預金者が預金保険制度を理解しているあらわれともとれよう。これらにより、欧州域内では、預金保険制度のハーモナイゼーションが必要であると考えられるようになってきた。

第 3 節　欧州銀行同盟の SSM と SRM の構造

　前述のように銀行同盟は①単一監督メカニズム（SSM）②単一破綻処理メカニズム（SRM）及び③単一預金保険制度（SDGS）の三つから成っているが、現実には①と②がすでに始動している。これらを詳しくみていこう。

183

1. 単一監督メカニズムと欧州中央銀行

まず、単一監督メカニズム（SSM）についてみる（図 6–2 左側参照）。SSM として ECB がそれを担う。SSM は ECB と各国の銀行監督当局（National Competent Authority: NCA）からなる制度である[13]。主要銀行は ECB が直接銀行監督を行い、それ以外の銀行は NCA が銀行監督を担当する[14]。また、必要があれば NCA 担当の銀行を ECB が直接監督することもでき、ECB が最終的な責任を持っている。また、監督当局である ECB は、SRM に対して、銀行が破綻しているもしくは、破綻するおそれがあるという判断を行い、通知する役割も担う。

SSM は ECB の政策理事会の下に置かれ、SSM の意思決定は監督理事会（Supervisory Board）によって行われる。この監督理事会は六人の理事（議長、副議長、四人の常任理事）と加盟する 19 の国の監督当局の代表者（各国一人）によって構成される。監督理事会は、監督業務の準備、監督計画の立案と実行、ECB 政策理事会に提出する決定案（draft decision）の起草を行う[15]。

SSM の構成は、第一総局（Direction General Ⅰ：DG Ⅰ）から第四総局（Direction General Ⅳ：DG Ⅳ）までの四つの局からなる。DG Ⅰが重要度の高いグローバル・システミック・バンク（超大手行）を監督する。次に DG Ⅱがユーロピアン・システミック・バンク（欧州内で比較的大きな銀行）を監督し、DG Ⅲが準大手行を監督する。DG Ⅳは銀行監督に関する専門性の高い業務を行い、DG Ⅰから DG Ⅲを横断的に取り扱う。

ECB 自身はそれまで金融政策のみを行っており、銀行監督を行っていなかった。そのため、ECB における銀行監督は複数の国の NCA 出身者が ECB に集まって行うことになる。これは、それぞれの国の監督手法が共有されると同時に、単一ルールブックの導入により、共通の尺度で監督が行われるため、質の高い監督が行われることを期待できる。さらに、銀行監督が統一されることにより、NCA ごとに異なる規則や報告義務の違いがなくなることになり、クロスボーダーで業務を行う銀行の負担が減る。さらに、報告書等の統一は投資家にもわかりやすいものとなると考えられる。

第 6 章　欧州銀行同盟と預金保険制度

図 6-2　欧州銀行同盟の構造

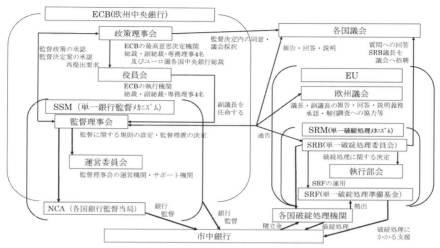

出所：筆者作成。

2.　単一破綻処理メカニズム

次に単一破綻処理メカニズム（SRM）についてみる（図 6-2 右下参照）。EU 本部のあるブリュッセルに SRM の本部が置かれた。これは、監督当局（ECB の本部はフランクフルト）とは別の組織とするよう規定されているためである。SRM として単一破綻処理委員会（Single Resolution Board: SRB）が置かれた。

SRB は、議長、副議長、四人の常任理事および加盟破綻処理当局の代表者から構成される[16]。定額を超える多額の単一破綻処理基金（Single Resolution Fund: SRF）の資金の利用が必要な場合は、各国破綻処理当局の代表者全員が集まる SRB の全体会合が開かれるが、そうでない場合は議長と四人の常任理事及び当該銀行に関係する各国破綻処理当局の代表から構成される執行部会が主要な決定を行う。各加盟国は原則として一つ、場合によっては複数の破綻処理当局を指定し、実際の破綻処理にあたる。また、実効性のある破綻処理水準を確保するために、NCA が責任を有している銀行に対して SRB が直接破綻処理権限を行使することができる。

185

銀行監督当局から監督対象銀行に破綻もしくは破綻の恐れがあると認定された銀行は、各国当局により破綻処理プランが策定される。破綻処理ツールは、①事業売却、②ブリッジバンク、③資産分離、④ベイルインの四つの中から選択される[17]。SRB は破綻処理によって実体経済に影響が少なく、かつ納税者負担が最小限になるように破綻処理プランの策定とその実施を行う[18]。その際に SRF を利用することができる。

この SRF は 2016 年に設立され、加盟銀行へ課す積立金によって、2023 年末までに積み立てを行い、550 億ユーロの基金とする予定である。この基金は、当面、各国ごとに積み立てられ、管理されるが、段階的に共通化を進めて 2023 年には一本化する予定である[19]。

ただ、SRB の独立性が与えられているが、同時に説明責任を果たす必要がある。これは、以下のことからわかる。すなわち、SRB が EU 予算から独立している。そして、加盟国、EU の機関、何らの公的、私的団体は、SRB の議長および副議長と SRB に影響力を行使しないと規定されている。しかし、各国議会は SRB の議長を自国議会に召集する権利を保持しており、また、各国メンバーから構成される総会で SRB 議長の解任ができる。ここに SRB の独立性とその説明責任との関係がみて取れる。そのため、破綻処理案の策定とその実施にあたっては、SRB が客観的かつ論理的根拠に基づいた判断を遂行できることが重要である。

3. SRM による銀行破綻処理

SRM が直接責任を負う破綻処理の実施にあたっては、以下の三つの条件が満たされることが必要である[20]。①破綻している、あるいは破綻する恐れがあること、②時期その他の関連する事情を考慮すると、他の選択肢では合理的な時間内に破綻回避できる見込みがないこと、③公共の利益のために破綻処理措置が必要であることの三つである。ECB がこれらの要件に該当しそうな対象行の存在を各国破綻処理当局もしくは SRB に連絡することもある。

以下は太田瑞希子（2015）に従って破綻処理スキームの決定過程をみる（図

第 6 章　欧州銀行同盟と預金保険制度

図 6-3　欧州銀行同盟の構造

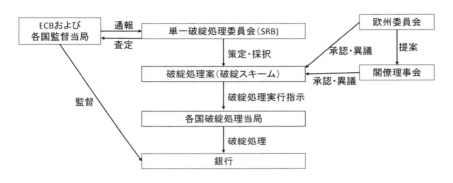

出所：太田瑞希子（2015）に筆者加筆。

6-3 参照）[21]。破綻処理が必要と認定された場合、事前に作成されていた破綻処理プランに基づいて、SRB は破綻処理行の特定・破綻処理の方法を決める。そして、SRF の使用の有無を含む破綻処理案とその採択を行い、SRB 案としてそれを欧州委員会へ提出する。その後、以下の三つのケースに応じて、破綻処理が実行されることになる。

＜ケース A＞
　欧州委員会が破綻処理案提出後 24 時間以内に SRB 案への支持を決定し、破綻処理に入る。
＜ケース B＞
　欧州委員会が、前述③（公共の利益のために破綻処理措置が必要である）に適っていないとして SRB 案への異議を申し立て、SRB 案で提示された SRF の支出額に対して、反対を行うことを閣僚理事会に提案。その提案から 12 時間以内に閣僚理事会は提案内容を精査し、多数決により結論を出す。
＜ケース C＞
　欧州委員会が、ケース B 以外の理由で SRB への異議を SRB 提案から 24 時

187

間以内に申し立て、SRB はそれから 8 時間以内に反対理由を反映した案を策定する。

このように破綻処理案は、欧州委員会および欧州理事会が承認した場合、欧州委員会または閣僚理事会が破綻処理スキームの発効を宣言し、その後 SRB が各国破綻処理当局へスキームに従った破綻処理の実施を指示する。また、破綻処理案は SRB がそれを決定してから 24 時間後には効力をもつが、銀行の破綻処理をいつ実施するかの決定権限は欧州委員会が保持する。これは EU 機能条約 291 条によって、法的拘束力を有する EU レベルの決議を行える条件を設定するのは欧州委員会と閣僚理事会に限ると規定しているからである。

第 4 節　ベイルイン制度の導入

欧州銀行同盟の特徴の一つがベイルインの原則である。2014 年 5 月 6 日に欧州連合理事会が銀行の再生及び破綻処理に関する指令（Bank Recovery and Resolution Directive〔2014/59/EU〕: BRRD）を採択し、ベイルイン制度が導入された。この制度の原則により、銀行破綻処理にともなう公的支援を行うことによる納税者負担を極力小さくするために、破綻銀行の株主や債権者は、保有資産のうち少なくとも 8％の金額の負担を求められることになる[22]。株主がまず負担し、それでも損失吸収が必要な場合は債権者が負担することになり、加えて大口の非付保預金も対象となることもある。ただし、個人や中小企業の大口の非付保預金については、他の無担保債務より優先的に弁済することとされる。

ただ、太田瑞希子が指摘するように、BRRD 第 56 条 4 項には、一定の債務をベイルインの対象から除外する裁量権を各国当局に与えている。よって、BRRD は各国における納税者負担を求めることを完全に排除したわけではない。はじめのところで述べたモンテパスキ銀行の破綻処理は、これが適用されたといえよう。これは、欧州銀行同盟による他国への財政支出の影響を最小限に抑えることを目的としており、当該国であるイタリア政府がその資金を提供する

第 6 章　欧州銀行同盟と預金保険制度

ことによって、金融システムが安定化するのであれば、それを認めるとする柔
軟な対応をとったということができよう。

　第 4 章でわが国について分析したように、金融システムが不安定化した際に、
それを安定化させるには多額の費用が必要である。そのため、このベイルイン
の原則は、損失を被ることを避けようする投資家が、少しでも早く市場から資
金を引き上げることを促し、場合によっては金融システム不安を助長する可能
性がある。しかし、このような柔軟な条項は、財政支出による金融システムの
安定化を否定したわけではなく、状況如何ではベイルアウト（財政等を用いて
銀行を救済する）を行うことを是認するための重要な条項ということができる。
そして、前述のモンテパスキ銀行の事例がこれに当たるということができよ
う。

第 5 節　欧州銀行同盟における預金保険制度

1.　国際的な預金保険制度の必要性とその課題

　国際間の預金保険制度の制度設計にあたっては、預金者保護やその費用負担
の観点から、主に以下の五つの取り決めが必要であろう。これは、母国とホス
ト国の預金保険制度が異なっていることによっている。

　第一に、破綻した銀行の支店が、本店のある国（母国）ではない国に立地し
ている場合、その支店の預金はどの国の預金保険制度によって保護されるのか
という問題である。つまり、母国の預金保険制度なのか、支店のある国（ホス
ト国）の預金保険制度なのかを定めておく必要があろう。また、母国に預金保
険制度が存在せず、ホスト国に預金保険制度が存在する場合、ホスト国の預金
保険制度によってその支店の預金が保護されるかどうかも定めておく必要があ
ろう。

　第二に、この両者の間に付保預金限度額に違いがある場合、同じ国にある銀
行でも銀行によって付保預金限度額が異なる可能性がある。具体的には、ホス
ト国において母国の預金保険制度が適用されるケースで、この両者に付保預金

189

限度額に違いがあると、ホスト国内の銀行間で付保預金限度額が異なることになる。これは、預金獲得のうえで、ホスト国の銀行と外国の銀行との競争条件が異なることになる。すなわち、付保預金限度額に高い制度が適用される銀行が競争上、有利かもしれない。また、外銀の支店においてホスト国の預金保険制度よりも低い付保預金限度額が適用されるのであれば、それは預金者への周知が欠かせない。さらに、この場合、銀行破綻処理の際に、そのことを知らなかった預金者の一部が預金の減額というかたちで銀行破綻の費用負担を強いられるかもしれず、これは情報弱者である預金者を保護する観点から問題となるかもしれない。

　第三に、その負担の問題がある。仮に、母国の預金保険制度によって、ホスト国の預金が保護されるのであれば、積み立てられた保険料は主に母国の銀行に預けられている預金者が支払ったものであり、その資金がホスト国の預金者保護に用いられることになる。これに母国の預金者が同意しているとは考えにくい。つまり、母国の預金者の負担によって、母国以外の預金者保護が行われることへの母国の預金者の理解を得るのは難しいかもしれない。

　第四に、ホスト国において母国の預金保険制度が適用されるケースでペイオフ（保険金による預金の払い戻し）をする際、どの通貨を保護するかという問題がある[23]。具体的には、母国の法貨と異なる通貨の預金（外貨預金）もその保護の対象とすべきかである。これは、母国で外貨預金もその保護対象とすることと同義ともいえよう。なぜなら、母国でも外貨預金を保護しているのであれば、その制度をそのまま適用すれば良いことだけなのかもしれないからである。しかし、そうではないケースにおいて、外国の支店に預けられた外貨預金を母国の預金保険制度で保護すべきかの検討が必要となってくる。仮に母国では外貨預金が保護されず、外国ではそれが保護されるようなケースでは、母国の外貨預金が外国の支店に移ることによって外貨預金が保護されるため、制度の整合性に問題が生じるかもしれない。ただ、欧州が共通通貨を導入している以上、共通通貨導入国間では、この問題は生じないであろう。

　第五に、母国の預金保険制度が外貨を保護するとして、ペイオフの際、その

第 6 章　欧州銀行同盟と預金保険制度

預金を外貨で払い戻すかという点である。ここでの問題は、通常、自国通貨で預金保険料を積み立てており、もし外貨での払い戻しとなれば、それを外貨に交換しなければならない。その際、自国の通貨の外国為替レートが減価していると、かなりの費用を母国の預金保険制度に強いることになるかもしれない。また、通貨危機などによって、預金を払い戻すだけの外貨を獲得できないような状況もありうるだろう。

　以上は、預金保護の観点からみた国際間の預金保険制度を考えるうえで考察しておくべき点である。これら以外にもいくつもの議論すべき点がある。例えば、どのような金融商品を保護対象とするのかや、破綻後の預金の払い戻しまでに必要な手続きの規定は、預金保険制度ごとに異なっている可能性がある。これらを解決するためにも、国際的な預金保険制度は必要であるといえよう。そして、欧州銀行同盟における単一預金保険制度の取り組みは、これらに対する一つの指針となろう。これを以下で詳しくみていく。

2.　欧州預金保険指令

　マーストリヒト条約に基づく欧州域内の経済統合を図るべく、欧州における預金保険制度についてもその取り決めがなされた。1994 年 5 月に、最初の預金保険指令（Deposit Guarantee Schemes Directive（94/19/EC））が制定された[24]。その後、2007 年以降の金融危機において、預金者の信用不安が広がり、金融セーフティネットとしての預金保険制度が十分に機能していないという認識のもと、改正預金保険指令が、2008 年 10 月に EU 財務相会議に出された。そして、それが 2009 年に改正預金保険指令（2009/14/EC）として出された[25]。

　その後、欧州銀行同盟が 2012 年に打ち出されたことから、単一預金保険制度に向けた議論がされるようになった。2013 年 12 月に欧州議会と欧州閣僚理事会が新たな預金保険指令について合意したのを受け、2014 年 4 月に欧州議会で改正預金保険指令（Revision of Directive 94/19/EU on Deposit Guarantee Schemes〔2014/49/EU〕）が採択された[26]。2017 年現在、この

2014 年の改正預金保険指令が有効である。

　また、欧州銀行同盟における単一預金保険制度では、どちらかというとナロー型の預金保険制度を想定しており、クロスボーダーで業務を行う銀行に預金している預金者保護を主要な目的としている。これは、2014 年の改正預金保険指令（2014/49/EU）の第 1 条で、欧州各国の公的預金保険制度をこの改正預金保険指令の対象と定めており、その多くがナロー型の預金保険制度であることによっていると考えられる。

3.　預金保険指令による規程

　本節 1. 項で述べたように、預金者を保護するために、預金保険制度における国際間の取り決めや預金保護を考えるうえで考察すべき点がいくつかある。前述した点について、この欧州の預金保険指令ではどのように定めているのかをみていこう。なお、以下で示す条項は、すべて 2014 年改正預金保険指令（2014/49/EU）におけるものである。

　第一点目のホスト国の支店をどの国の預金保険制度が保護するのかについては、ホームカントリールール（母国主義）を用いることが 1994 年の預金保険指令（94/19/EC）から謳われており、その後の預金保険指令でもこの点が引き継がれている。すなわち、母国の外（ホスト国）にある支店に預けられた預金の保護は母国の預金保険制度が行い、付保預金限度額も母国の預金保険制度が適用されることが明文化されている[27]。

　また、改正預金保険指令（2014/49/EU）では、EU 域外の国を母国（第三国）とする銀行についても規定されている。その銀行の支店にも、ホスト国の預金保険制度と同等の保護がなされるようにしなければならず、もし、同等のものでなければ、ホスト国の預金保険制度にその銀行をホスト国の預金保険制度に加盟させなければならないと規定している（第 15 条 1 項）。そのため、第三国の銀行がホスト国内に支店を設立する際に、ホスト国がこの点をチェックする必要がある。

　第二に、ホスト国にある支店の預金の付保預金限度額はいくらかという点が

第 6 章　欧州銀行同盟と預金保険制度

ある。第一のところで述べたように欧州では母国主義がとられているため、母国の預金保険制度の付保預金限度額が適用されることになる。そして、付保預金限度額について、預金者 1 人あたり最低 10 万ユーロ以上を確保することが規定されている（第 6 条 1 項）[28]。また、この付保預金限度額については例外規定もあり、付保預金限度額を超えて保護することができるケースも示されている（第 6 条 2 項）[29]。また、10 万ユーロの付保預金限度額については、5 年ごとに欧州委員会によって見直しが図られることになっている（第 6 条 6 項）。

　前述のとおり、アイルランドが預金の全額保護を打ち出せば、イギリスでアイルランド系の銀行に預金が集まった。これは、預金者が預金保険制度については母国主義が採用されていることを良く知っていることを表しているといえよう。すなわち、イギリスを母国とする銀行では有限の付保預金限度額しか設定されていないが、アイルランドに本店がある銀行であれば、全額保護されることを預金者が知っていたと考えることができる。

　第三の考察すべき点は、費用負担の問題である。すなわち、銀行が破綻した際、母国の預金者の保険料によって、ホスト国の預金者を保護するかどうかである。欧州銀行同盟では母国主義が謳われており、母国の預金保険制度に積み立てられた保険料が、ホスト国の預金者保護のために用いられることになる。具体的には、銀行が破綻した際、ホスト国にある支店はホスト国の預金保険制度によっていったん払い戻しを預金者に行い、ホスト国の預金者を保護するが、その費用は母国の預金保険制度が負担することになっている（第 14 条）[30]。

　最後に、外貨預金を保護するかどうか、ペイオフの際にどの通貨で支払われるのかという点について、改正預金保険指令の規定をみる。まず、預金保険指令では、この後にみるように、外貨預金に関する記述はない。つまり、外貨預金を保護するかどうかは、各国に裁量があるといえる。

　改正預金保険指令で規定されていることは、次の三つの金融商品は付保預金から外される。すなわち、①オプション・スワップなどの金融商品、②額面どおり支払われない金融商品及び、③特定の補償や合意があるときにのみ元本が額面で支払われるものである（第 2 条 3 項）。さらに、以下のものは、付保預

193

金としては適切ではなく、その付保から外されるように規定されている（第5条1項）。

- 他の預金取扱金融機関による預金
- 当該銀行自身の自己資本
- マネーロンダリングに関係する預金
- 金融機関による預金
- 投資会社による預金
- 保有者が不明な預金
- 保険引き受け、再保険引き受けによる預金
- 共同投資引き受けによる預金
- 年金基金及び退職基金による預金
- 公的当局による預金
- 預金取扱金融機関が発行した債務証券

このように、改正預金保険指令（2014/49/EU）の中には、外貨預金についての規定はない。そのため、各国の預金保険制度は外貨預金の保護を規定することが可能である。そして、それを裏づけるかのように、銀行破綻時のペイオフにおける支払い通貨について、以下のとおりに規定されている（第6条4項）。

- 加盟国の通貨
- 口座保有者が居住する加盟国の通貨
- ユーロ
- 預金口座の通貨
- 加盟国内の口座で用いられている通貨

よって、自国通貨以外の通貨を保護することができる。また、自国通貨以外でペイオフを行うためには、本節1.項で議論したように、その為替レートが問題となってくる可能性がある。これについても、破綻が認定された日の為替レートを用いることが、第6条4項内に規定されている。

第 6 章　欧州銀行同盟と預金保険制度

4.　改正預金保険指令に預金保険料とその運用

　第 3 節で述べた以外にも、改正預金保険指令の中で重要なものがいくつか
ある。ここでは、そのうち預金保険料について述べる。保険料は、付保預金と
その銀行のリスクに基づいて決められる可変保険料率制度を導入することを謳
っている（第 13 条 1 項）。また、その算出にあたっては、同条 2 項で、加盟
銀行の資本の質や資産の質、流動性といった貸借対照表の状況やリスク指標を
用いた方法を採用するように規定している。加えて、保険料の納付については、
毎年、事前（保険事故が起こる前）に預金保険制度に加盟した銀行が保険料を
支払うことを定めている。

　その具体的なものについては、EBA が 2015 年 7 月 3 日までに預金保険料
の算出方法についてのガイドラインを策定することが定められている（第 13
条 3 項）。このガイドラインは、2015 年 9 月 22 日に EBA によって出され
た [31]。以下は、その EBA のガイドラインである。

　まず、加盟銀行 i の保険料 Ci は、以下の式によって求められる。

$$Ci = CR \times ARWi \times CDi \times \mu \tag{6.1}$$

　CR は該当年の預金保険制度加盟銀行の全保険料である。また、ARWi は加
盟銀行 i のリスクウエイトであり、CDi は加盟銀行 i の付保預金額であり、μ
は該当年の調整係数（全加盟銀行が同じ）である。つまり、その加盟国の預金
保険制度全体のリスクに占める割合である ARWi によって、その銀行のリスク
が反映された保険料が決まることになる。これを表 6–2 のようなものを用いて、
各銀行のリスクを測るように提唱している。これは、第 5 章で述べたような
可変保険料率制度を参考にしたものと考えられる。

　また、表 6–2 のリスクウエイトの合計は 100％ となっていない。それぞれ
の加盟国の預金保険制度が残りの 25％ のウエイトを決め、合計 100％ にする。
すなわち、25％ 分の裁量権が各国預金保険制度に与えられているといえよう。

　第 5 章で述べたように、わが国の銀行の可変保険料率制度の導入を考える
うえで、わが国の銀行の特徴を反映させた基準で行うべきであり、他国のもの

195

表 6-2　経常利益の変動の相関係数

リスク指標	内容	評価割合	健全な銀行は
資本		18.0%	
レバレッジ比率	Tier1 自己資本 / 総資産	9.0%	数値が高い
自己資本比率	実際の CET1 / 求められる CET1[*1]	いずれか 9%	数値が高い
CET1 比率	CET1 / リスク調整後の資産		数値が高い
流動性・資金調達		18.0%	
流動性比率	流動資産 / 総資産	9.0%	数値が高い
満期変換指標	検討中（明確になっていない）	9.0%	数値が高い
資産の質		13.0%	
不良債権比率	不良債権 / 総貸付＋債務証券	13.0%	数値が低い
	（もしくは総貸付のみ）		
経営指標		13.0%	
リスク資産の割合	リスク調整後の資産 / 総資産	6.5%	数値が高い
総資産利益率（ROA）	純利益 / 総資産	6.5%	高い方がいい [*2]
預金保険制度における潜在的な損失		13.0%	
担保資産の割合	（総資産－無担保資産）/ 付保預金	13.0%	数値が高い
	合計	75.0%	

注：*1 CET1 は普通株式等によって構成される Tier1 であり、Common Equity Component of Tier 1
　　の略である。
　　　CET1 ＝普通株式＋内部留保＋その他包括利益－関連調整項目を適用した純額
　　*2 高すぎる場合は、ハイリスクな運用をしている可能性がある。
出所：EBA（2015）EBA/GD/2015/10, pp.20-23, pp.38-40 より筆者が作成。

をそっくりそのまま適用することは、わが国の銀行の健全性をしっかりと測れ
ないかもしれないという指摘をした。よって、このように EBA が預金保険料
を設定するために、各国の裁量権を残していることは、その観点から優れてい
るといえるかもしれない。

　上記の保険料によって積み立てる基金についての規定がある。2024 年 7 月
3 日までに、加盟銀行による毎年の保険料で、加盟銀行の付保預金の 0.8％の
ターゲットレベルまで、保険金を積み立てることを規定している（第 10
条）[32]。なお、預金保険の基金と SRF とは別ものである[33]。このターゲットレ
ベルを下回ると保険料の徴収を再開する[34]。また、ターゲットの 3 分の 2 を
下回ったら、6 年以内にターゲットレベルを回復するように、規定されている

行間の相互的な預金保険制度も存在することから、その費用負担を嫌うことは明白である。現に2013年にキプロスの銀行が破綻した際、ドイツの銀行が積み立てた基金を使うのかというドイツ国民からの反発があった。よって、大国において単一制度に向けた理解が広がらない限り、単一預金保険制度の実現は厳しいのかもしれない。言い換えるなら、単一預金保険制度は財政統合の可能性を秘めているため、費用負担への共通の理解が必要である。そのため、現在のような、銀行監督を統一するにとどめ、銀行が破綻すれば、各国の破綻処理当局がそれにあたる枠組みとなったのであろう。したがって、これらの問題は財政的な見地からのさらなる考察が必要であり、今後の研究課題である。

　ただ、改正預金保険指令では、預金者がどの預金保険制度によって保護されているのかを銀行が預金者に周知することが謳われている。これは、母国主義が謳われたとはいえ、預金者にはわかりにくい制度になっているためであると考えられる。財政的なところはいったん置き、各国の制度を統一するよう働きかける必要があるかもしれない。

　また、このような欧州銀行同盟の三つ目の柱が揃うことが、金融システムを強固なものとし、その結果、ユーロ圏全体の金融システム安定のために用いられる費用の削減につながることが期待できる。ギリシャやスペインの預金者が、ドイツを本国とする銀行に預金を移すことは比較的容易である。このことは、ユーロ圏内でいつでも銀行取り付けが起こる可能性を秘めているといえよう。そして、これがドミノ的に起これば、ユーロ圏の金融システムは崩壊しかねない。もしそうなれば、欧州全体で費用負担を強いられることになり、大国であるドイツもその例外ではないであろう。仮に、規制や監督を強めたとしても、そのような銀行取り付けを防止する効果は期待できない。そのため、そうならないためにも、欧州銀行同盟の三つの柱を整え、単一預金保険制度を構築すべきであろう。これらを鑑みると、ユーロ圏の国々が一丸となって単一預金保険メカニズムを完成させ、資金的な支えをともなったセーフティネットを作ることが必要であろう。

　このように、欧州銀行同盟の三つの柱をもってユーロ圏の金融システムの

第 6 章　欧州銀行同盟と預金保険制度

きな銀行が経営危機に瀕した際の支援に SRF が用いられるべきであろう。場合によっては、政府による支援もありえよう。これらをまとめたものが図 6-4 である。

　ただ、上記のようなことを行うにしても、SRF は金融システム不安に十分対応できるだけの基金とはなっていない可能性がある。現在、その取り決めは 550 億ユーロである。しかし、前述のように欧州銀行危機では対 GDP 比で 5 ％弱の財政負担がかかり、わが国の 1990 年代後半からの金融システムの安定化への施策でも対 GDP 比で 4 ％程度の費用がかかった。したがって、準備すべき金額は、欧州の GDP 比 4 ％としても 5,000 億ユーロ規模が必要なのかもしれず、SRF の目標規模が小さいのかもしれない。同様の指摘は、米倉（2014）や黒川洋行（2015）でもしている。

第 6 節　単一預金保険制度の実現可能性とその課題

　欧州銀行同盟で掲げた三本の柱のうち、単一預金保険制度は実現していない。ユーロ通貨導入各国には、預金保険制度が存在するが、それらを統合するのは、まだ時間がかかりそうである。これまで考察してきたように、改正預金保険指令は、欧州各国の預金保険制度のハーモナイゼーションを目指している。これは、第 5 節 1. 項で議論したような点で、制度間の違いが預金者の混乱をもたらす可能性があるためであろう。しかし、この改正預金保険指令も、一つのガイドラインとして採択されたにすぎない。例えば付保預金限度額について、預金者一人あたり 10 万ユーロを超える設定をしても違反とはならない。

　単一預金保険制度は、預金保険制度加盟銀行から保険料を徴収し、それによって銀行破綻処理にあたる。問題は、経済力のある国の銀行の保険料が、経済力のない国の銀行の破綻処理に使われることである。仮に可変保険料率を導入したとしても、経済規模の大きいドイツを母国とする銀行の保険料負担が最も大きくなるであろう。大国は自国の保険料によって、他国の破綻銀行の預金者を保護することを嫌うであろう。特に、ドイツは公的な預金保険制度以外に銀

199

図6-4 破綻銀行処理と早期是正措置等による支援

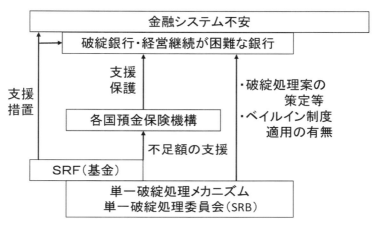

出所：筆者作成。

　これらから、欧州銀行同盟にける破綻処理においても、以下のように、第3章で議論したようなことがいえるかもしれない。欧州銀行同盟で想定される預金保険制度はナロー型であり、SRMにおける支援はブロード型のものということができるかもしれない。よって、破綻銀行や経営困難に陥った銀行への支援は、基本的にナロー型である各国の預金保険機構が行い、ソブリンリスクが顕在化しない限り、母国主義に基づいて、母国の預金保険機構によって破綻費用が負担されるべきかもしれない。これは、早期是正措置を行う場合も含まれよう。また、その負担すべき費用は、最小費用原則によって計算した費用を限度とすべきかもしれない。場合によっては、ベイルイン制度を適用した後の預金保険機構の負担を上限とすべきかもしれない。そして、それを超える不足分は、SRFによって負担されるべきではないだろうか。もちろん、欧州銀行同盟で破綻処理案の作成はSRBが担うことになり、各国の預金保険機構はそれに従うことになる。一方、SRFを設立した目的の一つは、各国の格付けと、その支援を切り離し、金融システム不安時に柔軟な対応ができるようにするためであり、ソブリンフィードバックループが生じないようにするためであろう。よって、金融システム不安が生じているもしくはその可能性があるケースや、大

第 6 章　欧州銀行同盟と預金保険制度

（第 10 条 2 項）。さらに、基金が不足する場合は、加盟銀行にその付保預金の
0.5％を超えない範囲で特別保険料を求めることができるとしている（第 10
条 8 項）[35]。また、基金が不足する場合の借入についても記載されている。また、
各国預金保険制度間での借入も認めている（第 12 条）。

5.　銀行破綻処理と改正預金保険指令

　もう一つ、改正預金保険指令の中で考察すべき点として、銀行破綻処理に関
する規程がある。

　まず、破綻処理の迅速化が規定されている。破綻銀行へ預金保険制度を利用
した預金の払い戻しについて、その期間を 7 日間に短縮するよう規定している。
ただ、経過措置がとられている[36,37,38]。

　そして、欧州銀行同盟では、破綻処理は監督当局との連携が欠かせない。そ
のため、監督、破綻処理関係当局との緊密な連携をもつように明文化している
（第 3 条）。これは、前述の SSM や SRM との連携を指していると考えられる。

　また、預金保険制度の資金を使える場合について規定している（第 11 条）。
すなわち、この預金保険指令に基づいて、支援が必要な銀行に対しては、積み
立てた保険料を使うことができる。さらに、早期是正措置（BRRD 第 27 条）
が行われておらず、支援が必要なケース（BRRD 第 32 条）で、SRB による支
援が実行されていない場合、その銀行の破綻防止のために保険料で積み立てた
資金を用いることができると定めている（第 11 条 3、4 項）[39]。ただ、破綻
処理にあたっては、BRRD 第 109 条に従い、破綻処理当局と預金保険機構と
の間で協議をし、預金保険機構が負担する金額を決めることになっている（第
11 条 2 項）。

　前述のとおり、SRM と預金保険制度の基金は別ものである。そして、これ
ら二つの目的も異なる。SRF はソブリンリスクを回避するために、国の格付け
と銀行への公的支援を切り離すために設立された基金である。一方、預金保険
制度における預金保険料によって集められた基金は、預金者保護のための準備
である。

第 6 章　欧州銀行同盟と預金保険制度

安定を図るべきであり、現在はその一つが欠けている。このことは、上記のようなリスクがあることを指摘することができる。このことを各国が理解し、三つ目の柱の構築が待たれるところであり、今後の動きを注視していきたいと考えている。そして、2017 年 10 月 11 日に欧州委員会が、2018 年までに銀行同盟を完成させるとして、その方向性を打ち出したことは評価できよう。その内容は、預金保険の共通基金を急がず、各国ごとに保険料を積み立て、各国が銀行破綻に備えるとするものである。また、仮にそれが不足する場合のみ欧州全体の基金が使えるとする案である。そして、それと同時に不良債権処理等を進め、ドイツの負担が大きくならないようにするという配慮を示している。これは、ドイツの懸念に応じたものとなっており、欧州銀行同盟の三つ目の柱の実現が近づいたのかもしれない。

むすび

　本章では、クロスボーダーでビジネス展開する銀行業における預金者保護として、国際間の預金保険制度における検討すべき点について考察を行ってきた。そして、そのガイドラインの一つとして、欧州銀行同盟の柱の一つである単一預金保険制度について、改正預金保険指令を用いて考察を行ってきた。

　欧州銀行同盟は、①単一銀行監督を ECB が担い、②単一破綻処理機構が各国破綻処理機構と協力して、破綻処理を行い、③単一の預金保険制度によって預金者を保護することを目指した。しかし、①と②が先行しており、③が2017 年現在もいまだ、確立されていない。本章でみたように、改正預金保険指令により預金保険制度のハーモナイゼーションを目指していることは読みとれるが，これが単一預金保険制度の設立に向けた指令とは考えにくい。

　預金保険指令では、どちらかというとナロー型の預金保険制度を想定している。そして、母国主義（ホームカントリールール）がとられており、本店がある国以外の国にある支店も、母国の預金保険制度によって保護される。また、わが国では外貨預金は預金保険制度の対象外であるが、欧州で共通通貨が導入

201

されていることもあり、外貨預金も預金保険制度の対象とすることができる。その保険料は、可変保険料率制度を導入しており、資本の質や流動性、不良債権比率やリスク指標によって、加盟銀行ごとに異なったものを採用することになっている。

　もし、その銀行が破綻すれば、その支店の預金も母国に積み立てられた保険料によって保護される。そのため、母国の預金者の負担によって、支店のある外国（ホスト国）の預金者の保護がなされる。ただ、破綻処理については、欧州銀行同盟の一つである単一破綻処理メカニズムの委員会である単一破綻処理委員会と協議することになっており、破綻処理の費用負担については、まだ議論の余地がありそうである。

　欧州銀行同盟の課題は以下の三つにまとめられよう。一つ目は、ユーロの導入によって通貨は統合されたが、財政は各国ごとの運営になっており、さらなる財政の統合が必要であろう。二つ目に、破綻処理に関する費用負担については、SRF が行うのか、各国の預金保険機構が担うのかといった議論を深めておく必要があろう。三つ目に、各国で異なっている預金保険制度のさらなる統一を図り、預金者にわかりやすい制度とすべきであろう。

　本章にもいくつもの課題がある。まず、制度的な分析を行ってきたが、BRRD と改正預金保険指令との関係、破綻処理スキームの策定方法やその決定プロセスについては十分な議論が行えていない。また、制度的な枠組みの考察にとどまっており、経済モデルを想定した理論的なフレームワークを示したうえでの議論とはなっていない。また、多くの点を現実の動きを実際のデータを用いて確認する必要があろう。これらの点は、今後の研究課題である。

注

第1章

（1） 銀行業における情報の非対称性については、三つのことがあげられる。第一に、借り手の質が分からないということで、事前情報の非対称性と呼ばれる。第二に、借り手が選んだプロジェクトのタイプが貸し手には分からない、期中情報の非対称性がある。第三に、投資の最終的な収益が借り手にしか分からないという、事後情報の非対称性がある。（岩本康志・斉藤誠・前多康男・渡辺努『金融機能と規制の経済学』東洋経済新報社、2001年、4-5頁。

（2） 市場型間接金融とよばれるものが存在しており、この場合、間接金融と名が付いているが、受益証券を保有する者が貸倒れリスク等を負うことになる。

（3） BryantやJacklinおよびFreixas and Rochetでも同様のことが指摘されている。John Bryant, "A Model of Reserves, Bank Runs and Deposit Insurance," *Journal of Banking and Finance*, 43, 1980、Charles Jacklin, "Demand Deposit, Trading Restrictions, and Risk-Sharing," E.C. Prescott and N. Wallace（eds.）, *Contractual Arrangements for Intertemporal Trade*, University of Minnesota, Minneapolis, MN, 1987、Xavier Freixas, and Jean-Charles Rochet, *Microeconomics of Banking*, MIT Press, 1997。

（4） 金融システムとは、金融取引の場全体を抽象的に指している。また、金融システムの不安定な状況が政策課題となるのは、市場の失敗の一つであるためである。

（5） また、Schoenmakerは、アメリカの1880年から1936年までの銀行破綻のデータから、伝染効果について実証分析を行い、銀行業には伝染リスクがあることを明らかにした。Dirk Schoenmaker, "Contagion Risk in Banking," *L.S.E. Financial Markets. Group Discussion Paper*, 239, 1996.

（6） システミック・リスクについての定義は以下のものがあげられよう。国際決済銀行（BIS）では、「システミック・リスクは、ある金融機関がその決済に迫られている時にそれができなくなり、他の金融機関が行おうとしている債務の決済ができなくなることを引き起こすような状況」と定義している。また、Jean Charles Rochet and Jean Tiroleでは、「システミック・リスクは一つもしくは複数の金融機関の破綻が金融システムや経済全体に悪影響を与えること」としている。Jean Charles Rochet, and Jean Tirole "Controlling Risk in Payment Systems," *Journal of Money Credit and Banking*, 28, 1996.

（7） 信用リスクは、貸出し先などの運用先が倒産などにより貸出債権の価値が減少し、損失が出るリスクを言う。市場リスクは、三つある。すなわち、①金利変動にともなう金利リスク、②資産価格が変動することによる価格リスクおよび、③為替相場の変動にともなう為替リスクである。また、流動性リスクは、予想できないような資金の流出から、

203

流動性不足となるリスクを言う。

（8）　Bryant 前掲論文。

（9）　サフォーク・システムは、サフォーク銀行（The Suffolk Bank 1819 ～ 1858 年）が
提供した決済システムであり、中央銀行を必要としない決済システムとして注目されてい
る。このシステムは、商業銀行のサフォーク銀行が自発的に「銀行の銀行」となり、発
券諸銀行の兌換準備を集中化させて組成させた私的な銀行券決済制度である。このシス
テムにより、ニューイングランドにある銀行がそれぞれ発行した銀行券の減価が抑制さ
れ、地域的かつ自発的な通貨システム及び信用管理が実現した。この仕組みは、参加銀
行がサフォーク銀行に対して無利子の預金を義務付け、その代償としてサフォーク銀行
が各加盟銀行の銀行券を額面で受け取るものであった。また、このサフォーク銀行が他
の銀行から信認を得られ、このようなシステムを構築できたのは、その正金保有率の高
さにあったとされる。

　　　一方、チップス（Clearing House Interbank Payment System: CHIPS）は、ニューヨ
ーク手形交換所協会が運営する決済システムである。主に大口決済に用いられ、外国為
替取引やユーロドル取引など国際金融取引に伴う資金決済を行うものである。また、銀
行間における証券売買、交換尻決済などの国内取引にも利用されている。

（10）　消費者が財、サービスを購入して得られる満足感のことを経済学用語で効用という。

（11）　$u'(0) = \infty, u'(\infty) = 0$

（12）　これらの仮定は、以下で議論する預金契約の誘因両立制約を満たすことを保証する
ための条件である。

（13）　預金保険制度の必要性や銀行取付けが起こりうることを分析した理論モデルは、そ
の他にもいくつか存在する。例えば、Andrew Postlewaite, Xavier Vives では、ゲーム理
論を用いて、囚人のジレンマとして銀行取付けが起こることを明らかにし、預金保険制
度がそれを防止することを明らかにした。Andrew Postlewaite and Xavier Vives, "Bank
Runs as an Equilibrium Phenomenon," *Journal of Political Economy*, 95, 1987.

（14）　ただ、Gillian G H Garcia およびその後編である David S. Hoelscher, Michael taylor,
andUlrich H. Klueh（2006）において、預金保険制度においてはこの二つのタイプがあ
ることを指摘している。Gillian G H Garcia, *Deposit insurance: Actual and Good Practices*,
IMF, 2000: David S. Hoelscher, Michael taylor, andUlrich H. Klueh, *The Design and
Implementation of Deposit Insurance Systems*, IMF, 2006.

（15）　預金銀行の経営状況を観察できるような主体には、その責任をとって預金を減額す
ることも可能であろう。

（16）　Dewatripont and Tirole においても、預金者は基本的に銀行をモニターする能力
もその誘因もないことが指摘されている。Mathias Dewatripont, and Jean Tirole. *The
Prudential Regulation of Banks, Edition Payot*, Lausanne, 1994.

（17）　本章ではペイオフを「保険金による預金の払い戻し」という意味で用いる。

（18）　預金保険制度を運営する主体が、預金保険機構である。

（19）　これらの破綻処理方法については、第 4 章で詳しく述べる。

注

（20）　その多くのケースでは実質的に預金の全額保護がなされる方法である。その際、不良資産を切り離し、負債額が資産額よりも超過する分を、預金保険機構が補填する。例えば、わが国では 1997 年に破綻した日本長期信用銀行に対し、国有化した後、営業を譲渡する際に多くの不良債権を新銀行（現在の新生銀行）から引き離し、さらに債務超過の穴埋めを行った経緯がある。詳しくは第 3 章を参照。

（21）　本間（2002）では、ペイオフ機能に加えて、①破綻処理機能、②リスク最小化機能、③銀行検査及び監督権のいずれかの機能を有しているものを中間型として定義している。本間勝『世界の預金保険と銀行破綻処理』東洋経済新報社、2002 年。

（22）　可変保険料率は銀行の資産運用のリスクに応じた保険料率を課す制度であり、固定保険料率は銀行の資産運用のリスクにかかわらず、すべての銀行に同じ保険料率を課す制度である。

（23）　この仮定は、後で外される。

（24）　日銀の預金者別預金統計によると、2016 年 3 月 31 日現在、国内銀行における 1,000 万円以下の預金の合計額は約 308 兆円（44%）で、1,000 万円超の預金が約 394 兆円（56%）である。したがって、A と B が 1：1 であるという仮定は、それに依拠しており、おおむね妥当な設定といえよう。

（25）　例えば、フランスでは 359 行の銀行があるが、2001 ～ 2005 年での破綻銀行数（合併された銀行も含む）は、世界銀行の調査ではわずか 8 行であり、n>>m が言えると考えられる。（http://www.worldbank.org/research/interest/prr_stuff/countries/France.xls、browsed on 10th August 2006）

（26）　この固定費用と変動費用をどのように区別するかという問題が残るが、ここでは議論しない。

（27）　預金保険は保険制度である以上、保険料は付保されているもの（ここでは付保預金）にしか保険料は課せられないと想定している。

（28）　付録 1 – 1 を参照。

（29）　付録 1 – 2 を参照。これは、（1.10）式を想定しているためである。

（30）　ここで想定している事業継承以外の破綻処理方法も考えることができるが、わが国での破綻処理では、第 4 章でみるように基本的にここで想定している事業継承の方法で行われており、それに依拠した想定とした。

（31）　Boyd and Smith でも、すべての破綻銀行を救うようなケースで FDIC を考察したモデルである。つまり、破綻銀行の扱いについて統一的な方法が取られるという仮定は、先行研究でも用いられている。Boyd John H, Chang Chun and Smith Bruce D."Deposit Insurance: a Reconsideration," *Journal of Monetary Economics*, 49, 2002.

（32）　ただ、現実的には、ペイオフやそれ以外の破綻処理を個々のケースに応じた対応をとっており、破綻処理方法を一様に決めているわけではない。

（33）　ブロード型の預金保険機構は、金融システムの安定を目的としている。そのため、ブロード型の預金保険機構は伝染効果によって銀行破綻が相次ぐようなケース（もしくは、その恐れがある場合）において、これまで述べてきた破綻処理手法（ペイオフや事

205

業継承）に留まらない銀行支援を行うケースがある。例えば、わが国では、債務超過に
陥っていないにもかかわらず、自己資本充実のための資本注入を大手銀行に対し行った。
このようなケースでは、今回のモデルを超えたコストがかかることになるかもしれない。
なぜならば、破綻処理にかかるコストのみならず、金融システム安定化のためのコスト
が必要となるからである。したがって、このような金融システム不安が生じているある
いは、それが起こりそうなケースにおいて、預金保険機構は（1.9）式のような費用関数
を考慮せず、金融システム安定を図るために、その機能を用いるであろう。2006 年 3 月
末、わが国の預金保険機構が 2 兆円を超える債務超過状態にあったことは、1990 年代後
半以降、金融システム安定に向けた様々な措置を行った結果である。つまり、わが国の
事例から金融システムが不安定化すると、それを安定化させるためにコストがかかると
いえよう。わが国の金融システム不安定時の様々な措置は、第 3 章にまとめる。

（34）　しかし、自己資本を持つ株主がそのような運用を望むとは考えられないため、現実
　　　的には、このようなことは起こらないと考えられる。

（35）　具体的には以下のことが考えられる。すなわち、銀行経営者は給料（役員報酬）も
　　　しくは役員賞与というかたちで報われるかもしれないし、銀行の利潤が増えると株価の
　　　上昇が期待でき、それによってストックオプションを行使すればさらなる報酬を銀行経
　　　営者が得られるかもしれない。

（36）　また、経営者にとって経営者としての評価を高めることが、社会的地位を築くとと
　　　もに、他の銀行へ経営者として転職することによってさらなる報酬の機会を得られるこ
　　　とにつながると考えられる。よって、2005 年 3 月末までと、それ以降に期間を区切って
　　　本章では分析を行う。

第 2 章

（1）　本章ではこれら預金取扱金融機関を総じて銀行として議論する。

（2）　Bliss and Flannery（2002）では、これを市場からの監視（Market Monitoring）と
　　　市場からの影響（Market Influence）として指摘がある。Robert R. Bliss and Mark
　　　J. Flannery, "Market Discipline in the Governance of U.S. Bank Holding Companies:
　　　Monitoring vs. Influencing," *European Financial Review*, 6, 2002, pp.110-111.

（3）　この他に銀行に対する規律付けを行う主体として、銀行監督当局、預金保険機構およ
　　　び銀行への債権保有者（例えば銀行が発行する劣後債の保有者）が考えられるが、デー
　　　タ取得が可能で、実証分析が行える上記の三者にしぼって議論をすすめていく。

（4）　預金保険機構によって 2005 年 3 月末まで、普通預金の全額保護を行った。これにより、
　　　預金保険制度によるモラルハザードが起こりやすい状況であったと考えられるためであ
　　　る。

（5）　Sangkyun Park, "Market Discipline by Depositors: Evidence from Reduced-Form
　　　Equations," *Quarterly Review of Economics and Finance*, 35, 1995 や Maria Soledad
　　　Martinez Peria and Sergio L. Schmukler, "Do Depositors Punish Banks for Bad Behavior?

206

注

Market Discipline, Deposit Insurance, and Banking Crises," *Journal of Finance*, 56（3）, 2001. といった先行研究でも同様の分析手法をとっている。

（6）　先行研究では、当期の支払利息を期末の預金残高で除すことによって、預金金利を求めている。Asli Demirgüç-Kunt and Edward Kane, "Deposit Insurance around the Globe: Where Does It Work?," *World Bank Policy Research Working Paper*, 2679, 2002, pp.183-184.

（7）　Christopher James, "The use of Loan Sales and Standby Letters of Credit by Commercial Banks," *Journal of Monetary Economics*, 32（3）, 1998, pp.412-422.

（8）　なお、預金金利と同様に、譲渡性預金利子率の算出についても、今期の譲渡性預金支払利息を今期末と前期末の譲渡性預金残高の平均で割って求めた。

（9）　Kaoru Hosono "Market discipline and forbearance policy to banks," *Discussion Paper Series in Economics*（Nagoya City University）339, 2002, pp.15.

（10）　以下では地銀、第二地銀をあわせて、地銀として考える。

（11）　株式会社である都銀や地銀は、株主の利益を最大化することを目指している。一方、信用金庫は営利を目的としておらず、会員制度に基づいた協同組織である。そのため、これらを同じく分析するのではなく、別々に分析を行った。

（12）　なお、2005年4月よりペイオフの全面解禁（ただし決済用預金はペイオフ対象外）となっているが、本章でのサンプル期間は2005年3月期までであるため、その期間は含めていない。これは、ブロード型のわが国の預金保険制度においてモラルハザードが生じているかの実証分析に主眼を置いており、分析対象期間として最も望ましいと考えたためである。β∑なお、ペイオフとは、本来、破綻銀行の預金者に対し預金保険機構によって預金の払い戻しが行われることを指すが、ここでのペイオフ解禁とは、預金の全額保護をやめ、その金額に上限金額を設け、それを実施することである。

（13）　Masahiro Hori, Yasuaki Ito, and Keiko Murata, "Do Depositors Respond to Bank Risks as Expected?," *ESRI Discussion Paper*, 151, 2005, pp.14-16.

（14）　しかし、わが国の銀行を対象とした同様の分析でも、銀行のリスク指標とCD増加率とは明示的な関係が導き出せないとの先行研究と整合的である。Ayami Kobayashi, "Market Discipline by CD Holders," *International Financial Review*, 2007, pp.483-486.

（15）　Bliss and Flannery（2002）は、正のリアクションと負のリアクションを一つのモデルの中に入れて、それぞれ別々の係数を推計している。その結果、市場からの影響はとても小さなエビデンスしか検証できていない。そこで、負の影響に絞って本章では分析を行う。

第3章

（1）　Korean Deposit Insurance Corporation（韓国預金保険公社）*Annual Report*, 2006, p.16.

（2）　なお、本章ではこのペイオフを「預金などの払い戻し保証額を元本1,000万円とそ

の利息までとする措置」という意で基本的に用いる。

（3）　例えば、Timothy Curry らは、S&L の破綻処理コストは 1,530 億ドルであったと述べている。Timothy Curry and Lynn Shibut, "The Cost of the Savings and Loan Crisis: Truth and Consequences," *FDIC Banking Review*, 13（2）, 2003, p.31.

（4）　Jahyeong Koo and Sherry L. Kiser, "Recovering from a Financial Crisis: The Case of South Korea," *FRB of Dallas Economic and Finance Review*, 4, 2001, pp.28-29.

（5）　このような分析では、通常、コストと同時にベネフィットも明らかにする（コスト・ベネフィット分析）。そのため、金融システム安定化によるベネフィットについても考察する必要がある。しかし、何をベネフィットとすべきなのかについての議論が必要で、紙面上、割愛した。例えば、1997 年度末（1998 年 3 月末）から 2004 年度末（2005 年 3 月末）の間に東京証券取引所の時価総額が 60 兆円 4,958 億円も拡大したことをあげることができよう。ただ、株価の上昇が金融システム安定によるものだけではなく、その他の要因も考えられ、さらに議論を要するであろう。また、そのベネフィットとして、GDP が上昇するという効果も考えられるが、これを金融システム安定化のベネフィットとするには、かなりアッド・ホックな仮定が必要であろう。

（6）　ここでの銀行業とは、預金取り扱い金融機関のうち、預金保険制度加盟金融機関を指す。具体的には、銀行としての都市銀行、信託銀行、地方銀行、第二地方銀行のみならず、信用金庫、信用組合、労働金庫、連合会、商工組合中央金庫を含む。これらを総じて、銀行として本章ではいうこととする。

（7）　なお、金銭贈与は東邦相互銀行が伊予銀行を救済した際には行われていない。

（8）　ペイオフ・コストとは、破綻銀行の破綻処理にあたって、ペイオフ（保険金による預金の払戻し）にかかるコストを指す。すなわち、破綻銀行の預金者を保護するため、預金保険機構が保険金によって負担する金額を指す。詳しくは第 4 章で記す。

（9）　預金保険機構が一部出資して設立された整理回収銀行については、整理回収機構に移管する際に預金保険機構の完全子会社となっている。なお、以下では、移管前の状況でも、移管後の整理回収機構という名で統一して用いることとする。

（10）　2005 年 3 月末までに、瑕疵担保条項の適用によって、8,929 億円にものぼる不良債権を預金保険機構が買い取ることになった。

（11）　この時の新生銀行の発行済み普通株式は約 13 億 5,800 万株で、株式上場の際、ニュー LTCB がその全株式を保有していた。上場に際し、約 35％の 4 億 7,630 万株が売りに出された。投資組合が引受証券会社に売る引受価格は 501 円であった上に、2004 年 3 月 31 日の株価 800 円を基準とすると、ニュー LTCB の残りの保有株の時価は 7,344 億円にものぼった。よって、投入金額が 1,210 億円だったことから、ニュー LTCB には多額の利益を得た。

（12）　その他の破綻処理方法としては、①ブリッジバンクもしくは特別公的管理、②資本注入等の救済がある。①のブリッジバンクもしくは特別公的管理を行った銀行は、長銀、日債銀、中部銀行、朝銀関東信用組合の四行である。それぞれ、継承銀行から、新生銀行、あおぞら銀行、北陸銀行等、清水銀行等へと事業譲渡がなされた。②の資本注入等の救

注

済は、足利銀行（現 足利ホールディングス）に対して行われた。

（13）　過剰な支払いにより返還された金額を除いた金額である。そのため、表3–2とは異なった値となっている。なお、この金額のうち、6兆2,707億円が長銀と日債銀の負担分である。

（14）　返済額は3兆4,000億円超であり、差し引き3,000億円程度の国の利益になった（『日本経済新聞』2015年6月26日）。

（15）　また、端数は四捨五入しているため、貸借の数字が少し合わないケースもある。

（16）　整理回収機構「住専勘定の二次損失の処理スキームについて」『業務報告』2012年。

（17）　整理回収機構が公表している財務諸表は1999年度（1999年4月1日）からである。したがって、整理回収機構に関する本章での数字は、1998年3月期と1999年3月期の公的資金注入に要した費用および収益を含まない。その期間の財務諸表の情報開示を整理回収機構に求めたが、法令により不開示との回答を整理回収機構から得ている。また、1999年度から2001年度の間の収益及び費用は、不良債権処理に関するものを含んでいるため、その費用が明確な2002年度と2003年度の平均値から、その他の年度は推定した。なお、その推定した期間に特別損失は出ていないと仮定している。（18）　金融再生勘定にある旧金融危機管理勘定業務は、公的資金の注入にかかる業務以外あるため、それぞれの資産の大きさによって、損益をわけることにした。

（19）　金融再生勘定は以下の①旧長銀及び旧日債銀から買い取った株式等と、②整理回収機構による健全行からの資産買い取りのための資金の貸し付けと、③金融機能安定化法に基づいた資本増強のための整理回収機構への貸し付けがある。2005年度末の貸借対照表の残高は、①が1兆9,879億円、②が699億円、③が359億円となっている。そのため、2004年度末までに金融機能安定化法に基づいた残高は少なく、2004年度までの分析で十分であろう。また、2005年度以降の内容については、旧長期信用銀行の破綻処理に属して考えることができよう。

（20）　預金保険機構「年報」内の資本増強、資本参加実績一覧内にすべての取引の記載がなされている。

（21）　ただし、この特別公的管理銀行勘定については、特別公的管理を行った銀行が長銀、日債銀に加え、中部銀行、朝銀関東信用組合の破綻処理に関する費用も含まれるが、この勘定をそのまま用いて計算した。

（22）　ペイオフを凍結した1996年6月から1998年2月までの間には、ペイオフ・コスト超は、一般金融機関特別勘定と信用組合特別勘定の二つで行われていた。その後1998年3月以降は、特例業務勘定にこれらが統合された。ここでは、それらを合わせて計算した。

（23）　預金保険料率は、決済用預金とその他の一般預金等によって、保険料率が違う。前者は全額保護されるため高めの保険料率が設定されている。その推移は、次頁の表の通りである。なお、2012年度から2014年度は、各年度における保険事故の発生状況等に鑑み、保険料の一部が返還されている。

（24）　なお、産業再生機構の清算によって株主への分配後の残りの資産、432億8,261万8,887円については、法規に基づき、政府への国庫納入金として、2007年6月に納付さ

209

れている。

（25）　なお、2003 年 11 月に行われた第三号措置の旧足利銀行への援助については、ペイオフ・コスト内を一般勘定から、ペイオフ・コスト超を危機対応勘定から支払われた。

表　預金保険料率

	2003 年度	2004 年度	2005 年度	2006 年度	2007 年度	2008 年度	2009 年度	2010 年度
決済用 預金	0.090%	0.090%	0.115%	0.110%	0.110%	0.108%	0.107%	0.107%
一般預 金等	0.080%	0.080%	0.083%	0.080%	0.080%	0.081%	0.081%	0.082%

	2011 年度	2012 年度	2013 年度	2014 年度	2015 年度	2016 年度	2017 年度	
決済用 預金	0.107%	0.107%	0.107%	0.108%	0.054%	0.054%	0.049%	
一般預 金等	0.082%	0.082%	0.082%	0.081%	0.041%	0.041%	0.036%	

出所：預金保険機構「年報」より筆者が作成。

第 4 章

（1）　なお、決済用預金はその上限がない。決済用預金とは、①決済サービスを提供できる、②預金者が払い戻しをいつでも請求できる、③利息がつかないという三つの要件を満たしている預金である。具体的には、当座預金などを指す。

（2）　本章では、ペイオフをこの保険金による預金の払い戻しという意で用いる。

（3）　なお、本節は、楠本博（1999）と高月昭年（2003）によっている。楠本博「米国金融機関の破綻処理」『New Finance』第 29 巻第 7 号、1999 年。高月昭年「破綻金融機関処理の課題」『明海大学経済学論集』第 15 巻第 1 号、2003 年。

（4）　高月昭年「破綻金融機関処理の課題」『明海大学経済学論集』第 15 巻第 1 号、2003 年、3 頁。

（5）　通常、担保を有する債権者は他の債権者よりも負担額が小さいであろう。また、破綻銀行を清算する際、残余資産に対する分配順位が問題となるが、ここではすべての債権者が同一順位であると仮定している。

（6）　以下の議論は楠本博（1999）によっている。楠本博「米国金融機関の破綻処理」『New Finance』第 29 巻第 7 号、1999 年。

注

（7）　S&L 危機時をまたいだ 1980 年〜 1998 年に銀行破綻処理にかかったコストは、FDIC
　　　が 363 億ドル、FSLILC が 739 億ドル、RTC が 875 億ドルであった。Federal Deposit
　　　Insurance Corporation. *Managing the Crisis: The FDIC and RTC Experience 1980-1994,*
　　　FDIC, 1998.
（8）　なお、破綻行から受け入れ行へ資産譲渡する際に、破綻行の不良債権を切り離した。
　　　その金額がこの表 3-2 の資産買取り額である。
（9）　日本銀行「金融経済統計（民間金融機関の資産、負債等）」2007 年。
（10）　例えば、堀江康熙（2001）や林幸治（2003）である。堀江康熙「地域金融機関の
　　　不良債権」『経済学研究』（九州大学）第 67 巻第 2 号、2000 年。林幸治「破綻要因から
　　　見る信用金庫の今後の方向性」『経営学研究論集』（明治大学）第 19 号、2003 年。
（11）　本章での分析は期末決算データのみを用いており、中間決算期は入っていない。
（12）　事前と事後の区別は、銀行破綻の前後でわける。
（13）　詳しくは斎藤壽彦ら（2004）を参照されたい。齋藤壽彦・山根寛隆「中央銀行か
　　　らの金融監督機能分離是非論と各国の金融監督機関」『CUC Discussion Paper』第 4 号、
　　　2004。
（14）　監査コストが銀行によって負担されているようなケースでは、正しく報告している
　　　銀行よりも、誤った報告をしている銀行は多くの負担を課されるため、銀行はさらなる
　　　コスト負担が生じないよう虚偽の報告をしないような誘因を持つことになる。また、そ
　　　のようなコストの負担がなくとも、銀行監督機関による虚偽の報告があったとして当該
　　　銀行の名前が公表される措置は、市場での調達コストを引上げることになり、銀行経営
　　　にとって不利なものとなるであろう。
（15）　中央銀行による最後の貸し手の Lender of Last Resort という言葉は フランシス・ベ
　　　アリング（Francis Baring（1797））において、「すべての健全なる銀行は危機の時 “the
　　　detnier resort（final resort）” をイングランド銀行から借り入れることができる」と述べ
　　　たことに始まっているとされる。また、この最後の貸し手機能を体系だって展開したのは、
　　　ヘンリー・ソーントン（Henry Thornton）であり、さらにウォールター・バジェット（Walter
　　　Bagehot）である（春井久志「中央銀行機能の生成・発展」『経済学論究』（関西学院大学）
　　　第 51 巻第 1 号、1997 年。三木谷良一「中央銀行の最後の貸し手機能について」『金融
　　　経済研究』第 11・12 巻、1997 年）。
　　　ソーントンの考えている中央銀行の役割は、預金からハイパワードマネーへの民間の資産
　　　選択シフトによって貨幣乗数が低下し、マネーストックが収縮する際に、この収縮を中
　　　央銀行がハイパワードマネーを供給することによって（つまり反対操作で）その収縮を
　　　阻止し、経済の安定を図ることである。
（16）　『日本経済新聞』2005 年 1 月 27 日。
（17）　この山一證券に対する回収見込みのない金額については、1,129 億円の引当金を事
　　　前に積むことによって、日本銀行への直接的な影響はなかった。また、政府はその損失
　　　補填として 50 億円強を、日銀納付金から減らす形で負担した。これは、日銀の最終利益
　　　の 5％を法定準備金に積むことを日銀法で義務付けられているため、損失額の 5％相当額

211

を政府が払い戻すとして、算定したものである。

（18）　日本銀行「特融等に関する四原則」、『業務概要報告書』日本銀行、1998年。

（19）　ウォールター・バジョット（*Walter Bagehot. Lombard Street: A Description of the Money Market*, London H. S. King, 1873,（邦訳 久保志美子訳『ロンバード街』、日経BP、2001年、邦訳217頁。

（20）　このことは、小栗誠治（2001）でも同じことが述べられている。小栗誠治「バジョット再考」『彦根論叢』第332号、2001、142-143. 頁。

（21）　中央銀行による最後の貸し手についての建設的な曖昧さの必要性は、先行研究でもふれられている。例えば、ミスキンは、建設的曖昧さは必要であるが、特に大きな金融機関に対して厳格な監督をしなければならず、この建設的な曖昧さと厳格な監督は、われわれが経験した金融強化のプロセスによって引き起こされる危機を減らすことができると述べている。（Frederic S. Mishkin, "Financial Consolidation: Dangers and Opportunities", *Journal of Banking and Finance*, 23, 1999.）

（22）　すなわち、中央銀行への信認の欠如が、企業や家計の経済活動にも重大な影響が及ぶことになる。

（23）　元来、中央銀行には通貨発行益があり、そこから中央銀行の運営費用を差し引いて、その多くを政府に国庫納入金として上納される。したがって、中央銀行が破綻銀行に対して流動性を供給することによって生じた損失は、国庫納入金の減少という形で補うことができるかもしれない。しかし、そうであったとしても、流動性供給による損失は、中央銀行のバランスシートを傷つけていることに変わりがない。また、国庫納入金の減少は、本来、政府に入り、国民に再分配されるべきものが、結果として一部の銀行支援のためにそれが使われることは望ましいとは思えない。また、これらの損失が最終的には国民負担となることを示している。

（24）　例えば、①銀行監督当局を中央銀行（マクロ金融政策当局）が兼務するか否か（Charles A.E. Goodhart et al.（1995））②銀行監督にかかる費用と便益の分析といった議論である。こういった問題は、本稿が取り上げている預金保険制度と直接的な関係がないので、これ以上は議論しない。Charles A.E. Goodhart, and Dirk Schoenmaker, "Institutional Separation between Supervisory and Monetary Agencies," Charles A.E. Goodhart, *The Central Bank and the Financial System*, MIT Press, 1995.

（25）　ただ、この情報は一般に公表されていないものが含まれているため、それを知ることによって、銀行間の競争に問題が生じる可能性がある。すなわち、このような情報は監督当局から預金保険機構の理事会になされるであろう。この理事会に民間銀行出身の人がいる場合、それは競合相手の銀行の情報を含んでおり、出身銀行に対しその情報が伝わる可能性がある。そのため、そのようなことに対する禁止事項や罰則規定を定めておくべきであるし、そのような理事が理事会のメンバーとならないように定めておくことが必要である。

（26）　さらに、破綻処理方法によってモラルハザードを助長させるようなことがあってはならない。そのためにも、預金保険にはコストルール（ペイオフ・コスト原則と最小コ

注

スト原則）があり、それに基づいて破綻処理方法が選択されるべきである。仮に中央銀行に対して無制限な保証を行うと、このコスト原則を超過することになるかもしれない。したがって、預金保険機構としてはそのコスト原則を明らかにした上で、保証の上限を設けるべきである。

第5章

（1）　本章での銀行は、預金保険制度加盟金融機関を指す。したがって、都市銀行や地方銀行といった普通銀行に加え、信用金庫や信用組合も含めた総称である。本章では、これらを総称して銀行という用語を用いる。

（2）　預金保険制度によって全額保護されている決済用預金と、預金保険制度による保護に限度額が設定されているその他の預金とでは保険料率が異なっているが、すべての銀行で同一の保険料となっており、各銀行の破綻リスクを反映したものとはなっていない。

（3）　なお、わが国の場合、預金保険料について変更する場合は、預金保険機構における運営委員会の審議の後、内閣総理大臣（金融庁長官に法定委任）と財務大臣の許可が必要とされている。

（4）　評価方法というのは、銀行の健全性をランク付けするための算出方法を明示的にしているという意味である。その評価基準の中には、いくつかが公表されていない指標を含んでいる場合もある。

（5）　欧州銀行同盟により、欧州の預金保険制度も統一していくように謳われているが、2017年7月現在、それは統一されていない。

（6）　鬼頭佐保子ら（2015）にドイツの預金保険制度についてまとめられている。

（7）　ただ、年間所要保険料総額がどのように定められるのかは分からない。

（8）　本章で分析に用いるBIS自己資本比率は、大手行以外は国内基準のものを用いる。以後、本章での自己資本比率はこの基準を用いる。

（9）　また、Tier 1の額を公開していない場合は、純資産を総資産で除した値を用いた。その銀行数は2行である。

（10）　なお、カナダの預金保険料の算出方法に厳密に従うのであれば、算出された保険料に一律、各銀行に固定費用の5,000カナダドルが加えられる（Canadian Deposit Insurance Corporation（CDIC）（2002））。

（11）　ここでの事前、事後とは、保険事故、つまり銀行破綻が起こった前後を指している。

（12）　2003年度と2004年度は、決済用預金0.090％で、一般預金等が0.080％であった。なお、「決済用預金」は、無利息、要求払い、決済サービスを提供できることの3要件を満たす預金及び特定決済債務のことであり、「一般預金等」が決済用預金以外の普通預金や定期性預金等をさす。

（13）　なお、預金の区別を公表していない銀行はその預金規模が小さいところが多い。そのため、その銀行のすべての預金を「一般預金等」であると仮定し、預金保険料を算出した。

（14）　2003年度と2004年度の比較という1年の差では十分な検証とは言えず、さらに暦

年の差のあるデータで行われるべきかもしれないが、この点は今後の検討課題である。

第 6 章

(1)　経済通貨同盟（Economic and Monetary Union: EMU）が抱える欠陥を修復し、EMU が真に機能するように、2012 年 6 月に EU 首脳会議で四つの提言がなされた。その四つとは、①金融の枠組みの統合、②財政的な枠組みの統合、③経済政策の枠組みの統合、④政治的説明責任である。このうち①の金融の枠組みの統一化の中に、この欧州銀行同盟が位置付けられている（雨宮卓史「欧州債務危機と銀行同盟─金融システムの安定化と金融市場の統合へ─」『調査と情報』（国立国会図書館）第 862 号、2015 年、4 頁）。

(2)　しかし、これらを具体化していく中で、単一預金保険制度は、ここから格下げをされている（太田瑞希子「EU 銀行同盟─3 本柱から考察する統合の深化と展望─」『経済学論纂』（中央大学）第 55 巻 5・6 号、2015 年、22 頁）。

(3)　2011 年 1 月に三つの欧州監督当局が設立された。そのうちの一つが EBA である。すなわち、①欧州銀行監督当局（EBA）、②欧州証券市場当局（European Securities and Markets Authority: ESMA）、③欧州保険・職業年金当局（European Insurance and Occupational Pensions Authority: EIOPA）である。EBA は銀行の資本増強の監督を含む銀行監督を取り扱い、ESMA は資本市場の監督や信用格付け機関と取引期間に関する直接的な監督、EIOPA は保険監督を行う部局である（松浦一悦「欧州金融危機後の金融システムの強化と欧州銀行同盟」『松山大学論集』第 27 巻 6 号、2016 年、56 頁）。

(4)　この結果は、ECB の HP で公開されている。

(5)　スペインでは、2001 年〜 2007 年の住宅ブームに、地方の中小貯蓄銀行のカハ（Caja de ahorro）が、不動産バブル崩壊によって、不良債権の中心的な問題となった。45 行存在していたカハは 2012 年 3 月までに七つのグループに再編され、総額 97 億ユーロの公的資金が注入された。その中の一つで、七つのカハが合併して 2010 年 1 月に誕生したバンキアは、資産規模で最大手であったが、スペイン首相が 2012 年 5 月に同行の国有化を宣言した。

(6)　雨宮卓史「欧州債務危機と銀行同盟─金融システムの安定化と金融市場の統合へ─」『調査と情報』（国立国会図書館）第 862 号、2015 年、8 頁。

(7)　European, Commission. "State aid: Commission's New Online State Aid Benchmarking Tool Shows Less Aid to Banks," *Brussels Press Release*, 20, 2013.

(8)　太田瑞希子「EU 銀行同盟─3 本柱から考察する統合の深化と展望─」『経済学論纂』（中央大学）第 55 巻 5・6 号、2015 年、23-24 頁。

(9)　Francesca Arnaboldi. Deposit Guarantee Schemes, *A European Perspective*, Palgrave Macillan, 2014, p.54.

(10)　1866 年の Overand and Gurney 銀行で銀行取付けが起こって以来のことである。

(11)　共同保険（co-insurance）は、預金保険制度によって保護されている預金者にも銀行破綻コストの負担を求めるものである。すなわち、預金は預金保険制度によって保護

注

されるが、銀行破綻が起こった際に預金の全額が預金保険機構から払戻されるものではなく、事前に定めた一定割合を預金の減額というかたちで銀行破綻のコストの一部を預金者に負担してもらう制度である。例えば共同保険が90%で銀行の資産分配率（残余資産比率）が80%である場合、保険金による預金の払戻し額は、預金額×（0.9 + 0.1 × 0.8）＝預金額× 0.98 となり、預金額の98%となる（Charles Albert Eric Goodhart. "Bank Insolvency and Deposit Insurance: A proposal," Arestis,-Philip, ed. *Money and Banking*, Macmillan Press, 1993）。

（12）　共同保険について、大塚茂晃（2009）では、預金者のモラルハザードを抑制するために導入すべきであろうとの記述をした。しかし、ノーザンロック銀行における銀行取り付けは、共同保険がその引き金の一つとなっていることを鑑みると、共同保険は銀行取り付けのようなサンスポット的に起こる現象を食い止める制度としては適当ではないといえよう。預金保険制度の主たる目的の一つが銀行取り付けの抑制であり、モラルハザードの抑制がそれより優先されることはない。ただ、2章の実証分析の結果で示しているとおり、預金保険制度によって預金が保護されていても、預金者はモラルハザードを起こしてはいないと考えられ、預金者は銀行の財務リスクを織り込んで行動していると考えられる。そのため、共同保険を導入する必要はないといえよう。現に、2009年改正預金保険指令（2009/14/EU）では共同保険の廃止が謳われた。

（13）　SSMには、非ユーロ圏のEU加盟国も参加できる。ただ、現在のところイギリス等の非ユーロ圏のメンバーは参加していない（雨宮卓史「欧州債務危機と銀行同盟―金融システムの安定化と金融市場の統合へ―」『調査と情報』（国立国会図書館）第862号、2015年、5頁）。

（14）　以下の①～④のいずれかに該当するのが主要銀行である。①資産300億ユーロ以上、②資産がSSM参加各国のGDP合計の20%を超える、③各国監督当局が重要とみなす銀行、④各国の上位少なくとも3行。

（15）　太田瑞希子「EU銀行同盟―3本柱から考察する統合の深化と展望―」『経済学論纂』（中央大学）第55巻5・6号、2015年、26頁。

（16）　なお、この会議にECBと欧州委員会の代表が常任のオブザーバーとして参加することになっている。

（17）　破綻処理プランにおいては、中央銀行による最後の貸し手機能を盛り込まないように規定されている。

（18）　これは、破綻処理手法の選択にあたっては、「最小コスト原則」を採用するように規定しているといえよう。

（19）　雨宮卓史「欧州債務危機と銀行同盟―金融システムの安定化と金融市場の統合へ―」『調査と情報』（国立国会図書館）第862号、2015年、11頁。

（20）　銀行の再生及び破綻処理に関する指令（Bank Recovery and Resolution Directive（2014/59/EU）：BRRD）第32条1項。

（21）　太田瑞希子「EU銀行同盟―3本柱から考察する統合の深化と展望―」『経済学論纂』（中央大学）第55巻5・6号、2015年、36-38頁。

215

（22） それまでの破綻処理の99％が8％の負担で納税者負担を避けることができたとする
　　　 試算から、8％という水準が決まったとされる（米倉茂『ユーロ銀行同盟の構図』「文眞堂」
　　　 2014年、32頁）。

（23） 本章ではペイオフを「保険金による預金の払戻し」という意味で用いる。

（24） 規則や指令といったEU2次法は、EUの一次法（EUの基本条約であり、EU条約及
　　　 びEU機能条約を指す）が定める目標を実現したり、またその不足を補うために制定され
　　　 る法律である。EUの二次法は、その法的拘束力もしくはその適用範囲から、上から順に
　　　 「規則（Regulation）」「指令（Directive）」「決定（Decision）」「勧告（Recommendation）」
　　　 「意見（Opinion）」となっている。規則は加盟国間で各国法令を統一していくよう、法的
　　　 拘束力を有する。一方、指令は加盟国に直接適用されるわけではなく、それぞれの指令
　　　 の目的、趣旨を考慮して、所定の期間内に国内法を整備する必要があるが、法的拘束力
　　　 を有しない（EC条約第10条1項および第249条3項）。さらに、わが国でいえば、決
　　　 定は行政命令にあたり、勧告や意見は行政措置といえるであろう。

（25） 1994年の預金保険指令（94/19/EC）には、金融の状況が変化していくことを見据え、
　　　 この指令は5年に一度は付保預金限度額を含め預金保険指令の適正性について欧州委員
　　　 会がレビューを行うことが規定されていたが、実際にこの預金保険指令が改正されたの
　　　 は2009年と15年後となった（2009/14/EC）。

（26） 澤井豊・鬼頭佐保子「EU―預金保険指令の改正」『預金保険研究』（預金保険機構）
　　　 第18号、2015年、64-66頁。

（27） 94/19/ECにおいて、欧州各国は、公的な預金保険制度を導入しなければならないこ
　　　 とが謳われており、共通通貨ユーロ導入各国で預金保険制度が存在しない国はない。

（28） 94/19/ECでは最低付保預金限度額を2万ECU（ユーロ）2009/14/ECではこれを5
　　　 万ユーロと定めていた。なお、このECUは、現在の通貨ユーロの前身であり、European
　　　 Currency Unit（欧州通貨単位）の略である。ユーロが非現金分野で導入されたのは1999
　　　 年であり、ユーロの現金が流通したのは2002年からである。

（29） 具体的には、a節―個人の住宅取引に関連したもの、b節―各国の法律で社会的に定
　　　 められている特別な人生の出来事（結婚や離婚、退職、解雇、死亡）の場合、c節―各国
　　　 の法律で定められた保険の支払いと犯罪被害と不当な有罪判決への補償である。

（30） また、そのために必要な情報の交換を各国の預金保険制度間で行い、各国の預金保
　　　 険制度が協調するよう記している。

（31） EBA/GL/2015/10.

（32） この保険金によって積み立てられた基金は安全な資産運用を求めている（同条7項）。

（33） 澤井・鬼頭（2014）71頁。

（34） 澤井・鬼頭（2014）71頁でも述べられているが、ターゲットに達すると保険料の
　　　 徴収を停止することを考慮して、この規定がなされていると思われる。

（35） ただし、この8項については、支払い能力や流動性問題が生じるような場合には延
　　　 期することができる延期条項も、併記している。

（36） 14/94/ECは3ヶ月以内、2009/14/ECは20日以内にするように定めていた。

注

（37）　経過措置は、2018 年末までは 20 日以内、2020 年末までは 15 日以内、2023 年末までは 10 日以内と定めている（第 8 条 1 項）。

（38）　また、預金の払戻しするにあたり名寄せなどの作業を行っている間、預金が凍結されるが、その間に預金者が生活費を引き出すことを確保するように規定されている（第 8 条 4 項）。

（39）　澤井・鬼頭（2014）67 頁、73 頁でも指摘されているが、ドイツに代表される金融グループによる相互援助制度を念頭に作られた条項と考えられる。

参考文献

和書

青木武「米国における金融危機と地域金融機関のサバイバル」『信金中金月報』第3
　巻第4号、2004年。
青木達彦・六浦光一・池田欽一「信金・信組に見る地域金融機関の破綻特性の分析」『経
　済学論集』（信州大学）第49号、2003年。
安倍惇「金融グローバル化の進展と国際通貨・金融システム」『愛媛経済論集』第24
　巻第1号、2005年。
雨宮卓史「欧州債務危機と銀行同盟―金融システムの安定化と金融市場の統合へ―」
　『調査と情報』（国立国会図書館）第862号、2015年。
生澤博「金融再編下の信用金庫の動向と課題」『銀行労働調査時報』第614号、2001年。
池尾和人『銀行リスクと規制の経済学』東洋経済新報社、1990年。
石塚雅典「預金保険料制度の国際比較」『預金保険研究』第1号、2004年。
井上徹「銀行資産のレントと自己資本比率」『横浜経営研究』（横浜国立大学）第24
　巻第4号、2004年。
岩佐代市「金融システムの不安定性、公的介入、および銀行制度改革」『経済論集』（関
　西大学）第46巻第5号、1997年。
岩村充「預金保険とモラルハザード」『金融研究』第11巻第3号、1992年。
岩村充「預金保険の限界」『金融財政事情』第44巻第10号、1993年。
岩本康志・斉藤誠・前多康男・渡辺努『金融機能と規制の経済学』東洋経済新報社、
　2001年。
植松和彦「銀行の自己資本比率と預金保険制度」『星陵台論集』第27巻第3号、1995年。
宇沢弘文・花崎正晴『金融システムの経済学』東京大学出版会、2000年。
圓佛孝史・新形敦「一層の充実が図られる米国の預金保険制度」『みずほ総研論集』
　第11号、2006年。
太田瑞希子「EU銀行同盟―3本柱から考察する統合の深化と展望―」『経済学論纂』（中

219

央大学）第 55 巻 5・6 号、2015 年。

大塚茂晃「わが国の預金保険制度に関する経済分析と制度設計」『関西学院大学大学院商学研究科博士学位論文』第 34 号、2009 年。

大塚茂晃「銀行と市場規律」『生活経済学研究』第 36 巻、2012 年。

大友敏明「中央銀行の「最後の貸し手機能」の本質と限度」『山梨大学法経論文集』第 43 号、1996 年。

小川昭「中南米経済・金融危機の概観」『国際金融』第 1040 号、2000 年。

翁百合『銀行経営と信用秩序』東洋経済新報社、1993 年。

翁百合「金融機関の破綻処理コストの一考察」『金融財政事情』第 44 巻第 40 号、1993 年。

小栗誠治「バジョット再考」『彦根論叢』第 332 号、2001 年。

小田信之「オプション価格理論に基く適正預金保険料率の推定」『金融研究』第 17 巻第 5 号、1998 年。

数阪孝志・成瀬智「信用金庫の収益性の動向とその問題点」『信金中金月報』第 357 号、2003 年。

片岡久議「米国及びカナダの預金保険料制度」『預金保険研究』第 1 号、2004 年。

川本明人『多国籍銀行論』ミネルヴァ書房、1995 年。

鬼頭佐和子・澤井豊「ドイツにおける預金保険制度の最近の動向について」『預金保険研究』第 18 号、2015 年。

金融図書コンサルタント社『全国信用金庫財務諸表』（平成 1 年度～平成 17 年度）金融図書コンサルタント社、1990 年～ 2006 年。

金融図書コンサルタント社『全国信用組合財務諸表』（平成 1 年度～平成 17 年度）金融図書コンサルタント社、1990 年～ 2006 年。

楠本博「米国金融機関の破綻処理」『New Finance』第 29 巻第 7 号、1999 年。

黒川洋行「EU の銀行同盟における「責任原理」の導入」『証券経済研究』第 90 号、2015 年。

後藤新一『信組・信金合同の実証的研究』日本金融通信社、1996 年。

小林礼実「市場規律の確立の必要性とわが国の取り組み」『経済科学』（名古屋大学）第 52 巻第 3 号、2004 年。

齋藤壽彦・山根寛隆「中央銀行からの金融監督機能分離是非論と各国の金融監督機関」『CUC Discussion Paper』第 4 号、2004 年。

佐伯尚美『住専と農協』農林統計協会、1997 年。

酒井良清・前多康男『金融システムの経済学』東洋経済新報社、2004 年。

参考文献

坂巻和弘・酒井晋一「欧州 4 カ国の預金保険制度」『預金保険研究』第 2 号、2004 年。

佐久間裕秋「欧州銀行監督規制改革の現状と課題」『麗澤経済研究』第 23 号、2015 年。

桜井貴憲「銀行の自己資本と株価形成についての実証研究」『東北学院大学経理研究所紀要』第 11 号、2003 年。

佐藤隆文「金融破綻処理の枠組みとその変遷」『経済科学』（名古屋大学）第 48 巻第 2 号、2000 年。

澤井豊・鬼頭佐保子「EU：預金保険指令の改正」『預金保険研究』第 18 号、2015 年。

白井早由里「グローバル化と金融政策」『ESP』第 407 巻、2006 年。

鈴木敬之「EU における銀行同盟の議論」『預金保険研究』第 15 号、2013 年。

全国銀行協会『全国銀行財務諸表分析』全国銀行協会、2000 年～ 2004 年。

全国信用金庫協会編『信用金庫読本 (第 6 版)』金融財政事情研究会、1997 年。

孫楊「銀行の破綻処理とコスト・テスト」『商業研究論集』(明治大学) 第 14 号、2001 年。

高木仁「アメリカにおける連邦預金保険制度の成立」『証券経済研究』第 28 号、2000 年。

高月昭年「破綻金融機関処理の課題」『明海大学経済学論集』第 15 巻第 1 号、2003 年。

高屋定美「国際通貨・金融システムの改革」『商経学叢』（近畿大学）第 49 巻第 1 号、2002 年。

竹内俊久「預金保険機構の財務構造」『預金保険研究』第 7 号、2007 年。

橘木俊詔『セーフティ・ネットの経済学』日本経済新聞社、2000 年。

玉木伸介「預金保険制度の財政構造について」『預金保険研究』第 3 号、2005 年。

鶴光太郎「預金者による銀行選別と預金保険のあり方」『経営実務』第 555 号、2003 年。

鶴身潔「預金保険制度改革」『甲南経営研究』第 41 巻 第 3・4 号、2001 年。

中川辰洋「ヨーロッパ銀行同盟元年」『証券経済研究』第 88 号、2014 年。

中嶋慎治「アジア通貨金融危機と IMF」『松山大学論集』第 17 巻第 2 号、2005 年。

永田邦和「銀行監督者の名声と過剰な銀行監督」『経済学論集』（鹿児島大学）第 56 巻、2002 年。

永田邦和「信用金庫の競争環境と市場規律」『経済学論集』(鹿児島大学) 第 77 号、2012 年。

中村信一「銀行の債務超過確立と適正預金保険料率」（深尾光洋編『金融不況の実証分析』日本経済新聞社）2000 年。

西村吉正『日本の金融制度改革』東洋経済新報社、2003 年。

新田進「米国における銀行破綻の動向」『経済情報論集』（尾道大学）第 1 巻、2001 年。

日本銀行『業務概要報告書』日本銀行、1998 年。

根本直子『韓国モデル』中央公論新社、2003 年。

服部泰彦「木津信組の経営破綻と預金の流れ」『立命館経営学』第 41 巻第 6 号、2003 年。

林幸治「破綻要因から見る信用金庫の今後の方向性」『経営学研究論集』（明治大学）第 19 号、2003 年。

春井久志「金融の自由化・国際化と金融システムの安定化」『経済学論究』（関西学院大学）第 49 巻第 4 号、1996 年。

春井久志「中央銀行機能の生成・発展」『経済学論究』（関西学院大学）第 51 巻第 1 号、1997 年。

春井久志「イギリスの金融サービス機構と消費者保護制度」『証券経済研究』第 28 号、2000 年。

蕗谷硯児「先進国金融危機の様相」『研究叢書』（桃山学院大学）第 14 号、2001 年。

藤原賢哉『金融制度と組織の経済分析』中央経済社、2006 年。

細野薫「何が銀行を規律付けるのか？」『名古屋市立大学経済学会ディスカッションペーパー』第 315 号、2002 年。

堀江康熙「地域金融機関の不良債権」『経済学研究』（九州大学）第 67 巻第 2 号、2000 年。

堀江康熙・川向肇「信用金庫の営業地盤と合併問題」『経済学研究』（九州大学）第 68 巻第 4・5 号、2001 年。

堀岡治男「中央銀行の「最後の貸し手」機能に関する一考察」『松阪大学松阪政経研究』第 17 巻第 2 号、1999 年。

本間勝「預金保険と銀行破綻の国際比較」『PRI Discussion Paper Series』第 2A 巻第 21 号、2002 年。

本間勝『世界の預金保険と銀行破綻処理』東洋経済新報社、2002 年。

松浦一悦「欧州金融危機後の金融システムの強化と欧州銀行同盟」『松山大学論集』第 27 巻 6 号、2016 年。

三木谷良一・石垣健一編『金融政策と金融自由化』東洋経済新報社、1993 年。

三木谷良一「中央銀行の最後の貸し手機能について」『金融経済研究』第 11・12 巻、1997 年。

武藤英二・白川方明編『図説日本銀行　改訂版』財経詳報社、1993 年。

村上雅子『社会保障の経済学』東洋経済新報社、1984 年。

安田行宏「預金保険制度の銀行行動に与える影響」『一橋論叢』第 123 巻第 5 号、2000 年。

山村延郎「ドイツにおける預金保護・危機対応の制度」『ディスカッションペーパー』（金融研究研修センター）第 12 号、2003 年。

家森信善「ペイオフ解禁問題と預金者行動」『金融調査研究会報告書』第 30 号、2003 年。

参考文献

家森信善「ペイオフはグローバルスタンダードか？―米・韓・独の預金者保護制度からの教訓―」『生活経済研究』第 19 巻、2004 年。

湯野勉『金融リスク管理と銀行監督政策』有斐閣、1996 年。

預金保険機構『預金保険の国際ガイダンス』財務省印刷局、2001 年。

預金保険機構『預金保険機構年報（平成 14 年度〜 28 年度版）』預金保険機構、2004 年〜 2017 年。

預金保険機構「金融機関破綻に関する定量分析」『預金保険研究』第 4 号、2005 年。

預金保険機構編『平成金融危機への対応：預金保険はいかに機能したか』金融財政事情研究会、2007 年。

預金保険料率研究会『預金保険料率研究会中間報告』預金保険機構、2004 年。

吉井敦子『破綻金融機関をめぐる責任法制』多賀出版、1999 年。

米倉茂『ユーロ銀行同盟の構図』文眞堂、2014 年。

劉利源・西脇廣治「アメリカの預金保険制度と金融機関破綻処理」『広島県立大学論集』第 6 巻第 2 号、2003 年。

洋書

Alan D. Morrison and Lucy White, "Is Deposit Insurance A Good Thing, And If So, Who Should Pay for It?," *CEPR Discussion Papers*, 4424, 2004.

Alan D. Morrison and Lucy White, "Crises and Capital Requirements in Banking," *The American Economic Review*, 95(5), 2005.

Alan J. Marcus and Israel Shaked, "The Valuation of FDIC Deposit Insurance Using Option-Pricing Estimates," *Journal of Money, Credit and Banking*, 16(4), 1984.

Alston Lee J, Wayne A. Grove and David C. Wheelock, "Why Do Banks Fail? Evidence from the 1920s," *Explorations in Economic History*, 31(4), 1994.

Alton R. Gilbert, Andrew P. Meyer and Mark D. Vaughan, "Can Feedback from the Jumbo-CD Market Improve Bank Surveillance?," *FRB Richmond Economic Quarterly*, 92(2), 2006.

Andrew Postlewaite and Xavier Vives, "Bank Runs as an Equilibrium Phenomenon," *Journal of Political Economy*, 95, 1987.

Asli Demirgüç-Kunt and Enrica Detragiacheb, "The Determinants of Banking Crises: Evidence from Developing and Developed Countries," *IMF Working Paper*, 106, 1997.

Asli Demirgüç-Kunt and Enrica Detragiacheb, "Does Deposit Insurance Increase Banking System Stability? Emprical Investigation," *IMF Working Paper*, 3, 2000.

Asli Demirgüç-Kunt and Edward Kane, "Deposit Insurance around the Globe: Where Does It Work?," *World Bank Policy Research Working Paper*, 2679, 2002.

Asli Demirgüç-Kunt and Harry Huizinga, "Market Discipline and Financial Safety Net Design," *World Bank Policy Research Working Paper*, 2183, 1999.

Ayami Kobayashi, "Market Discipline by CD Holders," *International Financial Review*, 2007.

Bank for International Settlements, *Delivery verses Payment in Securities Settlement Systems*, BIS, 1992.

Boyd John H, Chang Chun and Smith D. Bruce, "Deposit Insurance: a Reconsideration," *Journal of Monetary Economics*, 49, 2002.

Canadian Deposit Insurance Corporation, *Insurance Corporation Differential Premiums By-Law*, CDIC, 2002.

Carmen Matutes and Xavier Vives, "Competition for Deposit, Fragility, and Insurance," *Journal of Finance Intermediation*, 5, 1996.

Charles Albert Eric Goodhart, "Why Do Banks Need a Central Bank?," *Oxford Economic Papers*, 39, 1987.

Charles Albert Eric Goodhart, "Bank Insolvency and Deposit Insurance: A proposal," in Arestis Philip (eds.), *Money and Banking*, Macmillan Press, 1993.

Charles Albert Eric Goodhart, "Can We Improve the Structure of Financial Systems?," *European Economic Review*, 37(2/3), 1993.

Charles Albert Eric Goodhart, *The Central Bank and the Financial System*, MIT Press, 1995.

Charles Calomiris, "Building an Incentive-Compatible Safety Net," *Journal of Banking and Finance*, 23, 1999.

Charles Jacklin, "Demand Deposit, Trading Restrictions, and Risk-Sharing," in E.C. Prescott and N. Wallace (eds.), *Contractual Arrangements for Intertemporal Trade,* University of Minnesota, Minneapolis, 1987.

Charles M. Kahn and João A. C. Santos, "Allocating Bank Regulatory Powers: Lender of Last Resort, Deposit Insurance and Supervision," *European Economic Review*, 49(8), 2005.

Charles W. Calormiris and Berry Wilson, "Bank Capital and Portfolio Management:

The 1930s Capital Crunch and Scramble to Shed Risk," *NBER Working Paper*, 6649, 1998.

Christine M. Bradley, "A Historical Perspective on Deposit Insurance Coverage," *FDIC Banking Review*, 13(2), 2000.

Christopher James, "The use of Loan Sales and Standby Letters of Credit by Commercial Banks," *Journal of Monetary Economics*, 32(3), 1998.

Christopher Sleet and Bruce D. Smith, "Deposit Insurance and Lender of Last Resort Functions," *Journal of Money, Credit and Banking*, 32(3), 2000.

Clifford F. Thies and Daniel A. Gerlowski, "Deposit Insurance; A History of Failure," *Cato Journal*, 8(3), 1989.

Curtis J. Milhaupt, "Japan's Experience with Insurance and Failing Banks," *BoJ IMES*, 17, 1999.

Dale K. Osborne and Seokwon Lee, "Effects of Deposit Insurance Reform on Moral Hazard in US Banking," *Journal of Business Finance and Accounting*, 28(7/8), 2001.

David C. Wheelock, "Deposit Insurance and Bank Failures: New Evidence from the 1920s," *Economic Inquiry*, 30(3), 1992.

David C. Wheelock and Paul W. Wilson, "Productivity Changes in U.S. Banking: 1984-93," *Federal Reserve Bank of St Louis Working Paper*, 02/A, 1994.

David S. Hoelsher, Michael Taylor and Ulrich H. Klueh, *The Design and Implementation of Deposit Insurance System*, IMF, 2006.

David Wheelock and Subal Kumbhakar, "Which Banks Choose Deposit Insurance? Evidence of Adverse Selection and Moral Hazard in a Voluntary Insurance System," *Journal of Money, Credit and Banking*, 1, 1995.

Denise Hazlett, "Deposit Insurance and Regulation in a Diamon-Dybvig Banking Model with a Risky Technology," *Economic Theory*, 9, 1997.

Dirk Schoenmaker, "Firmer Foundations for a Stronger European Banking Union," *Bruegel Working Paper*, 13, 2015.

Dirk Schoenmaker, "Contagion Risk in Banking," *L.S.E. Financial Markets. Group Discussion Paper*, 239, 1996.

Donald P. Morgan and Kevin J. Stiroh, "Market Discipline of Banks: Asset Test," *Journal of Financial Services Research*, 20(3), 2001.

Douglas D. Evanoff and Larry D. Wall, "Subordinated Debt as Bank Capital: A Proposal for Regulatory Reform," *Economic Perspective Federal Reserve Bank of Chicago*, 24(2), 2000.

Douglas O. Cook and Lewis J. Spellman, "Repudiation Risk and Restitution Costs: Toward Understanding Premiums on Insured Deposits," *Journal of Money, Credit and Banking*, 26(3), 1994.

Edda Zoli, Danyang Xie and Reza Vaez-Zadeh, "MODIS: A Market-Oriented Deposit Insurance Scheme," *IMF Working Paper*, 02/207, 2002.

Edward J. Kane, "Resolving Systemic Financial Crises Efficiently," *Pacific-Basin Finance Journal*, 10, 2002.

Edward J. Kane and Min-Teh Yu, "Measuring the True Profile of Taxpayer Losses in S&L Insurance Mess," *Journal of Banking and Finance*, 19, 1995.

Ehud I. Ronn and Avinash K. Verma, "Pricing Risk-Adjusted Deposit Insurance: An Option-Based Model," *Journal of Finance*, 41(4), 1986.

Elijah Brewer III, Hesna Genay, William Curt Hunter and George G. Kaufman, "Does the Japanese Stock Market Price Bank Risk?," *Journal of Money, Credit and Banking*, 35(4), 2003.

European Commission, "State Aid: Commission's New Online State Aid Benchmarking Tool Shows Less Aid to Banks," *Brussels Press Release*, 20, 2013.

Federal Deposit Insurance Corporation, *A Brief History of Deposit Insurance in the United States*, FDIC, 1998.

Federal Deposit Insurance Corporation, *Managing the Crisis: The FDIC and RTC Experience 1980-1994*, FDIC, 1998.

Fondo Interbancario di Tutela dei Depositi, *Annual Report 2003*, FITD, 2003.

Fondo Interbancario di Tutela dei Depositi, *Statutes and By-laws*, FITD, 2004.

Francesca Arnaboldi, *Deposit Guarantee Schemes: A European Perspective*, Palgrave Macillan, 2014.

Francis Baring Bart, *Observations on the establishment of the Bank of England*, London Printed, 1797.

Frederic S. Mishkin, "Financial Consolidation: Dangers and Opportunities," *Journal of Banking and Finance*, 23, 1999.

Friedrich A. Hayek, "The Use of Knowledge in Society," *American Economic Review*, 35, 1945.

George A. Akerlof, "The Market for 'Lemons: Quality Uncertainty and the Market

参考文献

Mechanism," *Quarterly Journal of Economics*, 81, 1970.

George G. Kaufman, "Bank Failures, Systemic Risk, and Bank Regulation," *Cato Journal*, 16, 1996.

George G. Kaufman, "Depositor Liquidity and Loss Sharing in Bank Failure Resolutions," *Contemporary Economic Policy*, 22(2), 2004.

George G. Kaufman and Steven A. Seelig, "Post-Resolution Treatment of Depositors at Failed Banks: Implications for the Severity of Banking Crises, Systemic Risk, and Too-Big-To-Fail," *IMF Working Paper*, 01/08, 2001.

George G. Kaufman, George J. Benston, Edward J. Kane, Robert A. Eisenbeis and Paul M. Horvitz, *Perspectives on Safe & Sound Banking*, MIT Press, 1986.

George J. Benston and George G. Kaufman, "FDICIA After Five Years," *Journal of Economic Perspective*, 11, 1997.

George J. Benston and George G. Kaufman, "Deposit Insurance Reform in the FDIC Improvement Act: The Experience to Date," *Economic Perspectives*, 22, 1998.

Gerard Gennotte and David Pyle, "Capital Controls and Bank Risks," *Journal of Banking and Finance*, 15, 1991.

Gillian G. H. Garcia, *Deposit insurance: Actual and Good Practices,* IMF, 2000.

Gillian Tett, *Saving the Sun*, Collins, 2003.（邦訳 武井楊一『セイビング・ザ・サン』日本経済新聞社、2004 年。）

Gordon V. Karels and Christine A. McClatchey, "Deposit Insurance and Risk-Taking Behavior in the Credit Union Industry," *Journal of Banking and Finance*, 23(1), 1999.

Henry Tornton, *An Enquiry into the Nature and Effect of the Paper Credit of Great Britain*, London George Allen & Unwin, 1802.

Herbert G. Grubel, "A Proposal for the Establishment of An International Deposit Insurance Corporation," *Essay in International Finance*, 133, 1979.

Hulya Bayir, "Measuring the Impact of Full Coverage Deposit Insurance Policy in a Probit Model: A Study of the Privately Owned Commercial Banks in Turkey," *Central Bank Review*, 1, 2001.

Ikuko Fueda and Masaru Konishi, "Depositors' Response to Deposit Insurance Reforms: Evidence from Japan, 1990–2005," *Journal of Financial Services Research*, 31, 2007.

Ira Saltz, "Federal Deposit Insurance Coverage and Bank Failures: A Cointegration

Analysis with Semi-Annual Data, 1965-91," *Journal of Economics and Finance*, 21(3), 1997.

Jack Guttentag and Richard Herring, "The Lender of Last Resort Function in an International Context," *Essay in International Finance*, 151, 1983.

Jahyeong Koo and Sherry L. Kiser, "Recovering from a Financial Crisis: The Case of South Korea," *FRB of Dallas Economic and Finance Review*, 4, 2001.

Jan Bartholdya, Glenn W. Boyleb and Roger D. Stoverc, "Deposit Insurance and the Risk Premium in Bank Deposit Rates," *Journal of Banking and Finance*, 27, 2003.

Jean Charles Rochet, "Capital Requirements and the Behavior of Commercial Banks," *European Economic Review*, 36, 1992.

Jean Charles Rochet and Jean Tirole, "Controlling Risk in Payment Systems," *Journal of Money Credit and Banking*, 28, 1996.

Jean Pierre Gueyie and Van Son Lai, "Bank Moral Hazard and the Introduction of Official Deposit Insurance in Canada," *International Review of Economics and Finance*, 12, 2003.

João A. C. Santos, "Bank Capital and Equity Investment Regulations," *Journal of Banking and Finance*, 23, 1999.

John Bryant, "A Model of Reserves, Bank Runs and Deposit Insurance," *Journal of Banking and Finance*, 43, 1980.

John H. Kareken and Neil Wallace, "Deposit Insurance and Bank Regulation: A Partial-Equilibrium Exposition," *Journal of Business*, 51(3), 1978.

John R. Hall, Thomas B. King, Andrew P. Meyer and Mark D. Vaughan, "Did FDICIA Enhance Market Discipline on Community Banks?," *FRB of St. Louis Working Paper*, 4, 2002.

John S. Jordan, "Depositor Discipline at Failing Banks," *Federal Reserve Bank of Boston New England Economic Review*, March/April, 2000.

Joseph Stiglitz and Bruce Greenwald, *Towards a New Paradigm in Monetary Economics*, Cambridge University Press, 2003. (邦訳 内藤純一・家森信善訳 (2003)『新しい金融論』東京大学出版社。)

Julapa Jagtiani and Catharine Lemieux, "The Effect of Credit Risk on Bank and Bank Holding Company Bond Yields: Evidence from the Post-FDICIA Period," *Journal of Financial Research*, 25(4), 2002.

Kaoru Hosono, "Market Discipline and Forbearance Policy to Banks," *Discussion Paper*

参考文献

Series in Economics (Nagoya City University), 339, 2002.

Karl Borch, "The Three Markets for Private Insurance," *Geneva Papers on Risk and Insurance*, 28, 1981.

Kathleen Day, *S&L Hell*, Craftsmen, 1993.

Katsutoshi Shimizu, "How Can We Effectively Resolve the Financial Crisis: Empirical Evidence on the Bank Rehabilitation Plan of the Japanese Government," *Pacific-Basin Financial Journal*, 14, 2006.

Keiko Murata and Masahiro Hori, "End of the Convoy System and the Surge of Market Discipline," *ESRI Discussion Paper*, 105, 2004.

Kenneth J. Arrow, "Uncertainty and the Welfare Economics of Medical Care," *American Economic Review*, 53, 1963.

Korean Deposit Insurance Corporation, *Overcoming Crisis and the Role of Deposit Insurance*, KDIC, 2001.

Korean Deposit Insurance Corporation, *Annual Report*, KDIC, 2006.

Kotaro Tsuru, "Depositors' Selection of Banks and the Deposit Insurance System in Japan: Empirical Evidence and its Policy Implications," *RIETI Discussion Paper Series*, E24, 2003.

Lawrence White, *The S&L Debate: Public Policy Lessons for Bank and Thrift Regulation*, Oxford University Press, 1991.

Luc Laeven, "The Political Economy of Deposit Insurance," *World Bank Policy Research Working Paper*, 3247, 2004.

Marc Bremer and Richard H. Pettway, "Information and the Market Perceptions of Japanese Bank Risk," *Pacific Basin Financial Journal*, 10, 2002.

Maria Soledad, Martinez Peria and Sergio L. Schmukler, "Do Depositors Punish Banks for Bad Behavior? Market Discipline, Deposit Insurance, and Banking Crises," *Journal of Finance*, 56(3), 2001.

Mark J. Flannery, "Using Market Information in Prudential Bank Supervision: a Review of the U.S. Empirical Evidence," *Journal of Monetary Economics*, 30, 1998.

Mark V. Pauly, "The Economics of Moral Hazard: Comment," *American Economic Review*, 58, 1968.

Masahiro Hori, Yasuaki Ito and Keiko Murata, "Do Depositors Respond to Bank Risks as Expected?," *ESRI Discussion Paper*, 151, 2005.

Masahiro Hori, Yasuaki Ito and Keiko Murata, "Do Small Depositors Exit from Bad

Banks? Evidence form Small Financial Institutions in Japan," The Japanese Economic Review, 57(2), 2006.

Mathias Dewatripont and Jean Tirole, "Efficient Governance Structure: Implications for Banking Regulation," in Mayer, and Vives (eds.), *Capital Market and Financial Intermediation*, Cambridge University Press, 1993.

Mathias Dewatripont and Jean Tirole, *The Prudential Regulation of Banks*, Edition Payot, Lausanne, 1994.

Martin Hellwig, "Some Recent Developments in the Theory of Competition in Markets with Adverse Selection," *European Economic Review*, 31, 1987.

Michael Smirlock and Howard Kaufold, "Bank Foreign Lending, Mandatory Disclosure Rules, and the Reaction of Bank Stock Price to the Mexican Debt Crisis," *Journal of Business*, 60(3), 1987.

Nicholas J. Ketcha Jr, "Deposit Insurance System Design and Consideration," *BIS Policy Paper*, 7, 1999.

Nobuyoshi Yamori, "Stock Market Reaction to the Bank Liquidation in Japan: A Case for the Information Effect Hypothesis," *Journal of Financial Services Research*, 15(1), 1999.

Nobuyoshi Yamori, "Determinants of Voluntary Bank Disclosure: Evidence from Japanese Shinkin Banks," M.Hutchison and F. Westermann (eds.), *Japan's Great Stagnation: Financial And Monetary Policy Lessons for Advanced Economies*, the MIT Press, 2006.

Oz Shy and Rune Stenbacka, "Market Structure and Risk Taking in the Banking Industry," *Journal of Economics*, 82(3), 2004.

Paul H. Kupiec and James M. O'Brien, "Deposit Insurance, Bank Incentives, and the Design of Regulatory Policy," *Division of Research and Statistics (Board of Governors of the FRS)*, 1997.

Rafael Repullo, "Who Should Act as Lender of Last Resort? An Incomplete Contracts Model," *Journal of Money, Credit and Banking*, 32(3), 2000.

Reint Gropp and Jukka Vesala, "Deposit Insurance and Moral Hazard: Does the Counterfactual Matter?," *European Central Bank Working Paper*, 47, 2001.

Richard W. Kopcke, "Deposit Insurance, Capital Requirements, and Financial Stability," *Working Paper, Federal Reserve Bank of Boston*, 3, 2000.

参考文献

Robert C. Merton, "An Analytic Derivation of the Cost of Deposit Insurance and Loan Guarantees," *Journal of Banking and Finance*, 1, 1997.

Robert Cull, Lemma W. Senbet and Marco Sorg, "Deposit Insurance and Financial Development," *World Bank Policy Research Working Paper*, 2692, 2001.

Robert E. Litan, *What should banks do?*, Brookings Institution Press, 1987. (邦訳 馬淵 紀壽・塩沢修平訳『銀行が変わる』日本経済新聞社、1988 年。)

Robert R. Bliss and Mark J. Flannery, "Market Discipline in the Governance of U.S. Bank Holding Companies: Monitoring vs. Influencing," *Review of Finance*, 6(3), 2002.

Sangkyun Park, "Market Discipline by Depositors: Evidence from Reduced-Form Equations," *Quarterly Review of Economics and Finance*, 35, 1995.

Stanley Fischer, "On the Need for an International Lender of Last Resort," *Journal of Economic Perspectives*, 13(4), 1999.

Stephen D. Williamson "Discount Window Lending and Deposit Insurance," *Review of Economic Dynamics*, 1, 1998.

Sudipto Bhattacharya, Arnoud W. A. Boot and Anjan V. Thakor, "The Economics of Bank Regulation," *Journal of Money, Credit and Banking*, 30(4), 1998.

Sujit Chakravorti, "Analysis of Systemic Risk in Multilateral Net Settlement System," *Journal of International Financial Markets, Institutions and Money*, 10, 2000.

Thorsten Beck, "Deposit Insurance as Private Club: Is Germany a Model?," *World Bank Policy Research Working Paper*, 2559, 2001.

Tim S. Campbell, Yuk-Shee Chan and Anthony M. Marino, "An Incentive-Based Theory of Bank Regulation," *Journal of Financial Intermediation*, 2, 1992.

Timothy Curry and Lynn Shibut, "The Cost of the Savings and Loan Crisis: Truth and Consequences," *FDIC Banking Review*, 13(2), 2003.

Toshiyuki Souma, "Efficient Lending and a New Aspect of Government Deposit Insurance Agency," *Osaka Economic Paper*, 3(1), 2001.

Urs W. Birchler and Diana Hancock, "What Does the Yield on Subordinated Bank Debt Measure?, "*Working Paper Board of Governors of Fed Economics*, 2003.

Yuk-Shee Chan, Stuart I. Greenbaum and Anjan V. Thakor, "Is Fairly Priced Deposit Insurance Possible?," *Journal of Finance*, 47(1), 1992.

Xavier Freixas and Jean-Charles Rochet, *Microeconomics of Banking*, MIT Press, 1997.

Walter Bagehot. *Lombard Street*, London H. S. King,1873.（邦訳　久保恵美子『ロンバード街』日経 BP、2011 年。）

あとがき

　本書は預金保険制度に焦点をあてて、その必要性や問題点及び具体的な制度
設計について考察を行ってきた。本書の主要な結論は以下である。

　まず、預金保険制度は金融システムを安定的に運用し続けるために必要な制
度である。また、預金者からの不要な銀行取り付けを抑制するためにも、預金
保険制度は有効であろう。ただ、預金保険制度は保険制度であるため、モラル
ハザードが生じる可能性がある。しかし、本書の実証分析の結果から、預金者
と株主は銀行のリスクを織り込んだ行動をしており、モラルハザードは起こし
ていないと考えられる。一方で、そのような預金者や株主から銀行の状況が悪
化しているというシグナルを受けとった銀行経営者がいかに銀行経営の健全化
を行っているのかを分析した。その結果、銀行経営者への規律付けは一部では
確認することができたが、それが十分に機能しているとはいえない。そのため、
安定的な金融システムを担保するためにも銀行監督当局による銀行監督は必要
なことなのかもしれない。

　つぎに、そのようなモラルハザードを抑制するためにも預金保険制度の制度
設計が重要であろう。例えば、預金保険料率は銀行の破綻リスクによって異な
るものが適用される可変保険料率制度が望ましいであろう。しかし、わが国で
はすべての銀行の保険料率が同じ固定保険料率制度である。本書の分析の結果、
先進各国ですでに導入されているような可変保険料率制度であれば、大きな混
乱はないと考えられ、モラルハザード抑制の観点からわが国で可変保険料率制
度の導入が待たれるところである。

　また、銀行の破綻処理も預金保険制度が担う重要な役割の一つである。預金

233

保険機構は銀行破綻処理に際し、種々の破綻処理方法の中で最も費用の低いものを選択すべきである。そして多くのケースで、それは破綻銀行の資産及び負債を他の銀行に譲渡する方法なのかもしれない。データ分析の結果、このことを明らかにできた。また、費用を最小化するためにも、その破綻処理は迅速に行われるべきである。くわえて、破綻処理の費用は預金保険機構が担うべきである。そのため、仮に中央銀行による最後の貸し手を用いるようなケースであったとしても、その費用を中央銀行が担うべきではない。さらに、本書の中で詳しく議論したように、金融システムが不安定な際には、かなりの費用がかかることが問題点としてあげられよう。そのため、その費用のすべてを預金保険機構だけが担うことが難しいであろう。このことは、わが国の事例から明らかである。そのため、その場合は預金保険機構がその施策を担うにしても、政府からの支援は不可避であろう。

また、預金保険制度の導入する国は、1990年代から2000年代にかけて増加した。これは、各国がそれを必要としている表れと考えることができよう。そして、金融システムがグローバル化していく中で、このような流れは預金保険制度の国際間の連携の必要性が出てくると考えられる。本書では、国際的な預金保険制度への取り組みの一つとして、欧州銀行同盟における欧州単一預金保険制度についての議論を行った。欧州単一預金保険制度は、破綻処理費用の負担についての問題は横たわるものの、国際的な枠組みを構築する際の一つの指針となろう。

本書で取り上げたこと以外に預金保険制度を考察する上では考えるべき点はいくつもある。例えば、付保預金限度額や付保とする預金の対象の種別がある。これらも含め、ここで議論できなかったことは今後の研究課題でもある。しかし、本書を通して預金保険制度の必要性は議論することができたと考えている。昨今、ビットコインに代表されるような仮想通貨が登場し、金融システムがより複雑化している。そのため、金融システムの安定を目的とする預金保険制度の責務は、より重くなっているということもできよう。そして、ひとたび、金融システム不安が生じると、それを安定化させるために預金保険機構が用いら

あとがき

れることになるだろう。そのための備えや具体的な施策及びその負担に関する議論をしておく必要がある。

　本書は、博士論文の成果を基本としているものの、大幅に加筆、修正を行っている。また、第6章のように博士論文の後に新たに執筆したものをベースに記したものもある。

2018年2月

大塚　茂晃

索引

[欧文]

AQR　180, 181

BRRD　188, 197, 202

CAMEL　→「キャメル」を参照

ECB　175, 179, 180, 184, 185, 186, 201

FDIC　112, 114, 124, 135, 147, 148

NCA　184, 185

P&A　82, 104, 105, 106, 107, 108, 110, 112 114, 115, 116, 117, 124, 137

SDGS　→「単一預金保険制度」を参照

SRB　185, 186, 187, 188, 197, 198, 202

SRM　179, 182, 183, 184, 185, 186, 197, 198

SSM　179, 180, 183, 184, 197

[和文]

あ行

アイルランド　13, 181, 182, 183, 193

イングランド銀行　131, 183

受け入れ行　12, 20, 22, 82, 86, 94, 103, 105, 107, 117, 136

営業譲渡方式　→「P&A」を参照

欧州安定基金　182

欧州委員会　176, 179, 187, 188, 193, 201

欧州銀行同盟　175, 176, 177, 178, 179, 180, 181, 182, 183, 185, 187, 188, 189, 191, 192, 193, 197, 198, 199, 200, 201, 202

欧州中央銀行　→「ECB」を参照

オープン・バンク・アシスタンス　12, 106, 108, 134, 137

オプション価格　143, 144, 145, 146, 172, 173

か行

閣僚理事会　187, 188, 191

株主　23, 24, 29, 30, 31, 33, 51, 58, 59,

237

61, 65, 67, 72, 85, 98, 108, 127, 175, 176, 188

可変保険料率　14, 17, 18, 19, 20, 21, 25, 27, 28, 141, 142, 143, 144, 146, 147, 148, 149, 165, 166, 167, 168, 172, 173, 195, 199, 202

キャメル（CAMEL）30, 33, 35, 39, 40, 41, 42, 43, 44, 45, 46, 47, 48, 49, 50, 52, 53, 54, 55, 56, 57, 58, 60, 65, 147, 148

競争制限的規制　126, 138

ギリシャ　13, 181, 182, 200

銀行監督　11, 12, 13, 29, 69, 72, 105, 123, 125, 126, 127, 128, 133, 134, 135, 138, 155, 175, 179, 180, 181, 182, 184, 186, 200, 201

銀行破綻 3, 5, 9, 11, 12, 14, 15, 20, 22, 24, 25, 27, 32, 74, 75, 82, 85, 103, 104, 105, 108, 109, 113, 114, 115, 123, 124, 125, 126, 128, 132, 134, 135, 137, 177, 179, 180, 181, 183, 186, 188, 190, 194, 197, 199, 201

金銭贈与　22, 76, 82, 83, 86, 93, 94, 95, 96, 104, 106, 115, 116, 117, 118, 119, 120, 121, 136, 137, 138

金融システム　2, 5, 9, 10, 12, 13, 21, 23, 27, 47, 58, 61, 65, 68, 69, 72, 73, 74, 75, 76, 82, 84, 86, 87, 90, 93, 96, 97, 99, 100, 101, 102, 104, 125, 126, 128, 130, 132, 133, 134, 162, 173, 175, 176, 177,

179, 181, 183, 189, 198, 199, 200

クロスボーダー　179, 182, 184, 192, 201

経営者　10, 14, 21, 24, 25, 26, 27, 29, 30, 31, 34, 58, 59, 61, 66, 67, 68, 69, 70, 142, 146, 167, 172, 173

継承銀行　106, 108, 109

経常収支　166, 169

継続型破綻処理　12, 106, 110, 134, 136

公的支援　105, 132, 138, 139, 175, 176, 179, 181, 182, 188, 197

公的資金　12, 73, 74, 76, 79, 80, 81, 82, 84, 86, 90, 93, 99, 100, 101, 105, 124, 126, 128, 175, 176, 181, 182,

交付国債　96, 100, 101, 102

国民負担　18, 86, 96, 133, 136

国有化　73, 77, 80, 81, 85, 86, 93, 106, 107, 108, 109, 181, 182

国家債務危機　181

固定保険料率　14, 17, 18, 19, 20, 21, 141, 142, 143, 146, 147, 167, 172, 173

さ行

最後の貸し手　5, 105, 124, 125, 126, 128, 129, 130, 131, 132, 135, 136, 138

最小費用（コスト）原則　109, 110, 137, 198

索引

先送り政策 106, 107, 125, 137

サブプライムローン 183

産業再生機構 76, 83, 97, 101, 102

自己資本 15, 23, 24, 35, 38, 39, 46, 48, 50, 51, 52, 53, 54, 55, 56, 57, 58, 59, 60, 61, 65, 66, 67, 68, 72, 79, 82, 85, 104, 107, 112, 116, 121, 123, 127, 138, 143, 146, 148, 151, 154, 155, 156, 158, 159, 160, 161, 163, 164, 172, 194, 196

事後的政策 124, 126, 128, 133, 138

資産査定 76, 86, 108, 118, 180

システミック・リスク 1, 3, 4, 5, 9, 12, 82, 129, 131, 132, 136, 176

事前的規制 104, 105, 124, 126, 128, 133, 138

資本増強 79, 85, 90, 92, 96

住宅金融専門会社（住専） 76, 77, 78, 79, 87, 88, 89, 96, 101

主要銀行 184

信用金庫（信金） 29, 30, 37, 38, 39, 46, 47, 48, 50, 51, 72, 76, 92, 114, 115, 116, 117, 118, 119, 121, 122, 123, 137, 138, 139, 149

信用組合（信組） 4, 32, 76, 92, 114, 115, 117, 118, 119, 121, 123, 129, 137, 138, 139, 149

ストレステスト 180, 181

政府 9, 46, 78, 80, 81, 82, 85, 86, 89, 90, 95, 100, 102, 108, 109, 126, 128, 131, 132, 133, 136, 137, 138, 139, 175, 176, 181, 189, 199

整理回収機構 79, 84, 87, 88, 89, 90, 93, 97, 98, 102

セーフティネット 5, 12, 27, 104, 105, 124, 125, 126, 128, 130, 135, 191, 200

全額保護 21, 22, 27, 37, 46, 47, 48, 73, 74, 76, 82, 83, 87, 100, 103, 147, 162, 165, 168, 183, 193

ソブリンフィードバック 182, 198

た行

単一監督メカニズム →「SSM」を参照

単一破綻処理委員会 →「SRB」を参照

単一破綻処理メカニズム 178, 179, 183, 185, 202

単一預金保険制度 177, 178, 179, 180, 183, 191, 192, 199, 200, 201

単一ルールブック 179, 180, 181, 184

地方銀行（地銀） 30, 37, 38, 39, 46, 47, 48, 50, 51, 65, 72, 92, 114, 115

中央銀行 5, 105, 124, 125, 126, 128, 129, 130, 131, 132, 133, 135, 136, 138, 139, 175, 177, 184

定期性預金 36, 46, 47, 48, 50, 68, 74, 82, 165, 168

定性指標 146, 149, 172

定量指標 146, 149, 155, 158, 172

伝染効果 3, 5, 12, 27

都市銀行（都銀） 30, 37, 38, 39, 46,

47, 48, 50, 51, 61, 65, 72, 80, 114, 115,

取り付け　1, 3, 4, 6, 8, 9, 11, 27, 76, 129, 183, 200

な行

ナロー型　1, 2, 10, 11, 12, 13, 14, 27, 75, 125, 133, 192, 198, 201

日本長期信用銀行（長銀）　76, 80, 93, 95, 100, 107, 109, 115

ノーザンロック銀行　4, 183

は行

バジョット・ルール　124, 130, 131, 132, 135

破綻処理　12, 20, 22, 74, 75, 76, 77, 78, 82, 85, 86, 87, 93, 94, 98, 100, 101, 103, 104, 105, 106, 107, 108, 109, 110, 112, 114, 115, 116, 117, 118, 120, 121, 123, 124, 132, 134, 135, 136, 137, 138, 176, 177, 178, 179, 180, 182, 183, 185, 186, 187, 188, 190, 197, 198, 199, 200, 201, 202

バランスシート規制　126, 127

付保預金　12, 15, 16, 17, 18, 20, 21, 22, 23, 27, 106, 110, 112, 114, 125, 151, 154, 188, 193, 195, 196,

付保預金限度額　82, 183, 189, 190,

192, 193, 199

フランチャイズ・バリュー　110, 112, 115, 116, 117, 118, 119, 120, 121, 138

ブリッジ・バンク　103, 106, 108, 137

不良債権　12, 35, 38, 39, 46, 50, 58, 59, 67, 69, 72, 74, 76, 78, 79, 80, 82, 83, 84, 93, 97, 101, 102, 104, 114, 116, 117, 118, 120, 121, 123, 134, 156, 164, 181, 201, 202

プルーデンス政策　103, 104, 105, 124, 125, 126, 133, 138, 139

ブロード型　1, 2, 10, 11, 12, 13, 14, 21, 23, 27, 29, 74, 75, 100, 101, 125, 133, 134, 138, 172, 198

ペイオフ　11, 12, 16, 17, 18, 20, 46, 47, 61, 65, 73, 76, 82, 94, 96, 100, 101, 103, 104, 106, 108, 109, 112, 114, 134, 135, 136, 137, 144, 190, 193, 194

ペイオフ解禁　31, 46, 47, 48, 58, 61, 65, 66, 72, 82, 87

ペイオフ・コスト　76, 83, 85, 94, 99, 109 136

ベイルアウト　189

ベイルイン　175, 176, 178, 179, 186, 188, 189, 198

包括的評価　180

母国　177, 183, 189, 190, 191, 192, 193, 198, 199, 200, 201, 202

ホスト国　177, 189, 190, 192, 193, 202

索引

ま行

モラルハザード　1, 2, 10, 11, 14, 21,
　　23, 24, 26, 27, 29, 32, 37, 47, 61,
　　66, 129, 132, 141, 142, 146, 167,
　　172, 173
モンテパスキ銀行　175, 176, 188, 189

や行

預金者　3, 4, 5, 6, 8, 9, 10, 11, 12, 14,
　　15, 16, 17, 19, 20, 21, 22, 23, 24,
　　26, 27, 29, 30, 31, 32, 33, 34, 38,
　　39, 46, 47, 48, 58, 59, 61, 65, 66,
　　67, 68, 69, 72, 76, 82, 103, 106,
　　110, 112, 125, 133, 134, 135,
　　138, 141, 142, 177, 178, 183,
　　189, 190, 191, 192, 193, 197,
　　199, 200, 201, 202
預金保険機構　1, 2, 10, 11, 12, 13,
　　14, 15, 16, 17, 18, 19, 20, 21, 22,
　　23, 24, 27, 46, 47, 74, 75, 76, 77,
　　78, 79, 81, 82, 83, 84, 85, 86, 87,
　　88, 89, 90, 92, 93, 94, 96, 97, 100,

　　101, 102, 103, 104, 105, 106,
　　107, 108, 110, 112, 115, 116,
　　117, 118, 119, 120, 121, 123,
　　124, 125, 129, 132, 133, 134,
　　135, 136, 137, 138, 139, 142,
　　144, 147, 149, 151, 158, 197,
　　198, 202
預金保険指令　178, 179, 191, 192,
　　193, 194, 195, 197, 199, 200,
　　201, 202
預金保険法　75, 76, 85, 92, 97, 98, 99,
　　102
預金保険料　18, 25, 26, 94, 96, 100,
　　102, 104, 136, 137, 138, 141,
　　143, 145, 146, 149, 150, 151,
　　165, 167, 169, 172, 191, 195,
　　196, 197
預金保険料率　14, 17, 21, 26, 141,
　　142, 143, 145, 146, 147, 148,
　　149, 150, 154, 172, 173

ら行

連邦預金保険公社　→「FDIC」を参照

【著者紹介】

大塚 茂晃（おおつか しげあき）

千葉商科大学 商経学部 講師、博士（経済学）

　1978 年大阪府生まれ、関西学院大学大学院経済学研究科博士課程後期課程単位取得退学。（株）ワオ・コーポレーションを経て、現職。

　論文に、「銀行と市場規律」『生活経済学研究』（生活経済学会）第36 巻、2012 年、「預金保険料率に関する一考察－可変保険料率をわが国で導入した影響を考える－」『研究助成論文集』（大銀協フォーラム）第 10 号、2006 年などがある。

日本預金保険制度の経済学

━━━━━━━━━━━━━━━━━━━━━━━━

2018 年 4 月 25 日

　編著者　　大塚　茂晃

　発行者　　上野　教信

　発行所　　蒼天社出版（株式会社　蒼天社）
　　　　　　101-0051　東京都千代田区神田神保町 3-25-11
　　　　　　電話　03-6272-5911　FAX 03-6272-5912
　　　　　　振替口座番号　00100-3-628586

　印刷・製本所　シナノパブリッシング

━━━━━━━━━━━━━━━━━━━━━━━━

©2018　Shigeaki Ohtsuka
ISBN 978-4-909560-22-3　Printed in Japan
万一落丁・乱丁などがございましたらお取り替えいたします。
R〈日本複写権センター委託出版物〉

本書の全部または一部を無断で複写複製（コピー）することは、著作権法上での例外を除き、禁じられています。本書からの複写を希望される場合は、日本複写センター（03-3401-2382）にご連絡ください。

蒼天社出版の経済関係図書

日本財政を斬る　米沢潤一	定価（本体 2,400 円＋税）
発展途上国の通貨統合　木村秀史	定価（本体 3,800 円＋税）
アメリカ国際資金フローの新潮流　前田淳著	定価（本体 3,800 円＋税）
中小企業支援・政策システム　金融を中心とした体系化　村本孜著	定価（本体 6,800 円＋税）
元気な中小企業を育てる 　　日本経済の未来を切り拓く中小企業のイノベーター　村本孜著	定価（本体 2,700 円＋税）
米国経済白書 2017　萩原伸次郎監修・『米国経済白書』翻訳研究会訳	定価（本体 2,800 円＋税）
揺れ動くユーロ　吉國眞一・小川英治・春井久志編	定価（本体 2,800 円＋税）
国立国会図書館所蔵 GHQ/SCAP 文書目録・全 11 巻 　　荒敬・内海愛子・林博史編集	定価（本体 420,000 円＋税）
カンリフ委員会審議記録　全 3 巻　春井久志・森映雄訳	定価（本体 89,000 円＋税）
システム危機の歴史的位相 　　ユーロとドルの危機が問いかけるもの　矢後和彦編	定価（本体 3,400 円＋税）
国際通貨制度論攷　島崎久彌著	定価（本体 5,200 円＋税）
バーゼルプロセス　金融システム安定への挑戦　渡部訓著	定価（本体 3,200 円＋税）
現代証券取引の基礎知識　国際通貨研究所糠谷英輝編	定価（本体 2,400 円＋税）
銀行の罪と罰　ガバナンスと規制のバランスを求めて　野﨑浩成著	定価（本体 1,800 円＋税）
国際決済銀行の 20 世紀　矢後和彦著	定価（本体 3,800 円＋税）
サウンドマネー BIS と IMF を築いた男ペールヤコブソン　吉國眞一・矢後和彦監訳	定価（本体 4,500 円＋税）
多国籍金融機関のリテール戦略　長島芳枝著	定価（本体 3,800 円＋税）
HSBC の挑戦　立脇和夫著	定価（本体 1,800 円＋税）
拡大するイスラーム金融　糠谷英輝著	定価（本体 2,800 円＋税）
グローバリゼーションと地域経済統合　村本孜編	定価（本体 4,500 円＋税）